风华再现

——邹平市博物馆藏文物保护修复与研究

山东博物馆　邹平市博物馆 ◎ 编

马瑞文　张玉静　黄瀚东 ◎ 著

齊魯書社

·济南·

图书在版编目（CIP）数据

风华再现：邹平市博物馆藏文物保护修复与研究 / 山东博物馆，邹平市博物馆编；马瑞文，张玉静，黄瀚东著. -- 济南：齐鲁书社，2022.9
ISBN 978-7-5333-4621-8

Ⅰ.①风… Ⅱ.①山… ②邹… ③马… ④张… ⑤黄… Ⅲ.①博物馆－文物保护－研究－邹平②博物馆－文物－修复－研究－邹平 Ⅳ.①G264

中国版本图书馆CIP数据核字(2022)第167002号

责任编辑　马安钰
责任校对　王其宝　赵自环
装帧设计　刘羽珂

风华再现——邹平市博物馆藏文物保护修复与研究
FENGHUA ZAIXIAN ZOUPINGSHI BOWUGUAN CANG WENWU BAOHU XIUFU YU YANJIU
山东博物馆　邹平市博物馆　编
马瑞文　张玉静　黄瀚东　著

主管单位　山东出版传媒股份有限公司
出版发行　齊鲁書社
社　　址　济南市市中区舜耕路517号
邮　　编　250003
网　　址　www.qlss.com.cn
电子邮箱　qilupress@126.com
营销中心　（0531）82098521　82098519　82098517
印　　刷　山东星海彩印有限公司
开　　本　889mm × 1194mm　1/16
印　　张　15.5
插　　页　2
字　　数　307千
版　　次　2022年9月第1版
印　　次　2022年9月第1次印刷
标准书号　ISBN 978-7-5333-4621-8
定　　价　189.00元

·前　言

文物承载了灿烂文明，传承着优秀文化。作为人类历史的见证，文物在帮助我们更好地认识过去，尤其是人类过去生活、文化、艺术、技术、科学等方面，提供了最为真实的研究和赏析材料。鉴古而知今，只有了解过去，才能更好地明白现在，明白当前世界文化何以如此多元不同，又何以似曾相识；明白中华文明何以屹立于世界文明之林，又何以在传承创新中延绵不绝。文物赓续中华优秀传统文化，凝聚中华民族精神。文物是历史最真实的见证者，诉说着中国悠久的历史和灿烂的文明，通过它们可以更真实、更立体、更全面地探寻中华文明之源，激发全民族的历史认同感和文化自信感，为中华民族伟大复兴的宏伟梦想凝心助力。文物保护功在当代，利在千秋。人类创造的绝大多数物质遗产，因战争、自然损坏等原因消失在历史的长河之中，得以保存至今的少之又少。而保存至今的这些文物或因久埋地下，受自然环境影响而腐蚀、破坏严重，或因保存不当而出现污浊、残损，亟待保护修复，否则不但不利于欣赏展示、文化传播，更存在继续劣化甚至消失的风险。文物是祖先留给我们的珍贵的不可再生遗产，它们包含着人类过去的行为密码。为了让子孙后代能够继续通过文物了解、欣赏人类过往生活痕迹或智慧结晶，我们必须将这些文物保护好、利用好，让它们代代相传。

本书是邹平市博物馆藏文物保护与修复项目的系统回顾，该项目由山东博物馆和邹平市博物馆共同合作实施。全书共分为五章，第一章是对项目基本情况的简要介绍，包括项目来源、施工单位、文物信息与价值、保护修复理念与原则等。第二章重点介绍了项目中青铜器的病害分析与保护修复过程。本保护修复项目共包含文物 40 件（套），其中青铜器 33 件（套），青铜器因数量最多，是本次保护修复工作的重点。第三章以具体文物为例，详细介绍了 6 件（套）文物的保护、修复与研究工作。第四章以文物卡片的形式，将文物修复后的效果呈现给广大读者。第五章为结语，总结此次保护修复过程中的收获和不足，并对未来文物保护修复工作作出展望。

在项目实施过程中，项目组始终坚持和贯彻“不改变文物原状”“最小干预”“可再处理与可识别”“使用成熟保护技术”“加强科学研究”等保护理念和原则，努力确保这批珍贵文物得到科学、有效、合理的保护与修复。修复团队成员以青年为主，他们的学科背景多样互补，大都有着多年文物保护修复经验，认可文物保护修复工作价值，将保护与修复文物作为历史赋予自己的神圣使命。当然，此次修复实践过程也是团队不断学习和成长的过程，其间难免存在一些不足，如对文物价值认知、病害机理研究不够深入等。本书的编写过程也可以看作是对该项目进行总结与反思的过程，希望本书在为文物保护同行以及文物研究工作者提供材料参考的同时，可以进一步提升山东博物馆文物保护团队自身业务水平，以便未来更好地服务于中华文化遗产保护事业。

CONTENTS 目　录

·第一章　项目概况

2017 年，邹平市博物馆（原邹平县文物管理所）为加强馆藏文物保护、改善文物保存状况，与山东博物馆达成文物保护合作协议，期望通过馆藏文物保护修复与研究，全面展示文物蕴含的历史、科学、艺术、文化等价值，以此讲好邹平故事。双方在前期共同调研的基础上，结合邹平市博物馆展览需求、馆藏文物价值和病害评估结果，筛选出 40 件（套）价值较高且病害较为严重的馆藏文物，送至山东博物馆文物保护修复实验室开展保护修复工作。山东博物馆随即针对该项目组织成立方案编制设计小组，项目小组借助现代仪器分析技术，检测分析典型文物工艺材质、腐蚀产物及病害成因，按照文物保护修复相关法律法规和行业标准，编制了《邹平县文物管理所馆藏文物保护修复方案》。2017 年 12 月，在山东省文物局指导下，山东博物馆组织召开专家评审会（图 1-1），该保护修复方案获得通过。2018 年 1 月，山东博物馆与邹平市博物馆联合成立项目实施小组，并根据《邹平县文物管理所馆藏文物保护修复方案》和专家评审意见编制项目具体实施方案，邹平市博物馆馆藏文物的保护修复工作正式开启。

在项目组文物保护科技人员、文物修复人员、文物保管人员的通力合作下，2019 年 12 月，该项目 40 件（套）文物的保护修复工作全部完成，文物保护效果和质量得到了结项验收组专家的一致认可，该项目顺利结项。

保护修复后的 40 件（套）文物现已回归邹平市博物馆，亮相在博物馆的展厅之中，正以健硕的姿态迎送着往来宾朋，诉说着它们背后的精彩故事。

图 1-1 《邹平县文物管理所馆藏文物保护修复方案》专家评审会

本章内容主要分为四部分，第一部分为项目委托与实施单位，对邹平市博物馆和山东博物馆文物保护部进行简单介绍；第二部分为项目组织与质量管理，该部分从项目管理角度介绍项目组织与实施管理等情况；第三部分为文物信息与价值，简要概括本次项目所涉及文物的种类、材质、尺寸、重量、保存状态等文物基本信息，并分析部分文物的历史、艺术及科学价值；第四部分为保护修复理念与原则，该部分结合当前文物保护相关法律法规及行业标准，阐述中国文物保护理念的兴起以及该项目实施过程中遵循的保护修复原则。

一、项目委托与实施单位

（一）邹平市博物馆

邹平市为山东省辖县级市，由滨州市代管，位于滨州市最南端、鲁中泰沂山区与鲁北黄泛平原叠交地带。邹平市南依胶济铁路，东接工业重地淄博市，西邻山东省会济南市，济青高速公路横穿全境，总面积 1200 余平方公里。截至 2021 年，邹平市下辖 11 个镇、5 个街道办事处、1 个国家级经济技术开发区、858 个行政村，常住人口 77.35 万人。邹平地理位置优越，有低山丘陵、山前倾斜平原和黄泛平原，土地肥沃，水源充足，气温适宜，光照充裕。在这里，勤劳、勇敢、睿智的古代先民创造了悠久的历史和灿烂的文化，使该地区文化具有脉络清晰、系列齐全、底蕴深厚、特色鲜明的特点。这些宝贵的文化遗产，既凝聚了中华民族的核心精神价值，又蕴含了“先忧后乐、创新超越”的新时期邹平精神，已成为一种越来越宝贵的发展资源和软实力。在新的历史时期，邹平人民以中国特色社会主义理论体系为指导，践行科学发展观，传承祖辈们历经磨难创造的宝贵精神财富，与时俱进，开拓创新，充分发挥邹平出土文物在增强文化自信中的担当和责任，以及在促进经济社会全面、协调、可持续发展中的重要作用，创造着新的辉煌。邹平市先后获得全国综合实力百强县、国家卫生县城、中国棉纺织名城、最具幸福感城市等荣誉称号。

邹平自古物华天宝、人杰地灵，在中华文明发展过程中，留下了许多重要遗存。这些遗存从历史、政治、军事、文化、教育、艺术各个层面反映了邹平灿烂、悠久的发展历程，进一步体现了邹平在山东、在中国历史上的地位和重要作用。随着对丁公龙山文化城址、陶文研究的逐步深入和对伏生祠遗址、范公祠、於陵古城等文物古迹的进一步探索，以及对红色遗址的进一步发掘，邹平的文化遗产资源将更加丰厚，为彰显邹平优秀的历史文化提供更加有力的佐证。

早在 8000 年前，邹平地区就有早期人类的活动痕迹，主要代表是黄山街道孙家遗址（市级文保单位）后李文化遗存。该遗址后李文化遗存面积约 3.6 万平方米，文化堆积厚 2—3 米，地表采集的标本有陶釜、陶豆、陶鬲、石斧及器物残片，是山东地区最早的新石器时代古文化和人类遗存。后李文化时期的人们已走出山林和洞穴，进入了较为稳定的农业定居生活阶段，这一时期有着统一规划、设施齐全的部落开始形成，表明母系氏族的先民已在邹平地域内生活。1992 年济青高速公路沿线文物普查工作成果再次证实了这一点。

在长山镇西南庄遗址中发现的北辛文化遗存，距今约 7300—6100 年，其位置与山东北辛文化的存在区域相吻合，系黄河以南的山前平原遗存，重点保护区面积约为 12500 平方米，出土器物有陶器、石器、骨器、蚌器四大类。其中，生产工具有石斧、石铲、石刀、蚌刀，以及加工粮食用的石磨盘、石磨棒；生活用具有鼎、釜、支脚之类的炉具，盆、碗、钵、器座之类的饮食用具，打猎使用的石球、弹丸，捕鱼用的鱼钩、鱼镖等，充分说明当时原始农业、渔猎业已有一定程度的发展，家畜饲养业已经产生，原始手工业中石器制作、陶器制作及编织技术已相当成熟，母系氏族社会进入了繁荣阶段。

在长山镇丁公遗址中发现距今约 6100—4600 年的大汶口文化遗存。大汶口文化源于北辛文化。从1985年至1992年山东大学历史系考古实习队进行的五次发掘的文化堆积情况来看，丁公遗址自下而上依次为大汶口文化、龙山文化、岳石文化、晚商至汉代等五个时期的文化堆积，前后延续1500年左右。大汶口文化堆积中出土的陶器以黑陶和夹砂陶数量最多，主要器形有鬶、鼎、甗、鬲、瓮、盆、盉、杯等。这一时期农业和饲养业成为主要经济来源，专业化的商品生产日益繁荣，贫富分化日益严重，男女分工更加明确，社会结构从母系过渡到父系，所有制形态由氏族所有制转向家族所有制。

在长山镇丁公遗址、鲍家遗址以及九户镇古王台遗址中发现的龙山文化遗存，距今约4600—4000年，其中以丁公遗址、鲍家遗址最具特色。丁公遗址龙山文化堆积中出土的薄如蛋壳的黑陶高柄杯和光洁的白陶鬶尤为精致，筒腹乳状袋足素面鬲具有典型的龙山文化特征。鲍家遗址面积约5万平方米，文化堆积厚0.6—2米，出土的龙山文化器物有鼎、鬶、石斧、石镞、石凿、蚌刀等。

在丁公遗址、鲍家遗址中发现的岳石文化遗存，距今约4000—3500年。岳石文化堆积中出土的器物有斧、锛、刀凿、纺轮、砺石等，而且都有亚腰和凹槽，可与木棍捆绑在一起，从而提高工作效率，这是岳石文化时期生产力发展的一个标志。

中华民族是一个多民族国家，是世界上最古老的民族之一。东夷族团和西羌族团是中华民族的重要组成部分。东夷是我国古代东方人数众多的一个部落群，邹平的先民部落多是东夷的后裔，其年代大约在夏朝以后。东夷的支族有虞氏、有逢氏伯陵、高辛氏、赫胥氏、伏羲氏、九扈氏均在邹平居住和繁衍。在长山镇西鲍遗址、黄山街道孙家遗址、九户镇古王台遗址、西董街道芦泉遗址、临池镇古城遗址等50余处商周遗址中都有东夷人的活动遗迹，说明当时东夷人在邹平活动区域广泛、发展迅速。

邹平市博物馆（图1-2）位于邹平市广场东路89号，建筑面积5300平方米左右，自2017年9月起向社会免费开放，主管部门为邹平市文化和旅游局。邹平市博物馆的主要职能为收藏与展览文物，弘扬民族文化，具体包括文物征集、鉴定、登编、修复、保管，文物展览，文物复制与修复，文物保护及相关研究，文物宣传与出版，考古发掘及相关文物产业经营，等等。邹平市博物馆馆藏文物800余件（套）（不含丁公遗址待交接文物），其中国家一级文物1件（套），二级文物 15 件（套），三级文物 86 件（套）。

图 1-2　邹平市博物馆

邹平市博物馆主要包括中厅、丁公厅、馆藏厅、非遗厅、人物厅和临时展厅六大展区（图 1-3）。其中，中厅和丁公厅以展示国家级文物保护单位丁公遗址历年考古发掘成果为主；馆藏厅系邹平历史文化展，展示了自新石器时代至明清时期邹平先民的生产、生活用品，体现了邹平悠久的历史文化；非遗厅展示的当地各级非物质文化遗产成果是邹平人民勤劳与智慧的结晶；人物厅呈现了邹平自古至今的文化名人及其重大成就；临时展厅为邹平市博物馆的动态展览区，定期开展各种临时展览，为市民呈现丰富多样、与时俱进的文化盛宴。

图 1-3　邹平市博物馆展厅掠影

（二）山东博物馆文物保护部

山东博物馆文物保护部，简称文保部，是山东博物馆重要的分支业务部门，主要负责馆藏文物的保护修复及相关研究工作。经过多年的发展建设，山东博物馆文保部已成为山东省文保行业的骨干力量。长期以来，山东博物馆文保部严格遵循国家文物保护法律法规，按照国家“加强文物保护利用，传承保护文化遗产”的要求，秉承“最大限度保护文物价值、延续文物寿命、保持文物原貌、科学分析研究”的文物保护理念，坚持“传统工艺与现代科技相结合”的保护方法，以服务山东博物馆馆藏文物为宗旨，致力于可移动文物的保护修复及相关领域基础研究，并向全国提供可移动文物保护修复等相关服务。在国家文物局和山东省文物局的支持和帮助下，2011 年山东博物馆获得可移动文物修复一级资质，2013 年获得可移动文物技术保护设计甲级资质，成为山东省内最早获得这两项资质的文博单位。在国家文物局颁布的《可移动文物修复管理办法》生效后，2015 年，经山东省文物局批准，山东博物馆再次获得可移动文物修复资质，保护修复及方案设计业务范围包括玉石器、陶器、瓷器、铜器、铁器、干燥漆木器、石刻砖瓦、书法绘画、古砚、墨、玺印符牌、钱币、竹木雕、家具、珐琅、织绣、古籍善本、碑帖拓本、邮品、文件、宣传品、档案文书、琉璃类文物及文物保存微环境控制技术等。2011 年，山东博物馆被山东省文物局批准为山东省金属文物保护科研基地，成为山东省内金属文物材质与制作工艺研究、劣化产物与病害分析、保护技术与方法研究的重要阵地。2017 年，山东博物馆文保部被山东省古籍保护中心批准为山东省第一批古籍修复站，修复站主要从事古籍的保护修复、病害成因分析，以及古籍材质、工艺研究等业务工作。修复站的获批使山东博物馆在古籍善本领域的保护修复技术及研究水平获得进一步认可。

山东博物馆文保部主要围绕馆藏文物保护修复开展业务工作，按照工作内容分为馆藏文物保存环境监控与研究、馆藏文物保护与修复、科技检测分析研究三个主要业务岗位。此外，还设有档案管理、资产管理、人员管理等辅助管理岗位。馆藏文物保存环境监控与研究岗主要负责馆藏文物在保存、展出等环节中的文物环境特征因素监测、评估、控制和改善（馆藏文物保存环境特征因素主要指影响馆藏文物保存的温度、相对湿度、光线辐射、空气污染物、噪声、微震动、生物损害等自然因素），以及对可移动文物预防性保护相关问题的科学研究与方案编制工作。该岗位工作人员需通过对馆藏文物保存环境的监测，记录环境因素变化，利用数据统计分析手段，结合文物保存状况，有针对性地控制和改善文物保存环境，防止文物病害发生。同时，根据环境数据统计分析结果，制定适宜本馆文物的保存环境标准，研究馆藏文物预防性保护相关问题，以满足馆藏文物的长久保存和展览需求。馆藏文物保护与修复岗主要负责馆藏文物的保护、修复、复制、拓印工作，即采用传统工艺和现代科学技术相结合的方法，严格按照文物保护法律法规及行业规范要求，遵守“不改变文物原状”“最小干预”“修旧如旧”等文物修复原则，确保馆藏文物结构稳定，不发生继续损坏或减缓自然损坏；确保馆藏文物展示完整，满足艺术欣赏需求。馆藏文物修复包括价值评估、现状调查、病害评测、方案编制、保护修复实施、修复效果评估、档案建立、预防性保护等内容。科技检测分析研究岗主要负责馆藏文物的科技检测、分析、研究工作，研究方向包括文物材料成分与结构、文物制作工艺、文物劣化产物及病害成因、保护材料评价与研究等。该岗位工作人员需通过检测、分析、研究，为馆藏文物保护修复方案的编写提供科学数据支持，辅助文物保护修复方案科学、合理地实施；利用现代仪器分析技术对文物进行全方位检测，建立馆藏文物科技信息数据库，为馆藏文物研究提供科技资料。档案管理岗主要负责文保部文物保护资料的收集、整理工作，定期对文物保存环境监控、文物保护修复、科技检测分析、会议报告、调查研究、招标采购等过程中形成的影像、录音、纸质及实物资料进行系统收集、归纳、整理、存档，以方便查阅、分析、研究。资产管理岗主要负责文保部仪器设备、易耗材料、化学药品的管理及维护工作，包括管理仪器设备、材料、化学药品的借出或领用，对仪器设备进行定期维护、保养，以及做好化学药品仓库的消防安全工作。人员管理岗主要负责非在编人员的日常管理工作，包括制定绩效考核制度、定期组织学习培训、落实监督考核等。

2010 年，山东博物馆新馆建成后，新的文保部保护修复实验室随即投入使用，实验室拥有建筑面积约 900 平方米，其中有机类文物修复室 3 间（图 1-4），总面积约 310 平方米；无机类文物修复室 3 间（图 1-5），总面积约 200 平方米；仪器分析实验室 2 间（图 1-6），总面积约 110 平方米；环境监控实验室 1 间（图 1-7），面积约 20 平方米；设备材料室 3 间，总面积约 175 平方米；化学药品仓库 1 间，面积约 50 平方米。文保部现有仪器设备资产近千万元，主要分为科学检测分析设备、文物保护修复实验设备及环境监测控制设备。科技手段的持续增加，使文保部的文物保护修复工作更加科学合理、便捷高效，也使修复人员对文物保护的认知、研究更加深入。仪器分析实验室的大型科学检测分析设备主要有 X 射线衍射仪、能谱仪、无损 X 射线探伤仪、傅立叶红外分析仪、便携式 X 射线荧光光谱仪、显微拉曼光谱仪、超景深三维显微镜、纤维测量仪、偏光 - 金相显微镜、数字超声波探伤仪、水分测量仪等。科学检测分析技术的应用，可以使修复人员掌握文物材料及腐蚀物的元素成分、物相结构、微观形态、组成结构等隐藏在文物背后的科技信息，这些信息可指导文物保护修复工作的实施和基础研究。文物保护修复实验设备主要有蒸汽清洗机、激光焊接机、便携式 pH 计、手持三维扫描仪、3D 打印机、纸张抗张力试验机、充氮灭菌器、去离子净水器、雕刻打磨机、磁力搅拌器、人工气候箱、色差仪、负压渗透仪、多功能矫形器、脱盐箱、超声波清洗机、喷砂机、无损测酸仪、纸张耐折度测定仪等。

图 1-4　纸质文物修复室

图 1-5　无机质文物修复室

图 1-6　仪器分析实验室

图 1-7　环境监控实验室

山东博物馆文保部以青铜器和纸质文物保护修复见长，兼顾丝织品、陶瓷器等其他材质文物的保护修复。文保部按照现代文物修复科学理念，继承传统优良修复工艺，采用现代科技设备、材料，致力于对馆藏文物的保护修复。同时，文保部积极学习、探索、创新修复理念和修复方法，使馆藏文物保护修复更加科学、规范。环境监控实验室设有中央环境监控平台，平台通过设置在博物馆各库房、展厅、展柜内的环境探测器，定时采集环境数据，记录全馆文物当前及历史保存环境信息。该平台还可将数据进行统计、对比、分析，评估文物保存环境健康状况，为环境调控及文物保存环境研究提供大量、连续、准确的数据资料。监测环境因素主要有温度、相对湿度、光照、紫外线、二氧化碳、二氧化硫、甲醛、VOC（挥发性有机化合物）等。山东博物馆现有固定无线环境监测点154处，其中室内型大气温湿度传感器116个，室内型光照度、温湿度合一传感器10个，室内型紫外线、温湿度合一传感器8个，室内防潮型VOC、温湿度合一传感器7个，室内型二氧化碳、温湿度合一传感器5个，室内防潮型粉尘在线监测传感器2个，室内型二氧化硫、温湿度合一传感器2个，室内型反应性环境监测仪3个，超声波气象站1台。另外，作为环境监控平台的补充，文保部还配有各类手持式温湿度、光照、紫外线、甲醛、VOC等环境监测仪器近20部（图1-8），方便对特定区域进行临时环境监测。便携式仪器完善了馆内环境监测网络系统。根据监测数据，可利用空调恒温恒湿机组、加湿机、净化器调节

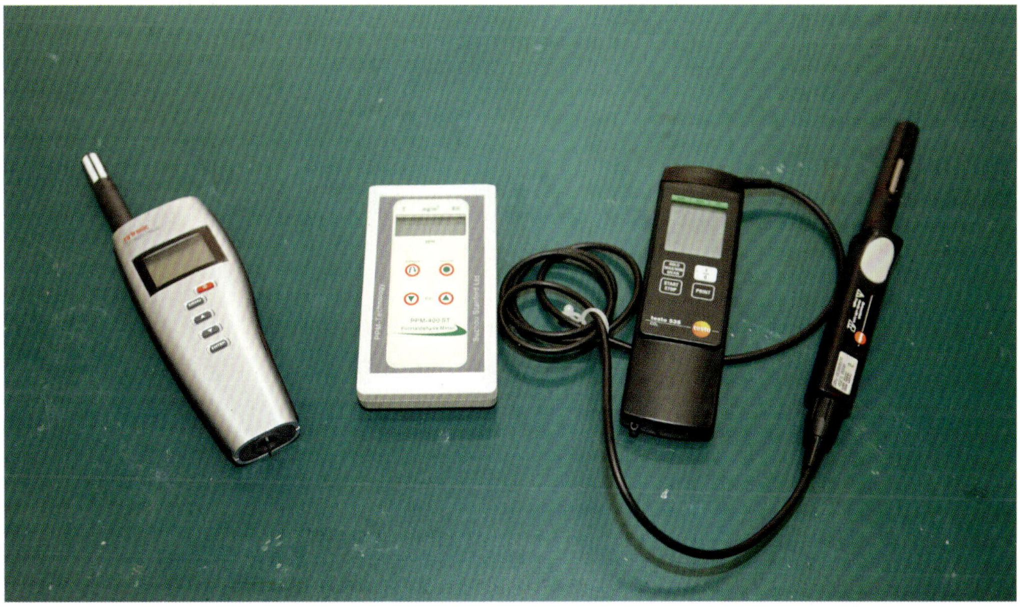

图1-8　离线式环境监测设备

库房及展厅内文物保存小环境，利用恒湿机、调湿净化剂、囊匣等改善文物保存微环境，确保文物保存环境的洁净、稳定、适宜，达到馆藏文物预防性保护的要求。文保部现有大型加湿机16台，展柜恒湿机20台，空气净化机8台。同时，实验室还配有露点仪、温度检定箱，用以校验仪器的准确度。

山东博物馆文保部严格按照国家文物保护领域法律法规及行业规范制定了符合山东博物馆自身特点的文物保护管理制度。通过制度建设，确立了“计划、实施、监督、改进”的现代管理体系。文保部参照我国法律规章及国际公约，如《中华人民共和国文物保护法》《中华人民共和国文物保护法实施条例》《博物馆条例》《山东省文物保护条例》《博物馆管理办法》《文物复制拓印管理办法》《可移动文物修复管理办法》《关于保护可移动文化财产的建议》《国际文化财产保护与修复研究中心章程》《国际古迹保护与修复宪章（威尼斯宪章）》等，制定部门规章制度，包括《文保部岗位职责》《馆藏文物预防性保护制度》《馆藏文物保护修复制度规范》《文保部仪器设备管理制度》《文保部档案管理规定》《文保部资产管理规定》《非在编人员管理制度》《修复室安全规范》《实验室安全规范》，通过制度的健全与完善，实现工作过程的科学有序，为文物安全提供全方位保障。

自2010年山东博物馆新馆开馆以来，山东博物馆文保部致力于对馆藏文物的保护修复，先后组织实施了“山东博物馆赤罗朝服等一批纺织品保护修复项目”“山东博物馆馆藏甲骨保护修复与综合研究项目”“章丘东姚村出土元代砖室壁画抢救性保护修复项目”“东营垦利博物馆馆藏瓷器修复项目”“章丘城子崖博物馆馆藏陶器修复项目”“山东博物馆藏战国纺织品修复项目”“山东博物馆汉简保护修复项目”“山东地区馆藏青铜器保护修复项目”“山东博物馆藏书画保护修复项目”“山东博物馆明代漕船运输、保护项目”“烟台莱州宋代砖室墓葬壁画的保护提取项目”“垦利县文体广新局藏书画保护修复项目”等多个大型文物保护修复项目（图1-9），累计获得国家重点文物保护专项补助资金近1000万元；完成馆藏书画、青铜器、甲骨、竹简、壁画、铁器、瓷器、陶器、琉璃、珐琅器、漆木器等近3000件文物的保护修复，并且已完成项目均顺利通过专家验收。加强文物的预防性保护是国际文化遗产保护的共识，山东博物馆在新馆建设过程中便十分重视文物保存环境适宜性问题。新馆开馆后，文保部通过定期监测、记录馆藏文物保存环境，及时利用空调、恒湿机、吸附剂、除湿材料等设备及材料进行调控和改善，确保文物时刻处于最优保存环境，从而减缓文物的自然老化，减少病害的发生。为进一步改善馆藏文物预防性保护条件，山东博物馆文保部于 2014 年申请了“山东博物馆预防性保护项目”，并获国家重点文物保护专项补助资金 650 万元。项目组根据馆藏文物保存环境现状，建立了覆盖全馆文物的环境监测平台，对包括温度、相对湿度、光照、二氧化碳、紫外线等影响文物保存的环境因素进行实时监测，以制定有效的环境调控对策。同时，该项目还对山东博物馆特色展厅——明朱檀墓出土文物精品展厅的保存环境进行了全面改造，使该展厅的环境因素达到了“洁净、稳定”的文物预防性保护标准。借助此项目，山东博物馆逐渐建立起以文物保存环境的“稳定、洁净”为目标，按照“计划、执行、检查、反馈”的动态循环模式进行管理的环境质量体系及风险评估体系。2017 年，该项目被评为山东省计算机应用优秀成果三等奖。2017 年，文保部申请的“山东博物馆珍贵文物预防性保护项目”再次获得国家重点文物保护专项补助资金资助，开始对重点馆藏珍贵文物保存微环境进行改造，为其配备文物囊匣。

图 1-9　各类修复项目中的修复师

文保部在立足本馆文物保护修复及相关研究的同时，积极开展对外保护修复服务与合作。2010年以来，文保部先后为其他博物馆、文管所等单位保护修复、复制、拓印文物900余件，设计编制修复方案和预防性保护方案20余篇，与泰安、曹县、章丘、莱州、垦利、邹平、威海、东营、青岛、诸城、寿光、临沂、莒南、莒县、兰陵、安丘、平邑、新泰、沂南等地文物单位建立了文物保护修复合作关系。2015年，山东博物馆文保部分别与临沂市博物馆和诸城市博物馆达成合作协议，文保部向两家博物馆提供仪器设备、人才技术服务，帮助两处分别建成了山东省可移动文物保护修复工作站，并协助其做好区域范围内的文物保护修复工作。2016年，文保部与山东省文物保护修复中心合作，编写了“匠心神韵——山东省文物保护修复技艺展”陈列大纲。该展览吸引了众多省内外文保从业人员的关注，辽宁省博物馆文保中心、南京市文化遗产保护研究所、新疆维吾尔自治区博物馆文保部、临沂市博物馆等众多单位先后派专业人员前来参观、交流。2017年，山东博物馆与临沂市博物馆合作举办了“艺成天工——临沂市博物馆文物保护修复技艺展”，将两馆近年来合作的部分保护修复成果向公众展示，吸引了社会媒体及群众的广泛关注。2010年以来，山东博物馆文保部先后与中国文化遗产研究院、西北大学、陕西省考古研究院、广东省博物馆、上海博物馆、荆州文物保护中心、国家博物馆、故宫博物院等国内众多文保科研机构建立合作关系，使文保部对甲骨、壁画、丝织品、竹简等材质文物的保护修复水平及可移动文物预防性保护技术水平得到显著提高。

山东博物馆文保部现有专业技术人员21人，其中正高级职称2人，副高级职称4人，中级职称6人，初级职称9人。文物保护修复有很强的综合性，是多学科交叉渗透形成的一门科学，包含人文社会学、自然科学和工程技术等。文保部专业技术人员的专业背景也因此较为复杂，涵盖了文物与博物馆学、化学工程与工艺、分析化学、美术学、经济管理等专业。文保部重视人才的培养与发展，通过不同文物保护修复项目的开展，积极培养相关领域的专业人才，同时不断推荐业务人员参加国家文物局、故宫博物院、中国文化遗产研究院等单位组织的专业培训。自2010年以来，先后派遣20人次参加了16个文物保护相关培训班的学习。2017—2018年，山东博物馆文保部有17人被山东省文物局聘为山东省文物修复师。近年来，文保部在纺织、青铜、纸质、竹简、甲骨、壁画、陶瓷等材质文物修复以及可移动文物预防性保护、仪器检测分析等领域，逐渐培养了大批具有较高水平的专业技术人员以及行业专家，并向其他文博单位输送文保人才 10 余人，为我省文物保护事业的可持续发展提供了一定的人才支持。

二、项目组织与质量管理

文物保护修复是一项系统工程，涉及技术领域广、参与人数众多、安全风险高，任何一个环节处理不当，便易引起连锁反应，如同“蝴蝶效应”，产生不可预料的后果。因此项目管理应充分运用系统思维，统筹协调项目涉及的各个方面，以动态思维组织、管理项目过程，充分考虑非线性反馈作用效果，通过实时监控、快速反应等措施全面保障项目按照预期顺利进行。

根据系统思维，文物保护修复项目一般涉及方案管理、整体管理、范围管理、进度管理、成本管理、质量管理、人力资源管理、沟通管理和干系人管理、风险管理、采购管理、合同管理等方面，以此配备项目实施小组成员。通过功能拆分和责任分配，形成分工明确、权责相适的项目系统管理架构，建立包含以上管理范围的自我动态质量管理体系。本项目实施小组组织结构如下：

项目总监：郑捷

负责项目预算、质量及进度监督。

项目负责人：马瑞文

负责项目方案编制、统筹实施、组织管理、事务协调、结项汇报等工作。

现场修复技术负责人：黄瀚东、任伟

负责制定修复技术路线，带领、指导相关业务人员进行保护修复。

分析技术负责人：马瑞文

负责制定分析检测技术路线，带领、指导相关业务人员进行分析检测和科学研究。

参与人员：张玉静（邹平市博物馆）、周坤（山东博物馆）、王云鹏（山东省文物保护修复中心）、曲泰广（山东博物馆）、王志成（山东博物馆）、李玲（山东博物馆）、梁信（邹平市博物馆）、庄萍（山东博物馆）、崔丽娟（山东博物馆）、刘芳志（山东省文物保护修复中心）

负责病害图绘制、保护修复、文物摄影、档案整理、检测分析等具体工作。

项目动态管理的基础是不断对项目质量进行监督、评估并实时改进。项目实施过程中，项目实施小组相关负责人定期对项目过程进行自评估，针对出现的问题进行及时修正。为了保证项目整体质量，项目实施过程中会根据项目进度引进外部评估机制，邀请外部专家对项目质量进行监督、评价、反馈。

2017 年 12 月，在山东省文物局的指导下，山东博物馆组织召开了“《邹平县文物管理所馆藏文物保护修复方案》专家评审会”，邀请于海广、郑同修、王传昌、吴双成等文物保护领域权威专家对方案内容进行评估、审核。与会专家在考察现场、听取汇报、查阅资料、质询讨论后，形成以下意见：

项目组严格按照国家文物保护修复相关规范制定了《邹平县文物管理所馆藏文物保护修复方案》；该方案文物价值认知、病害评估准确，病害图绘制详实，前期研究充分；方案所采用技术路线、修复工艺比较合理，保护修复材料选用适当；建议项目实施中加强文物分析测试和研究工作，注重珐琅器和仿古铜器价值认知、工艺研究；加强项目管理，规范档案资料（图 1-10）。

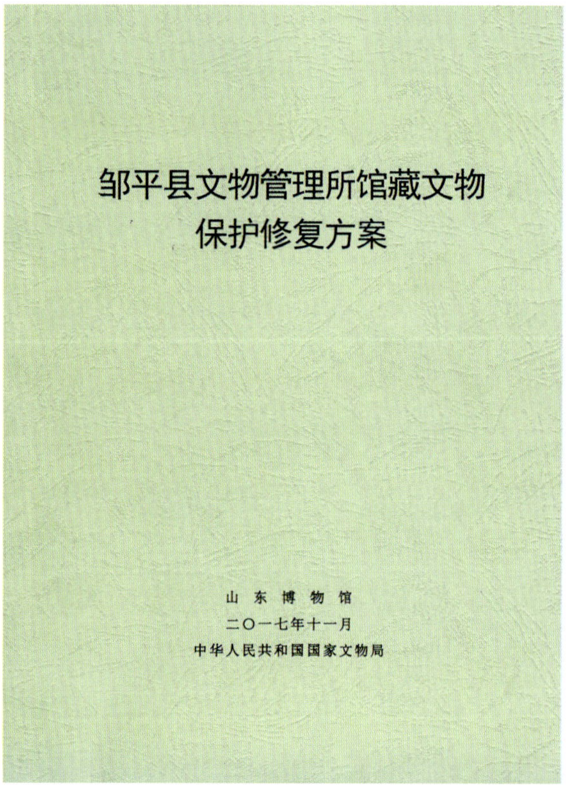
邹平县文物管理所馆藏文物保护修复方案

山东博物馆
二〇一七年十一月
中华人民共和国国家文物局

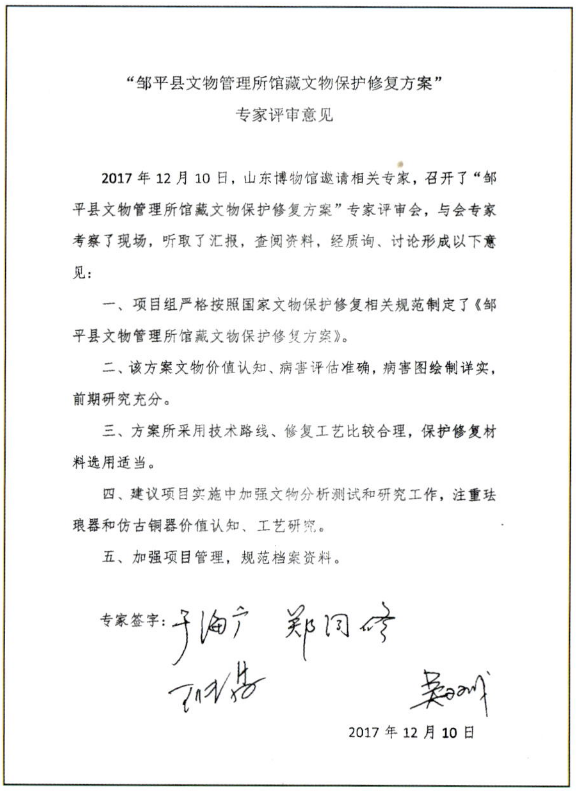
“邹平县文物管理所馆藏文物保护修复方案”
专家评审意见

2017 年 12 月 10 日，山东博物馆邀请相关专家，召开了“邹平县文物管理所馆藏文物保护修复方案”专家评审会，与会专家考察了现场，听取了汇报，查阅资料，经质询、讨论形成以下意见：

一、项目组严格按照国家文物保护修复相关规范制定了《邹平县文物管理所馆藏文物保护修复方案》。

二、该方案文物价值认知、病害评估准确，病害图绘制详实，前期研究充分。

三、方案所采用技术路线、修复工艺比较合理，保护修复材料选用适当。

四、建议项目实施中加强文物分析测试和研究工作，注重珐琅器和仿古铜器价值认知、工艺研究。

五、加强项目管理，规范档案资料。

专家签字：

2017 年 12 月 10 日

图 1-10 《邹平县文物管理所馆藏文物保护修复方案》及专家评审意见

2019 年 9 月，项目实施进度过半。山东博物馆组织专家召开了“邹平县文物管理所馆藏文物保护修复项目中期专家评审会”。与会专家通过现场考察，认为此项目重视科学分析工作，前期研究充分，价值认知到位，病害评估准确；所采用技术路线科学，操作工艺合理，选用材料适宜，已完成的部分文物保护修复效果良好，达到预期目的。在肯定项目过程的同时，与会专家也提出了诸多建设性意见，如建议进一步系统总结已取得的分析测试成果，深入开展文物病害特征、腐蚀机理、技术工艺研究，同时做好文物保护修复后的预防性保护工作（图 1–11）。

图 1–11　邹平县文物管理所馆藏文物保护修复项目中期专家评审会及现场查验

2019 年 11 月 26 日，本项目 40 件（套）文物全部保护修复完成，所涉及文物的保护修复档案、文物分析检测档案以及项目结项报告均编制完成。经过项目组内部自我评定，认为本项目达到结项要求。项目组随后邀请相关专家召开项目结项验收会议（图 1–12）。与会专家通过考察现场、听取汇报、查阅资料以及质询讨论，一致认为：

1. 项目组严格按照《邹平县文物管理所馆藏文物保护修复方案》及多次专家会

咨询意见，完成了 40 件（套）文物的保护修复工作，达到预期目的。

2. 项目实施过程中，开展了详实、有针对性的分析测试工作，并针对不同质地文物采用相应的技术措施，修复工艺合理，材料选用适宜。

3. 探索出珐琅器保护修复技术路线、操作工艺和材料等，可为类似文物保护修复提供技术参考。

4. 项目管理规范，档案齐全。

综上，与会专家同意该项目结项。

（专家名单：于海广、王永波、王传昌、吴双成、吕承佳。）

图 1-12　邹平县文物管理所馆藏文物保护修复项目结项验收会及现场查验

文物保护修复项目是以保护修复文物为主要目标，将各类相关过程、范围、人员等因素统筹管理的程序集合。随着文物保护修复项目的普遍开展，项目规范化、标准化将会进一步加强。强化文物保护修复过程中的项目组织和质量管理工作，有利于降低项目实施过程中面临的各类风险，如不当修复、文物信息丢失、文物破坏、文物盗窃、环境污染、资源浪费、人身伤害等，保障项目科学、有序地按照预期目标顺利完成。

三、文物信息与价值

本次进行保护修复的文物共计 40 件（套），包含 33 件（套）铜器，6 件（套）陶器，1 件（套）铜胎画珐琅摆件。其中，铜胎画珐琅摆件中包含 20 件小型器物。该批器物类别有容器、兵器、炊煮器、日常用品、装饰品、宗教用器等，时间跨度自商代至清代。该批器物多为邹平本地出土，因此对于反映邹平地区的社会历史、经济文化具有重要意义。该批器物保护修复前的基本信息详见表 1-1。

表 1-1　文物保护修复前基本信息表

序号	文物修复前照片	名称	文物编号	级别	时代	来源	数量	重量
1		李氏镜	总号 18		汉	青阳乡刘家出土	1	335.9 g
2	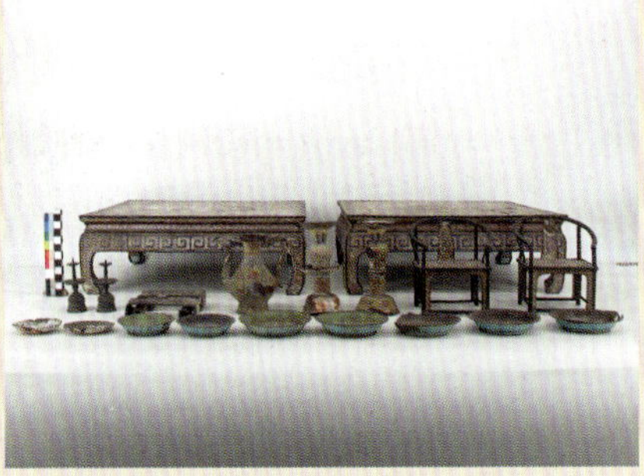	景泰蓝桌椅（铜胎画珐琅摆件）	总号 85		晚清民国	旧藏	20	3271.0 g

① 该栏文物名称采自邹平市博物馆文物标签信息卡，括号内为现今通用名称。

② 该栏信息依据邹平市博物馆文物标签信息卡录入，与现今行政区划有出入。

（续表）

序号	文物修复前照片	名称	文物编号	级别	时代	来源	数量	重量
3		日光镜	总号 105		西汉	黄山北坡党校出土	1	246.9 g
4		双鱼镜	总号 109		清	土产公司拣选	1	437.3 g
5		铜舟	总号 126		春秋	苑城乡大省村出土	1	666.9 g
6		铜敦	总号 127		春秋	苑城乡大省村出土	1	2108.0 g
7		铜戈	总号 131		东周	苑城乡大省村出土	1	286.3 g

（续表）

序号	文物修复前照片	名称	文物编号	级别	时代	来源	数量	重量
8		宣德炉	总号 132		明	土产公司拣选	1	450.2 g
9		铜舟	总号 164		春秋	土产公司拣选	1	369.9 g
10		铜戈	总号 177	三级	商	乐礼公社礼叁村村民捐献	1	239.4 g
11		铜戈	总号 178		春秋	黄山公社南范村村民捐献	1	129.7 g
12		铜镜	总号 179		汉	苑城乡董家村苑城文化站捐献	1	271.7 g

（续表）

序号	文物修复前照片	名称	文物编号	级别	时代	来源	数量	重量
13		铜剑	总号 185	三级	战国	明集乡大张村出土	1	700.1 g
14		铜戈	总号 232		战国	西董乡大杨村村民捐献	1	72.0 g
15		陶壶	总号 275		汉	旧藏	1	2682.0 g
16		陶壶	总号 280		东汉	旧藏	1	2485.0 g
17		陶罐	总号 282		汉	旧藏	1	1969.0 g

（续表）

序号	文物修复前照片	名称	文物编号	级别	时代	来源	数量	重量
18		陶壶	总号 337	三级	汉	长山镇鲍家遗址出土	1	3700.0 g
19		铜造像	总号 380		明	1974 年土产公司拣选	1	2794.0 g
20		圆鼎	总号 486		宋元	黄山三路西首路北出土	1	496.2 g
21		双耳铜瓶	总号 493		宋	黄山三路西首路北出土	1	678.7 g
22		双耳铜瓶	总号 494		宋	黄山三路西首路北出土	1	672.0 g

（续表）

序号	文物修复前照片	名称	文物编号	级别	时代	来源	数量	重量
23		双耳铜瓶	总号 495		宋元	黄山三路西首路北出土	1	2323.0 g
24		双耳瓶	总号 496		宋	黄山三路西首路北出土	1	1320.0 g
25		圈足壶	总号 497		宋	黄山三路西首路北出土	1	2950.0 g
26		方柄觚	总号 500		宋元	黄山三路西首路北出土	1	1427.0 g
27		方柄觚	总号 501		宋元	黄山三路西首路北出土	1	1524.0 g

（续表）

序号	文物修复前照片	名称	文物编号	级别	时代	来源	数量	重量
28		方柄觚	总号 502		宋元明	黄山三路西首路北出土	1	1088.0 g
29		六棱圈底觚形器（投壶）	总号 507		明	黄山三路西首路北出土	1	1823.0 g
30		四耳釜	总号 514		汉	黄山三路西首路北出土	1	7602.0 g
31		铜器盖	总号 516		周	黄山三路西首路北出土	1	631.2 g
32		球形锅	总号 524		汉	黄山三路西首路北出土	1	1576.0 g

（续表）

序号	文物修复前照片	名称	文物编号	级别	时代	来源	数量	重量
33		铜盘	总号 526		东周	黄山三路西首路北出土	1	2268.0 g
34		吊锅	总号 527		汉	黄山三路西首路北出土	1	494.4 g
35		铜敦	总号 593		春秋	孙镇东安村小清河工地出土	1	2060.0 g
36		绿釉大陶盘	总号 701		汉	邹魏电解铝厂汉代墓地出土	1	2050.0 g
37		绿釉大陶盘	总号 702		汉	邹魏电解铝厂汉代墓地出土	1	2475.0 g

（续表）

序号	文物修复前照片	名称	文物编号	级别	时代	来源	数量	重量
38		汉铜熏炉	总号 715		汉	鹤伴五路西段施工工地出土	1	294.6 g
39		汉铜盆	无		汉	鹤伴五路西段施工工地出土	1	287.0 g
40		铜器标本（铜觯）	20 号		宋元	黄山三路西首路北出土	1	615.2 g

本次保护修复项目中，邹平黄山三路西首路北出土的铜器共有 16 件，其中 10 件[①]为宋代及宋代以后的仿古铜（图 1-13）。10 件仿古铜包含瓶、觚、壶等器形，其中六棱圈底觚形器（投壶）表面鎏金，现已基本脱落。本次保护修复的这 10 件仿古铜，对于研究晚期复古文化在地方的表现具有重要意义。

宋代是我国历史上“复古”文化的高峰期。“追三代之风，以充昭太平”“始依仿古制，定郊庙朝飨礼乐”“以古为雅，以今为俗”，整个社会自上而下，形成了复古、仿古的潮流。而青铜器在当时成为这一文化意识流的物化体现，青铜器铭

① 20 号铜器标本（铜觯），原始信息卡中缺失对其时代判定，今据器物形制认为该文物年代为宋元时期。

文中明确可见“皇帝考古作山尊”“帝若稽古，肇作宋器”等语句。考古作新，隆礼作器，在这样的文化背景下，仿古铜大量产生。而这些仿古铜也成为研究这一时期社会文化、意识形态的重要实物资料。

过去，晚期铜器一直被误归于仿器、伪器的范畴，而忽视了其自身所蕴含的反映时代意识形态的文化属性，大家一般较多地关注三代青铜器，对晚期铜器的相关研究甚少。随着青铜器研究的深入，晚期铜器开始逐渐受到学界重视，仿古铜器作为晚期铜器中的重要门类，在阐释古人生活、思想意识、艺术品位等方面的价值也将更加凸显。

图 1-13 邹平出土晚期仿古铜器（修复后）

本次保护修复项目中，有一套（20 件）晚清民国时期铜胎画珐琅摆件十分小巧别致（图 1-14），其样式在同材质器物中十分少见。这套器物的保护修复对丰富邹平市博物馆展陈、讲述好邹平市历史文化故事具有积极意义。

珐琅器一般指采用珐琅釉作为表面装饰材料的器物。珐琅釉主要是一种低温烧成的以硼酸为助溶剂的硒酸盐玻璃料，通过加入不同的金属氧化物，呈现出不同颜色和色阶效果。珐琅器按胎体材质的不同，可分为金胎珐琅、银胎珐琅、铜胎珐琅、瓷胎珐琅、陶胎珐琅、玻璃胎珐琅等，其中以铜胎珐琅和瓷胎珐琅较为常见。

图 1-14　邹平市博物馆藏铜胎画珐琅摆件（修复后）

铜胎珐琅按制胎工艺又可分为掐丝珐琅、錾胎珐琅、画珐琅等。画珐琅起源于法国，于 16 世纪传入中国，受到清代康熙、雍正、乾隆三位皇帝的喜爱和重视。由于得到当朝皇帝的大力支持，珐琅制品在康、雍、乾时期达到鼎盛，后又逐渐衰落。画珐琅一般以红铜为胎，首先以铅钾釉作底，入窑烧结，再由顶级画师以不同颜色的釉料绘制图案，按照从高温到低温的顺序反复烧造而成。烧结过程必须谨慎小心，稍有不慎，极易釉崩器毁。珐琅器按器物性质可分为陈设器、实用器、祭祀宗教用器等。从器物大小推测，这套待保护修复的画珐琅为陈设把玩之器。从器物纹样及釉料色彩判断，这套器物的烧造年代为晚清民国时期。

画珐琅不但工艺复杂，而且是清康、雍、乾三代在昌盛国力下由皇帝主导的、在宫廷打造的、不惜代价、不计成本的顶级艺术，是三位皇帝对自己辉煌帝王大业的肯定，是其文治武功在艺术上的物化表现，是进入国家典藏的重器。但是相较于瓷胎画珐琅来说，过去学界对铜胎画珐琅进行的学术研究较少，资料相对稀缺，与其文化地位还不太匹配。这套铜胎画珐琅摆件形制少见，纹饰精美，对其进行保护修复，对于进一步探索铜胎画珐琅的工艺、传播以及文化属性具有重要意义。

本次保护修复的器物中有件吊锅（总号 527），为黄山三路西首路北窖藏内发掘出土。文物标签中登记其年代为汉代。通过 X 射线荧光光谱仪检测可知，该吊锅基体为红铜材质。其外表面有烟熏痕迹，口沿有两层，内层口沿表面有鎏金，外层口沿为黄铜材质，器物内表面被锡铅合金覆盖（图 1-15）。推测该器物为熔炼锡铅焊料之器。

山东地区自古金属铸造技术发达，春秋战国时期的《考工记》中第一次出现与金属合金配比相关的“六齐”说，嘉祥出土的汉画像石上出现采用鼓风箱冶铁的画面，唐代段成式的《酉阳杂俎》中有根据指示植物寻找矿床的记录，段成式的出生地便是今山东邹平。该吊锅作为熔炼焊料的容器，具有重要学术价值，可用于探究历史时期山东邹平地区的金属焊接工艺，反映历史时期该地区的金属冶铸水平。

图 1-15　邹平市博物馆馆藏铜质吊锅（修复后）

四、保护修复理念与原则

我国有着较长的文物修复历史。自宋代金石学兴起，古物收藏开始流行，古物修复行业随之产生。宋、元、明、清、民国时期，青铜器和字画为收藏大宗，当时古物修复行业为利益所驱，以青铜器和字画修复为主，而且常与古物作伪、售假等行为有着千丝万缕的联系。行业早期文物保护概念尚无或比较模糊，修复活动多以复原形制、纹饰、颜色等为目标。新中国成立后，由于文物保护修复事业需要，一些从事传统古物修复、仿作的艺人纷纷加入各类文博机构，他们中的很多人成为我国现代文物保护修复事业的开路人。

20 世纪 30 年代，梁思成先生开始引进西方文物保护理念。20 世纪 60 年代初期，上海博物馆、中国历史博物馆（国家博物馆前身）、甘肃省博物馆相继成立文物保护修复实验室，一些具有理工科背景的大学生加入其中，我国文物保护修复开始吸纳现代科学技术及材料成果并将其应用于具体的文物保护实践中。1973 年，文化部文物保护科学技术研究所成立。1980 年，中国文物保护技术协会成立。1991 年，中国文物学会文物修复专业委员会成立。

进入 21 世纪，我国国力不断增强，党和国家空前重视文物保护与利用，我国文物保护事业进入快速发展的机遇期。受益于国家科学有效的顶层设计和重点科研规划，全方位、多层次、可持续的文物保护科技事业动态空间布局基本完成。截至目前，全国文博单位和科研院所共设立了 33 个国家文物局重点科研基地，基本覆盖了文物保护科技需求的主要方面，其中包括从文物材质角度考虑的金属、陶瓷、壁画、陶质彩绘文物、石质文物、纸质文物、竹木漆器等科研基地，包括从行业需求角度考虑的文物规划类、测绘类、建筑类、管理类、文物数字化和博物馆环境等科研基地。以这些科研基地为依托，以科技支撑计划、重大文物保护科技专项、重点和重要文物保护修复工程项目与科研课题为抓手，我国解决了诸多限制文物保护科技发展的瓶颈问题，取得了诸多文物保护科研与示范性修复成果，制定并颁布了一大批文物保护国家标准和行业标准，培养了一批老中青结合的文物保护科研人才和文物修复人才队伍，并且逐渐形成了以中国文化遗产研究院、国家文物局考古研究中心、故宫博物院、国家博物馆、敦煌研究院、秦始皇帝陵博物院、陕西省文物保护研究院、南京博物院、上海博物馆、中国丝绸博物馆、首都博物馆、北京大学、北京科技大学、西北大学、复旦大学、上海大学、浙江大学、山东大学、山东省文物保护修复中心等文博单位及科研院所为代表的星罗棋布的文物保护修复与研究中心。这些机构以及它们的合作力量（包括长期合作的国际机构，如美国盖蒂保护研究所、德国巴伐利亚州文物保护局、德国美因茨州立博物馆、意大利罗马文物修复研究中心等）所形成的科学理念、技术方法与专业队伍，构成了全国文物科技保护网络辐射体系，服务于全国文物保护科研与修复实践，极大地促进了全国馆藏文物保护水平与质量的提升。

2021 年 5 月 18 日，由国家文物局和北京市人民政府主办，中国文物保护技术协会、中国丝绸博物馆与首都博物馆承办的“万年永宝——中国馆藏文物保护成果展”开展，该展览是为在北京举办的国际博物馆协会藏品保护委员会（ICOM-CC）第十九届大会精心准备的特展，集结了全国 10 个省市、23 家文博单位的 50 余件（套）展品，全面展示了我国馆藏文物科学认知、保护修复、工艺复原、预防性保护的代表性成果。该展览是对新中国成立后我国文物保护科研成果与实践成就、科技人才队伍建设、国际合作成绩等方面发展历程的全面梳理，是对中国文物保护理念及保护实践的系统总结和集中展示。

随着我国文物保护事业的不断发展，在借鉴学习国外优秀保护理念、技术、方法的基础上，具有中国本土特色的文物保护修复理念逐渐形成。《中华人民共和国文物保护法》《中华人民共和国文物保护法实施条例》《博物馆条例》等一系列法律法规和行业标准构成了我国文物保护的基本框架体系。参照以《国际古迹保护与修复宪章（威尼斯宪章）》为代表的国际保护修复原则编制而成的《中国文物古迹保护准则》（简称《准则》），较为系统地阐述了我国当前的文物保护理念和原则，该《准则》对古迹等不可移动文物以及馆藏可移动文物的保护修复活动具有重要的指导作用。

文物保护修复会因保护修复人员的不同教育背景、实践经历而产生差异，科学、统一的保护理念是保护修复活动顺利完成的重要保障。项目组通过深入学习相关法规及标准，结合文物保护修复工作经验积累，始终将有效保护和不改变文物原状、全面认知文物价值、加强科学研究、最小干预、可再处理与可识别、使用成熟保护技术等文物保护理念和原则贯穿保护修复全过程。

有效保护和不改变文物原状：文物保护是指采用一定的技术、管理方法，真实、全面保存文物及其相关信息的活动，旨在降低造成文物破坏、信息丢失的各类风险，使文物及其所携带的信息能够完整保存与传承。文物保护修复是延续性活动而不是创造性活动，因此保护修复过程中应坚持不改变文物原来性状的原则，即不随意增添、删减、修改文物性状，以确保文物的真实性和完整性。

全面认知文物价值：文物承载着灿烂文明，是古代人类政治、经济、文化生活的物质载体。文物保护修复的目的就是让文物本体和它承载的具有历史、艺术、科学价值的信息能够代代相传，让我们以及子孙后代能够通过文物了解人类的过去，探寻我们来自哪里、未来去向何方。文物价值是文物历史性、艺术性、科学性以及保存状态综合评估的结果，科学、全面的文物价值认知是现代文物保护修复的重要特征，是开展文物保护工作的先决条件。只有全面了解保护对象，掌握保护对象的有价值信息，才能确定整个保护过程需要的投入量和投入方式。如果价值认知不足、掌握信息不全，便容易在保护修复过程中造成重要价值信息的丢失或破坏，而此时，也许我们还浑然不觉。因此，对文物价值认知的科学性和全面性，是评判当前文物保护修复水平高低的重要指标。

加强科学研究：文物保护修复发展至今的一个重要特征就是以科学实证逐渐代替主观经验。文物保护修复过程中不仅要知其然更要知其所以然，通过自然科学理论、方法、技术、材料的综合运用，掌握事物、事件发展变化的原因、机理，在科学实验分析方法的指导下，完成对文物的价值认知和多途径保护。

最小干预：医学上常有“是药三分毒”的说法，文物保护修复工作也存在同样的情况，即每一次文物保护修复严格来说都会产生或多或少的破坏，文物保护修复便是权衡这种破坏与保护带来的益处之间孰轻孰重的过程。因此，凡是近期没有重大危险的文物，通常以日常保养作为主要保护手段，不过多进行保护干预；必须介入保护修复时，应控制作用范围限于必要的部位，防止过度保护修复。

可再处理与可识别：可再处理强调文物保护修复过程中使用的材料、工艺具有一定的可逆性，在特殊情况下，能够采用温和的手段消除其在文物本体上所施加的改变，使文物恢复修复前的状态。可识别指经过保护修复处理的部分要与文物本体既协调又可辨识，既要满足展览欣赏的要求，又不能影响科研人员的学术研究和对文物价值的判断。随着科技的不断发展，可识别的内涵也有所改变，能够瞒过一般人的眼睛，但通过简单科技手段能识别的修复也逐渐被认可。保护修复过程中应做好详细档案记录，为今后可能的再处理和可识别工作提供基础资料。

使用成熟保护技术：保护修复过程中采用的技术、材料、工艺必须经过前期的实验和研究。一般来说，应选用经过长期实践证明有效或权威专家鉴定认可的技术，并且要以具体文物的实际科学研究结果为依据，选择科学、合理的技术路线。

·第二章　青铜器[1]保护与修复

目前我国出土的时代最早的青铜器是1977年发现于甘肃东乡族自治县林家遗址的一把青铜刀，距今5000年左右。青铜器的使用贯穿我国整个古代历史时期。夏、商、周三代一般被称为青铜时代，此时青铜器是权力与地位的象征，“国之大事，在祀与戎”，青铜器是当时统治阶级与贵族的专属。与世界其他文明早期铜器制造多使用锻造法和失蜡法相比，我国早期铜器多采用范铸工艺，即先制作模具，用模具做出陶范，再制作陶芯，范、芯拼合形成空腔，然后用铜液浇铸，冷却成型。商代晚期至西周早期，青铜铸造水平达到顶峰。青铜器修复是伴随着青铜器铸造出现的。据考古发现，许多青铜器都有修补痕迹，如我国著名的国宝后母戊大方鼎，其中的一只鼎足是浑铸失败后又补铸而成的。我国古代青铜器铸造工艺中，很早就出现了分铸、焊接等技术方法，与传统的青铜修复方法类似。但我们现在所说的青铜器修复，多为青铜文物的修复。文物一般指前代遗留下来被后世珍藏的具有历史、艺术、科学价值的物品。所以我们常说的青铜器修复，通常认为是从宋代开始的。宋代金石学兴盛，宋徽宗力推三代礼制，崇尚复古，青铜器作为三代礼乐文化的典型代表而受到皇室贵族的喜爱。“上既仿制以崇古，下便伪造以图利”，上层贵族为了博得宋徽宗的赏喜，力求在青铜仿制方面做得惟妙惟肖，按照春秋时期宋公成钟仿制而成的大晟编钟就是一个典型例子；下层民众为了追逐高利，也大量伪造三代铜器，蒙混购买者以图利。这些仿制、伪造技术，也为青铜器修复行业的产生与

① 中国古代青铜器一般指使用铜、锡、铅等合金材料制作而成的器物。本次修复的33件铜器，经检测分析，以青铜器为主，包括29件青铜、2件黄铜和2件红铜制品。

发展打下了基础。尤其是当时鉴赏界辨别青铜器多以锈色为依据，因此使得一些工匠千方百计地在铜器上伪造出各种假锈。这种在铜器上的作锈技术与现在传统青铜器修复工艺中的咬旧、作锈工序十分相似。

元代，青铜器没有像宋代那样受到追捧，但仍然流行仿制三代礼器，朝廷中也设有诸如出蜡局一类的专门负责铸造青铜器的机构。当时杭州姜娘子、平江路王吉都是仿制古铜的高手。明代曹昭编著的《格古要论》以及高濂所撰《遵生八笺》中的《论新铸伪造》，都对仿古铜的作伪技术进行了详细介绍。清代的仿古铜制作不仅比明代更加精细，而且数量繁多，朝廷在皇宫内设置了内务府造办处，专门负责为宫廷制作、修复各类仿古铜器。达官贵族、文人墨客对三代铜器，尤其是带有铭文的三代铜器的痴迷，使得青铜仿制、作伪、修复活动在民间更加流行。清末民初，随着青铜器在海外的热度越来越高，古玩行业日渐兴隆，青铜器作伪之风盛行，制作技术也越来越高。当时在全国范围内逐渐形成众多作伪、修复的流派，其中比较有影响力的四大派为“北京派”“苏州派”“潍县派”“西安派”。他们既伪造三代青铜器，也对盗墓获得的破损青铜器进行修复以牟利。我们现在说到的青铜修复的两大派“北京派”“苏州派”也肇始于此时。“北京派”的鼻祖传说是光绪年间一个叫“歪嘴于”的工匠，他早年在宫中做事，后来开了个“万龙合”的古铜作坊，修理青铜器。再后来，“歪嘴于”的两个徒弟张泰恩、郭树根继承其衣钵，将作伪、修复技术进一步改进。“北京派”第三代徒弟中的代表是张文普和王德山等，第四代徒弟如赵振茂、高英、王长青、贾玉波等，在新中国成立后被分配到各文博系统，成为各自单位青铜修复的领路人。“苏州派”的青铜修复技术大多来自周梅谷的古铜作坊，现在国内公认的“苏州派”创始人是晚清至民国时期的“金铜匠”——金云松，他是周梅谷的远房亲戚，在周梅谷的作坊中也做过工。金云松精于浇铸和修复，后来他的两个儿子金润生、金满生继承了他的手艺。20 世纪 60 年代以前，青铜器的修复主要采用传统修复技术，这套技术主要包括七个方面：锡焊技术、锤铜技术、铸造技术、雕刻技术、鎏金技术、作假锈技术、去锈技术。这七种技术中有四种是从其他手工业中借鉴来的，有三种是经过长期实践摸索得到的。20 世纪 60 年代后，文博系统引进了一些从事文物保护技术的科技型人才，从而拉开了以传统工艺结合现代科技保护修复青铜器的序幕，各种成分分析测试方法、实验研究方法、新材料、新技术相继用于青铜器的保护与修复中，它们与传统修复工艺相结合，提高了工作效率，使修复工作更具有科学性。

现代青铜保护与修复工艺是一门多学科交叉的技术，它集传统修复工艺、化学保护、科学分析、现代铸造技术于一体，同时还包括古代青铜器铸造工艺研究、青铜器鉴定、现代工艺品制作。它是在长期实践基础上形成的一套符合我国青铜器特点的、行之有效的文物保护工艺。青铜修复工艺是一种传统与现代结合的工艺，而且传统青铜修复工艺在保护与修复我国富有璀璨文明内涵的青铜器的同时，也成为具有社会文化载体属性的研究与保护对象，甚至有的修复技艺已被列为国家非物质文化遗产。在现代青铜器的修复与保护工作中，既需要继承传统修复工艺，防止这些作为非物质文化遗产的传统手艺失传，又要结合现代科技改革创新，促进青铜修复与保护技术不断发展，为我国灿烂的青铜文化的发展保驾护航。

本章从青铜器现状描述与病害分析、材质及工艺分析、腐蚀情况分析以及保护与修复四个方面，详细介绍文物保护修复人员对邹平市博物馆藏 33 件青铜器的保护修复过程。

一、青铜器现状描述与病害分析

这批青铜器来源复杂，有的系发掘出土，有的系社会征集，有的系民众捐献，现均保存于邹平市博物馆中。邹平市地处暖温带半湿润大陆性季风气候区，四季分明，春季干旱少雨，夏季炎热多雨，秋季凉爽干燥，冬季寒冷少雪，多年平均气温在 12.7℃左右。项目组前期调查发现，邹平市博物馆缺少足够的温湿度等环境调控设施，仅有少量小型空调设备，库房、展厅内环境随季节变化较大，文物保存环境风险较高，易造成文物劣化腐蚀，不利于文物的长期安全保存。

本次保护修复项目共涉及青铜器 33 件，且青铜器所属年代跨度大，最早可到商代，最晚到明清时期，多数为邹平本地出土，反映了邹平不同历史时期的物质文化特点和社会经济、文化生活风貌。青铜器通常可按照用途分为六大类：容器、乐器、兵器、工具、车马器、杂器，其中食器（含蒸煮器）、酒器、水器、量器均属于容器。经统计，33 件铜器中，包含容器 23 件，兵器 5 件，杂器 5 件（图 2–1）。

这批青铜器自入馆后未经任何保护修复处理，有的青铜器现存病害严重。为全面掌握这批青铜器目前的基本状况，项目组在现场勘查的基础上，结合馆藏资料统计分析了这批青铜器的基本保存状况，详细内容见表 2-1。

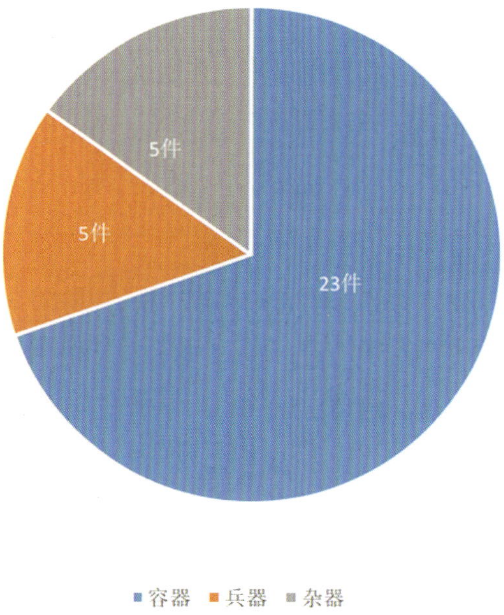

图 2-1　器物类别、数量饼形分布图

表 2-1　青铜器保存状况统计表

序号	文物修复前照片	名称	文物编号	级别	保存状况描述
1		李氏镜	总号 18		铜镜完整，断裂为 3 块，通体呈“黑漆古”，淡绿色点状腐蚀零散分布于镜体表面。
2		日光镜	总号 105		铜镜断裂为 3 块，有残缺，通体锈蚀，呈红绿色，局部有绿色点状锈蚀。

（续表）

序号	文物修复前照片	名称	文物编号	级别	保存状况描述
3		双鱼镜	总号 109		铜镜整体完整，中间有裂隙，存在潜在安全风险。通体覆盖绿色锈蚀和钙化硬质土垢。
4		铜舟	总号 126		器盖开裂有残缺，变形严重，表面覆盖淡绿色锈蚀和硬质土垢；器身发生变形，颜色与器盖相同，表面纹饰锈蚀不清。
5		铜敦	总号 127		器盖开裂有残缺，变形严重，表面覆盖淡绿色锈蚀和硬质土垢；器身发生变形，颜色与器盖相同，表面纹饰锈蚀不清。
6		铜戈	总号 131		铜戈断裂为两段，援部有残缺。通体覆盖深绿色锈蚀和硬质土垢，戈体存在较多淡绿色点状腐蚀。戈内部贴有文物标签。
7		宣德炉	总号 132		炉体保存完整，局部有裂纹，存在一定变形。通体覆盖绿色锈蚀，间或硬质土垢，存在层状锈蚀剥落现象。

（续表）

序号	文物修复前照片	名称	文物编号	级别	保存状况描述
8		铜舟	总号 164		器物较为完整，仅口沿处存在少量残缺，腹部有裂隙，有一定安全隐患，局部有变形现象。通体分布有绿色和黑色锈蚀。
9		铜戈	总号 177	三级	器物保存完整，通体覆盖绿色和红色锈蚀，局部存在淡绿色点状腐蚀。
10		铜戈	总号 178		器物保存较为完整，仅援下部少量残缺。通体覆盖绿色和红色锈蚀，局部出现淡绿色点状腐蚀现象。
11		铜镜	总号 179		器物保存完整，通体覆盖绿色和白色锈蚀，土垢较多，镜背纹饰不清。
12		铜剑	总号 185	三级	器物保存较为完整，仅刃部有残缺。通体覆盖黑绿色锈蚀，局部呈红色，表面硬结物较多。

（续表）

序号	文物修复前照片	名称	文物编号	级别	保存状况描述
13		铜戈	总号 232		器薄，援下部有残缺，戈身出现裂隙，通体腐蚀。戈身存在多种锈色，出现点腐蚀现象，表面硬结物较多。戈内部贴有文物标签。
14		铜造像	总号 380		器物较为完整，底座略有残缺。通体呈土灰色，隐约可见红色、黄色等色彩残留，表面灰垢较多。器身贴有文物标签。
15		圆鼎	总号 486		器物较为完整，一耳残缺，整体略有变形。通体可见红色锈蚀，局部覆盖有淡绿色锈蚀。器身残留贴纸。
16		双耳铜瓶	总号 493		器身完整，通体黑底，部分覆盖蓝绿色锈蚀。器身贴有文物标签。
17		双耳铜瓶	总号 494		器身较为完整，底部出现孔洞残缺。通体黑底，部分覆盖蓝绿色锈蚀。器身贴有文物标签。

（续表）

序号	文物修复前照片	名称	文物编号	级别	保存状况描述
18		双耳铜瓶	总号 495		器身较为完整，耳环处出现孔洞残缺。通体黑底，均匀覆盖淡绿色锈蚀，表面土垢较多。颈部有贴纸残留。
19		双耳瓶	总号 496		器身完整，通体黑底，均匀覆盖淡绿色锈蚀，表面土垢较多。腹部有贴纸残留。
20		圈足壶	总号 497		器身较为完整，存在两处孔洞残缺，有裂隙和轻微变形。通体覆盖绿色致密锈蚀，表面土垢较多。
21		方柄觚	总号 500		器身完整，存在轻微变形。通体覆盖绿色致密锈蚀，表面土垢较多。
22		方柄觚	总号 501		器身完整，存在轻微变形。通体覆盖绿色致密锈蚀，部分位置可见淡绿色点状腐蚀，表面土垢较多。

（续表）

序号	文物修复前照片	名称	文物编号	级别	保存状况描述
23		方柄觚	总号 502		器身完整，存在轻微变形，有淡绿色锈蚀覆盖器物整体，表面土垢较多。
24		六棱圈底觚形器（投壶）	总号 507		器物较为完整，底座处出现残缺，颈部有裂隙，整体存在变形。通体以黑色打底，泛淡绿色，表面土垢较多。
25		四耳釜	总号 514		器物较为完整，通体呈炭黑色，似为烟熏痕迹，部分位置出现淡绿色点状锈蚀，表面土垢较多。
26		铜器盖	总号 516		器盖完整，有裂隙，略有变形。通体呈深绿色，表面土垢较多。
27		球形锅	总号 524		器物较为完整，存在一定变形。通体以黑色打底，有淡绿色锈蚀，表面被土垢覆盖。

（续表）

序号	文物修复前照片	名称	文物编号	级别	保存状况描述
28		铜盘	总号 526		器物较为完整，盘耳缺失，盘底有孔洞，存在一定变形。通体呈浅绿色，表面土垢较多。
29		吊锅	总号 527		器物较为完整，口沿处加固铜扣断裂，缺一环。内表面存在蓝绿色锈蚀，外表面呈炭黑色，表面土垢较多。
30		铜敦	总号 593		器物较为完整，器盖断裂、变形严重，器身也存在一定变形。通体呈土灰色，表面土垢较多。
31		汉铜熏炉	总号 715		器物较为完整，炉盖口沿处出现断裂，炉身与底座连接处插销丢失。通体呈红棕色，隐约可见附着席纹，断口处可见淡绿色粉状锈蚀。
32		汉铜盆	无		器物较为完整，底部出现明显锈蚀孔洞，整体变形。通体覆盖蓝绿色锈蚀，局部可见红色附着物。

（续表）

序号	文物修复前照片	名称	文物编号	级别	保存状况描述
33		铜器标本（铜觯）	20 号		器物较为完整，口沿处残缺，通体呈淡绿色，表面覆盖较多土垢。

这批青铜器受自身材质、铸造工艺、使用过程、埋藏环境、保存环境、人为损坏等多种因素的综合影响，产生了不同的病害。参照行业标准《馆藏青铜器病害与图示（WW/T 0004-2007）》，这批青铜器的病害包括残缺、断裂、裂隙、变形、层状堆积、孔洞、瘤状物、表面硬结物、通体矿化、点腐蚀、缝隙腐蚀、全面腐蚀（图 2-2 至图 2-13）。

残缺是指青铜器因外力作用而导致的不完整现象，是青铜器中非常常见的病害（图 2-2）。

断裂是指青铜器部分与整体完全脱离（图 2-3）。

裂隙是指青铜器表面或内部因内力或外力作用而形成的缝隙（图 2-4）。

变形是指青铜器因受外力作用而导致形状发生改变（图 2-5）。

层状堆积是指青铜器表面因发生层状腐蚀而导致其腐蚀产物分层堆积的现象（图 2-6）。

孔洞是指青铜器因腐蚀严重而形成的穿孔现象（图 2-7）。

瘤状物是指青铜器表面的瘤状凸起物（图 2-8）。

表面硬结物是指青铜器表面覆盖铭文和花纹的硬质覆盖层（图 2-9）。

通体矿化是指青铜器因腐蚀程度过重而导致器物整体呈酥松发脆状态（图 2-10）。

点腐蚀是指青铜器表面小面积的点或孔穴类的腐蚀（图 2-11）。

缝隙腐蚀多因缝隙的存在导致电位差存在，从而产生沿缝隙的电化学腐蚀（图 2-12）。

全面腐蚀是指腐蚀分布在整个金属面上，包括均匀的和不均匀的。在全面腐蚀过程中，进行金属阳极溶解反应和物质还原反应的区域都很小，阴、阳极区域的位置不固定，在腐蚀过程中随机变化，结果使腐蚀分布非常均匀，危害也相对较小（图 2-13）。

图 2-2　青铜器典型病害——残缺

图 2-3　青铜器典型病害——断裂

图 2-4　青铜器典型病害——裂隙

图 2-5　青铜器典型病害——变形

图 2-6　青铜器典型病害——层状堆积

图 2-7　青铜器典型病害——孔洞

图 2-8 青铜器典型病害——瘤状物

图 2-9 青铜器典型病害——表面硬结物

图 2-10　青铜器典型病害——通体矿化

图 2-11　青铜器典型病害——点腐蚀

图 2-12　青铜器典型病害——缝隙腐蚀

图 2-13　青铜器典型病害——全面腐蚀

根据行业标准《可移动文物病害评估技术规程　金属类文物（WW/T 0058-2014）》，按照青铜器不同病害的发展趋势以及它们对青铜器稳定性的影响，可将病害分为稳定病害、活动病害和可诱发病害。

稳定病害是指病害已经产生或存在且不再继续发展和蔓延，不会对文物的稳定性产生进一步影响的病害类型。

活动病害是指病害已经产生或存在且继续发展和蔓延，对文物稳定性产生影响的病害类型。

可诱发病害是指病害已经产生或存在且不再继续发展和蔓延，在外部条件（如保存环境改变）激发下可能导致文物病害发生渐变或突变，引发其他病害产生的病害类型。

根据《可移动文物病害评估技术规程 金属类文物（WW/T 0058-2014）》，金属文物的稳定病害包括残缺、断裂、变形、层状堆积、孔洞、表面硬结物、微生物损害；活动病害包括层状堆积、矿化、点腐蚀、含氯腐蚀产物、可溶盐腐蚀物；可诱发病害包括裂隙、层状堆积、表面硬结物、矿化、点腐蚀、微生物损害、含氯腐蚀产物、可溶盐腐蚀产物。

通过现场调查发现，这批青铜器存在不同种类和不同程度的病害。为了从宏观上更准确地把握这批文物的病害，估算项目所需时间，合理安排项目进度，项目组根据《可移动文物病害评估技术规程 金属类文物（WW/T 0058-2014）》《馆藏青铜器病害与图示（WW/T 0004-2007）》，详细统计分析了 33 件青铜器的病害情况，具体内容见表 2-2。同时，根据表中数据制作病害类型分布柱形图（图 2-14）。由上述统计分析可知，这批青铜器的病害类型主要包括表面硬结物、变形、残缺、点腐蚀、裂隙、断裂。其中 29 件青铜器存在表面硬结物病害，18 件青铜器存在变形病害，15 件青铜器存在残缺病害，15 件青铜器存在点腐蚀病害，13 件青铜器存在裂隙病害，7 件青铜器存在断裂病害。从病害的稳定程度来看，33 件青铜器中有 23 件存在点腐蚀等可诱发病害，必须进行保护处理。根据文物的完残情况以及病害的稳定程度，我们将青铜器的病害程度分为三级：重度、中度和轻度病害，同时对这批青铜器的病害程度进行了评估（图 2-15），33 件青铜器中有 10 件为重度病害，14 件为中度病害，9 件为轻度病害。整体来看，这批青铜器病害较为严重，存在可诱发病害类型的青铜器较多，亟须进行保护修复处理，以改善青铜器保存状态，阻止或延缓青铜器的进一步劣化。

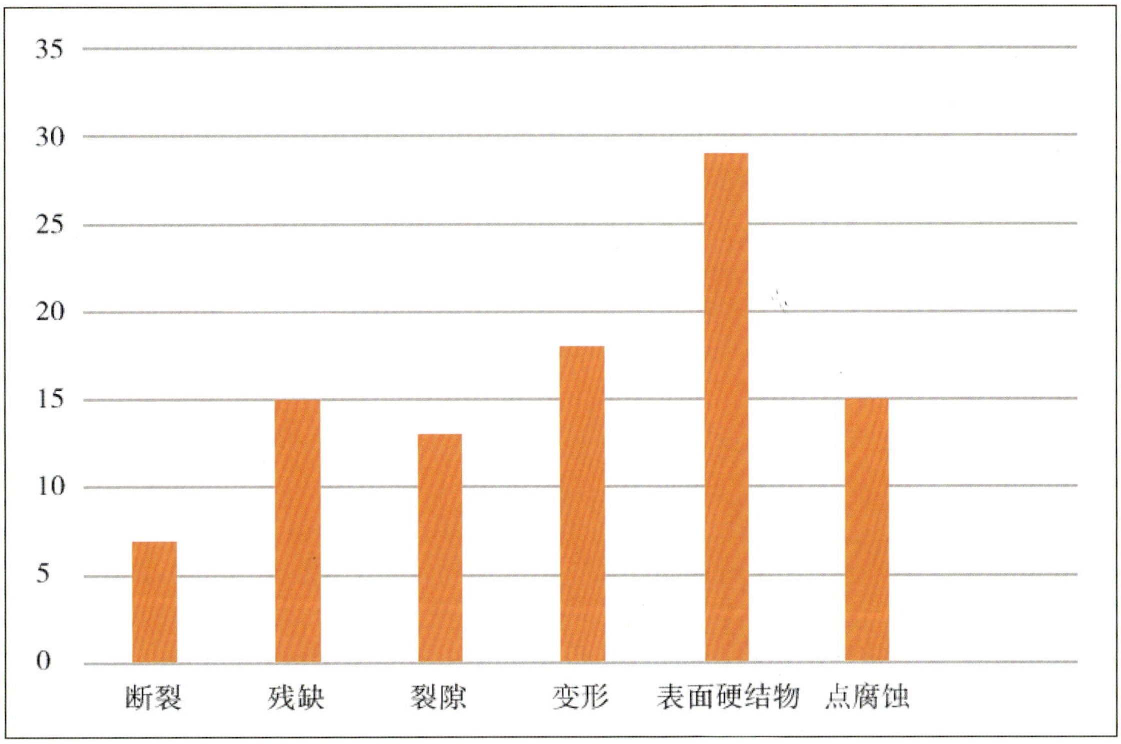

图 2-14　病害类型分布柱形图

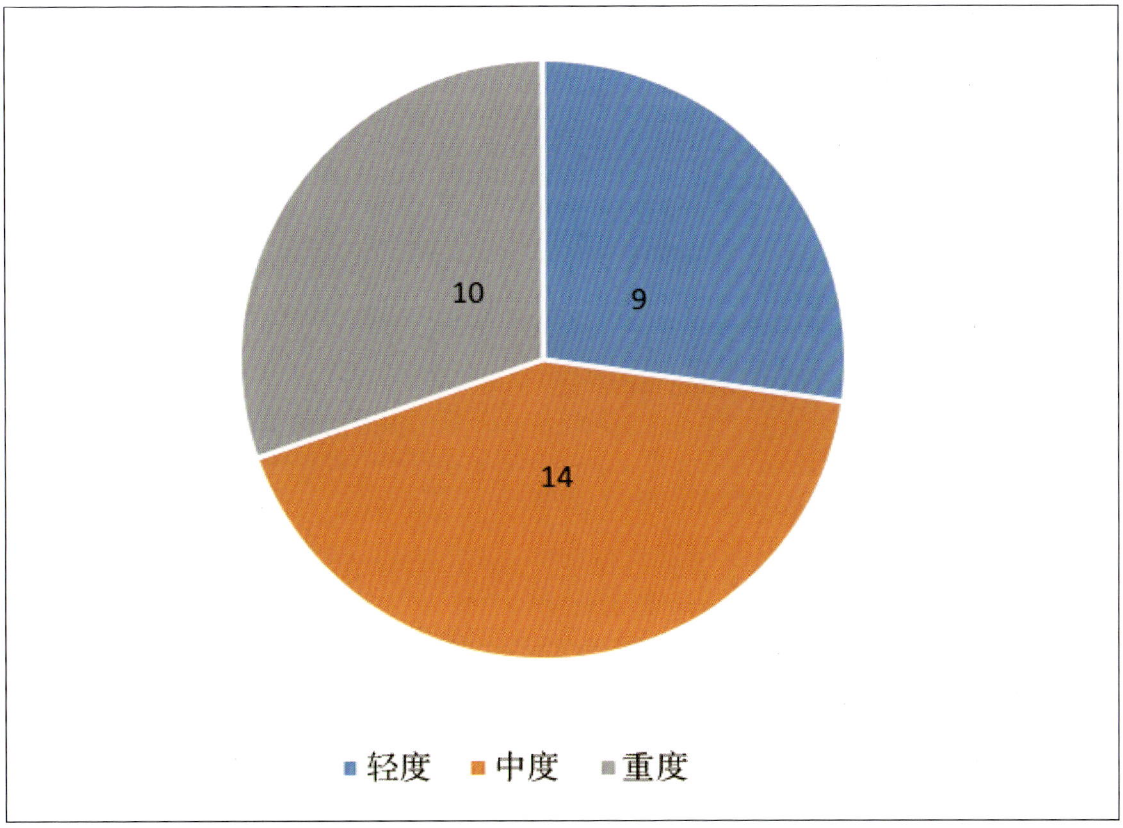

图 2-15　病害程度饼形分布图

表 2-2　青铜器病害情况统计表

序号	文物修复前照片	名称	文物编号	稳定病害	活动病害	可诱发病害	病害程度
1		李氏镜	总号 18	断裂	点腐蚀	点腐蚀	重度
2		日光镜	总号 105	断裂、残缺、变形、表面硬结物	—	—	重度
3		双鱼镜	总号 109	表面硬结物	—	裂隙	中度
4		铜舟	总号 126	断裂、残缺、变形、表面硬结物	—	裂隙	重度
5		铜敦	总号 127	断裂、残缺、变形、表面硬结物	—	裂隙	重度

（续表）

序号	文物修复前照片	名称	文物编号	稳定病害	活动病害	可诱发病害	病害程度
6		铜戈	总号 131	断裂、残缺、变形、表面硬结物	点腐蚀	点腐蚀	重度
7		宣德炉	总号 132	表面硬结物	点腐蚀	点腐蚀	轻度
8		铜舟	总号 164	残缺、变形、表面硬结物	点腐蚀	点腐蚀、裂隙	中度
9		铜戈	总号 177	表面硬结物	点腐蚀	点腐蚀	中度
10		铜戈	总号 178	变形	点腐蚀	点腐蚀、裂隙	中度

（续表）

序号	文物修复前照片	名称	文物编号	稳定病害	活动病害	可诱发病害	病害程度
11		铜镜	总号 179	表面硬结物	—	—	轻度
12		铜剑	总号 185	变形	点腐蚀	点腐蚀	中度
13		铜戈	总号 232	残缺、变形	点腐蚀	点腐蚀、裂隙	中度
14		铜造像	总号 380	残缺、变形、表面硬结物	—	裂隙	中度
15		圆鼎	总号 486	残缺、变形、孔洞、表面硬结物	点腐蚀	点腐蚀、裂隙	重度

（续表）

序号	文物修复前照片	名称	文物编号	稳定病害	活动病害	可诱发病害	病害程度
16		双耳铜瓶	总号 493	表面硬结物	—	—	轻度
17		双耳铜瓶	总号 494	残缺、变形、孔洞、表面硬结物	—	—	中度
18		双耳铜瓶	总号 495	表面硬结物	点腐蚀	点腐蚀	轻度
19		双耳瓶	总号 496	表面硬结物	—	—	轻度
20		圈足壶	总号 497	残缺、孔洞、表面硬结物	点腐蚀	点腐蚀	中度

（续表）

序号	文物修复前照片	名称	文物编号	稳定病害	活动病害	可诱发病害	病害程度
21		方柄觚	总号 500	表面硬结物	—	—	轻度
22		方柄觚	总号 501	表面硬结物	—	—	轻度
23		方柄觚	总号 502	孔洞、表面硬结物	—	—	轻度
24		六棱圈底觚形器（投壶）	总号 507	残缺、变形、表面硬结物	点腐蚀	点腐蚀、裂隙	中度
25		四耳釜	总号 514	表面硬结物	点腐蚀	点腐蚀	中度

（续表）

序号	文物修复前照片	名称	文物编号	稳定病害	活动病害	可诱发病害	病害程度
26		铜器盖	总号 516	表面硬结物	—	—	轻度
27		球形锅	总号 524	表面硬结物	点腐蚀	点腐蚀	中度
28		铜盘	总号 526	残缺、变形、孔洞、表面硬结物	—	裂隙	中度
29		吊锅	总号 527	变形、表面硬结物	—	—	中度
30		铜敦	总号 593	断裂、残缺、变形、表面硬结物	—	裂隙	重度

（续表）

序号	文物修复前照片	名称	文物编号	稳定病害	活动病害	可诱发病害	病害程度
31		汉铜熏炉	总号 715	断裂、变形、表面硬结物	—	裂隙	重度
32		汉铜盆	无	残缺、变形、表面硬结物	—	裂隙	重度
33		铜器标本（铜觯）	20 号	残缺、变形、表面硬结物	点腐蚀	点腐蚀	重度

二、青铜器材质及工艺分析

（一）分析目的

青铜器的材质及工艺研究过程也是对青铜器价值信息的提取与保护过程。文物保护不仅要保护看得见的文物本体，更要保护文物所携带的各种信息。挖掘和提取文物蕴含的科技信息是文物保护的重要方面。对文物材质及工艺进行研究，可以帮助我们更好地了解文物病害机理，从而找出科学适用的材料或方法，阻断或减缓文物劣化进程。此外，文物保护修复中的一条重要原则是按照原工艺和原材料进行修复，从而保证文物整体的一致性，减少其他材料对文物的不确定影响。因此，对这批青铜器的工艺及材质进行研究是必要的。

该部分主要通过运用多种技术手段，提取青铜器蕴含的科技信息，掌握青铜器的材质成分、组织结构、成型技术以及表面处理工艺，为文物保护修复与研究提供科学数据支撑。

（二）样品与分析方法

青铜器材质及工艺分析主要采用宏观与微观、肉眼观察与仪器分析、原位分析与取样分析相结合的方法。分析过程中以无损分析为主，对于断裂、残缺等病害严重的青铜器，适量进行取样分析，取样数量应遵循满足最低实验用量即可的原则，减少对文物本体的破坏，同时避免从带有纹饰、铭文等有价值信息处提取样品。项目组选取10件典型器物进行取样，具体取样位置见表2-3。

青铜器工艺分析方面，项目组采用X射线探伤仪对10件典型器物拍摄X光照片，观察器物工艺结构组合。使用的仪器有美国GOLDEN XRS4型便携式X射线探伤仪，以及韩国ATLAIM PIXX1717型无线平板X射线探测器。

同时，项目组利用偏光－金相显微镜观察样品材质的金相组织，利用扫描电镜-能谱仪观察10件样品材质的微观形貌并分析其元素成分（SEM-EDS）。分析前，首先对10件样品进行环氧树脂包埋处理，经打磨、抛光后，采用氨水与双氧水1∶1混合液侵蚀，采用偏光-金相显微镜观察截面金相组织。重新打磨后再采用扫描电镜－能谱仪进行微观形貌观察与元素成分分析。偏光-金相显微镜型号为德国徕卡DM6000，放大倍数分别为50倍、100倍、200倍、300倍。扫描电镜－能谱仪型号为荷兰飞纳Phenom XL能谱版扫描电镜，测试电压为15kV。

另外，项目组采用便携式X射线荧光光谱仪对33件青铜器表面合金成分进行分析（XRF）。测试前，用砂纸将测试部位锈蚀打磨干净，露出基体，打磨出直径约3mm的圆形区域即可。便携式X射线荧光光谱仪型号为THERMO NITON XL3T950，采用常见金属模式进行检测，测试时间为120s。

每件青铜器选用的测试方法详见表2-4。

表 2-3　取样信息统计表

序号	文物照片	名称	文物编号	取样位置
1		铜舟	总号 126	盖沿处
2		铜敦	总号 127	盖沿破损处
3		铜戈	总号 232	戈援缺失处
4		铜造像	总号 380	器底破损处
5		方柄觚	总号 500	口沿处

（续表）

序号	文物照片	名称	文物编号	取样位置
6		铜盘	总号 526	盘底破损处
7		吊锅	总号 527	口沿箍破损处
8		汉铜熏炉	总号 715	盖沿开裂处
9		汉铜盆	无	盆底破损处
10		铜器标本（铜觯）	20 号	口沿破损处

表 2-4　青铜器分析检测方法统计表

序号	名称	文物编号	便携式 XRF	金相显微镜	SEM-EDS	X 射线成像
1	李氏镜	总号 18	√			
2	日光镜	总号 105	√			
3	双鱼镜	总号 109	√			
4	铜舟	总号 126	√	√	√	√
5	铜敦	总号 127	√	√	√	
6	铜戈	总号 131	√			
7	宣德炉	总号 132	√			
8	铜舟	总号 164	√			
9	铜戈	总号 177	√			
10	铜戈	总号 178	√			
11	铜镜	总号 179	√			
12	铜剑	总号 185	√			
13	铜戈	总号 232	√	√	√	
14	铜造像	总号 380	√	√	√	√
15	圆鼎	总号 486	√			√
16	双耳铜瓶	总号 493	√			
17	双耳铜瓶	总号 494	√			√
18	双耳铜瓶	总号 495	√			√
19	双耳瓶	总号 496	√			√
20	圈足壶	总号 497	√			√
21	方柄觚	总号 500	√	√	√	√
22	方柄觚	总号 501	√			
23	方柄觚	总号 502	√			√
24	六棱圈底觚形器（投壶）	总号 507	√			√
25	四耳釜	总号 514	√			
26	铜器盖	总号 516	√			
27	球形锅	总号 524	√			
28	铜盘	总号 526	√	√	√	
29	吊锅	总号 527	√	√	√	
30	铜敦	总号 593	√			

（续表）

序号	名称	文物编号	便携式 XRF	金相显微镜	SEM-EDS	X 射线成像
31	汉铜熏炉	总号 715	√	√	√	√
32	汉铜盆	无	√	√	√	
33	铜器标本（铜觯）	20 号	√	√	√	√

（三）分析结果

33 件青铜器合金主成分分析结果见表 2-5。以分析结果作为定性和半定量分析依据，选取 Cu、Sn、Pb、Zn 等主量元素用以判定材质合金形式，并将数据进行归一化处理。受限于仪器检测精度和半定量分析方法的特点，故未将微量元素列入表中。

10 件青铜器样品截面的金相观察结果见表 2-6。

10 件青铜器样品截面的扫描电镜观察结果及能谱分析结果见表 2-7。

表 2-5 青铜器合金主成分统计表（wt%）

序号	名称	文物编号	Cu	Sn	Pb	Zn	合金类型
1	李氏镜	总号 18	48.7	46.7	4.7	0.0	Cu-Sn-Pb
2	日光镜	总号 105	58.3	33.9	7.8	0.0	Cu-Sn-Pb
3	双鱼镜	总号 109	66.7	10.2	23.1	0.0	Cu-Sn-Pb
4	铜舟	总号 126	62.9	13.0	24.0	0.0	Cu-Sn-Pb
5	铜敦	总号 127	53.8	11.9	34.4	0.0	Cu-Sn-Pb
6	铜戈	总号 131	80.0	15.0	5.0	0.0	Cu-Sn-Pb
7	宣德炉	总号 132	60.8	1.2	5.5	32.5	Cu-Zn
8	铜舟	总号 164	64.1	16.9	19.0	0.0	Cu-Sn-Pb
9	铜戈	总号 177	63.1	23.4	13.5	0.0	Cu-Sn-Pb
10	铜戈	总号 178	70.7	11.1	18.3	0.0	Cu-Sn-Pb
11	铜镜	总号 179	46.8	29.3	23.9	0.0	Cu-Sn-Pb
12	铜剑	总号 185	74.5	20.0	5.4	0.0	Cu-Sn-Pb
13	铜戈	总号 232	68.7	6.5	24.8	0.0	Cu-Sn-Pb
14	铜造像	总号 380	67.9	6.4	24.5	1.2	Cu-Sn-Pb
15	圆鼎	总号 486	75.7	0.1	1.8	22.4	Cu-Zn
16	双耳铜瓶	总号 493	79.5	0.8	19.6	0.1	Cu-Pb
17	双耳铜瓶	总号 494	81.2	0.8	18.0	0.0	Cu-Pb

（续表）

序号	名称	文物编号	Cu	Sn	Pb	Zn	合金类型
18	双耳铜瓶	总号 495	66.2	7.7	23.3	2.9	Cu-Sn-Pb-Zn
19	双耳瓶	总号 496	68.2	8.0	23.7	0.0	Cu-Sn-Pb
20	圈足壶	总号 497	60.9	10.0	29.0	0.0	Cu-Sn-Pb
21	方柄瓠	总号 500	77.0	5.3	5.7	11.9	Cu-Sn-Pb-Zn
22	方柄瓠	总号 501	77.9	5.0	5.7	11.3	Cu-Sn-Pb-Zn
23	方柄瓠	总号 502	81.6	4.5	10.1	3.8	Cu-Sn-Pb-Zn
24	六棱圈底瓠形器（投壶）	总号 507	80.3	1.1	18.6	0.0	Cu-Pb
25	四耳釜	总号 514	60.9	10.0	29.0	0.0	Cu-Sn-Pb
26	铜器盖	总号 516	58.3	16.4	25.3	0.0	Cu-Sn-Pb
27	球形锅	总号 524	99.6	0.2	0.2	0.0	Cu
28	铜盘	总号 526	67.2	7.6	25.2	0.0	Cu-Sn-Pb
29	吊锅	总号 527	99.2	0.0	0.6	0.2	Cu
30	铜敦	总号 593	61.5	18.1	20.4	0.0	Cu-Sn-Pb
31	汉铜熏炉	总号 715	89.7	1.0	9.3	0.0	Cu-Sn-Pb
32	汉铜盆	无	57.7	25.4	16.8	0.1	Cu-Sn-Pb
33	铜器标本（铜觯）	20 号	65.3	20.6	13.5	0.6	Cu-Sn-Pb

表 2-6　青铜器样品金相组织分析表[①]

① 表中“Cu 66.50%”表示 Cu 元素在合金中所占质量分数，数据来源于扫描电镜—能谱仪分析结果，并进行归一化处理，原始数据详见“表 2-7　青铜器样品扫描电镜—能谱仪分析表”，列于此处，方便合金成分与金相组织对照分析。

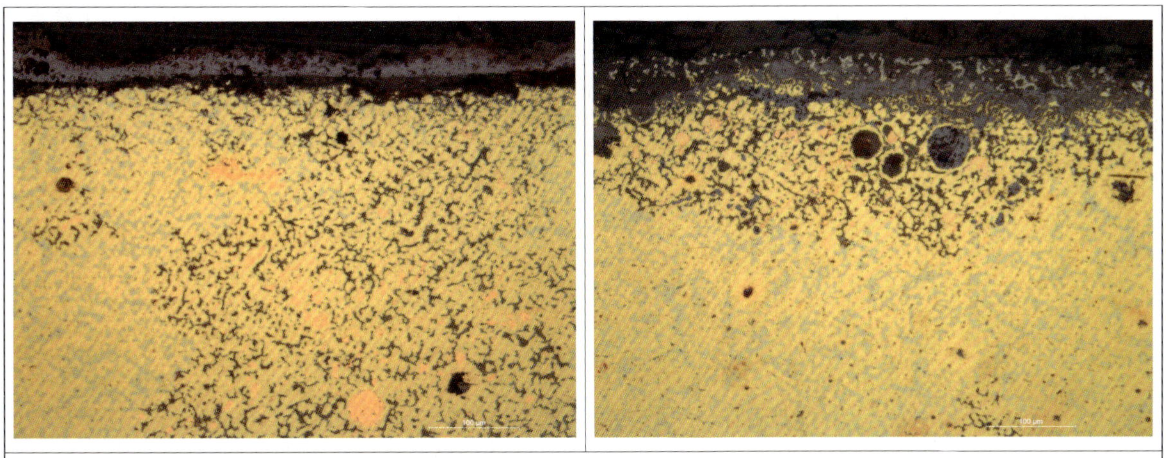

1. 126 号铜舟样品 100 倍、200 倍下金相显微组织。Cu 66.50%，Sn 16.60%，Pb 16.90%。铸造组织，α 固溶体为基体，呈树枝晶状，枝晶偏析明显。α + δ 共析体弥散分布其间，数量多，发育良好，接近连接成网状。Pb 呈颗粒状沿晶界分布，部分区域出现聚集。可见少量铸造缩孔。样品腐蚀较为严重，α + δ 共析体优先腐蚀，腐蚀区域出现红铜结晶颗粒。

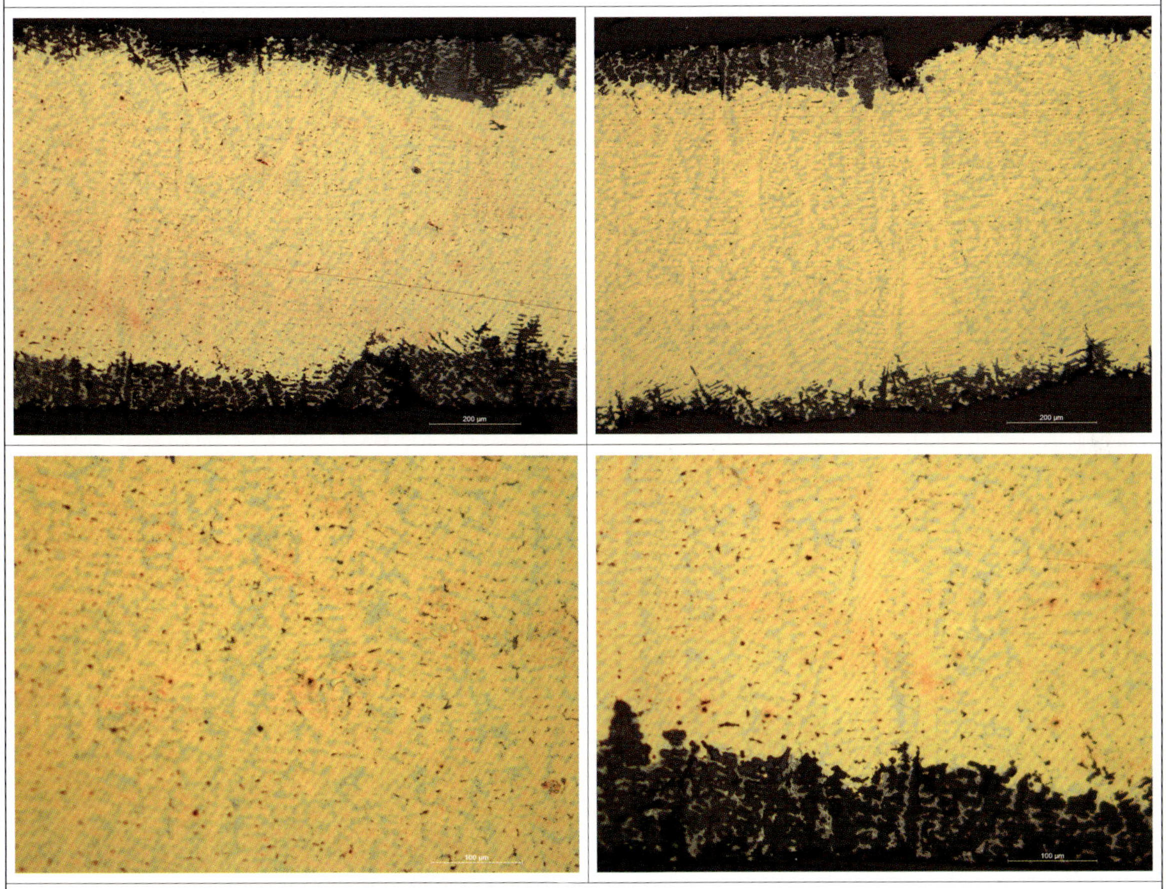

2. 127 号铜敦样品 100 倍、200 倍下金相显微组织。Cu 78.06%，Sn 15.32%，Pb 6.62%。铸造组织，α 固溶体为基体，呈树枝晶状，枝晶偏析明显。α + δ 共析体弥散分布其间，数量多，发育良好，接近连接成网状。Pb 呈颗粒状沿晶界分布。可见少量铸造缩孔。样品腐蚀较为严重，α 固溶体优先腐蚀。

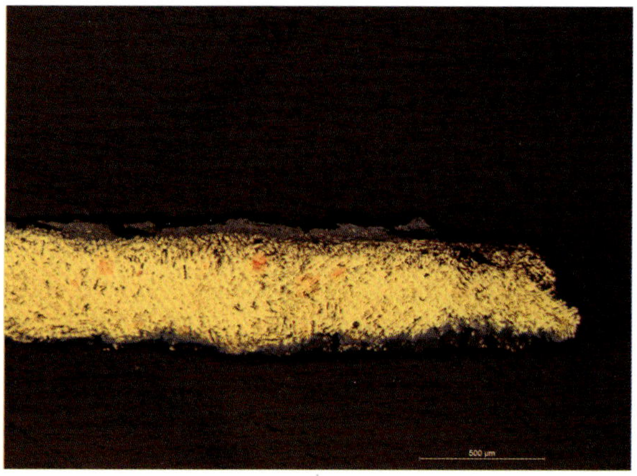

3. 232 号铜戈样品 50 倍、100 倍、200 倍下金相显微组织。Cu 84.54%，Sn 8.52%，Pb 6.94%。铸造组织，α 固溶体为基体，呈树枝晶状，枝晶偏析明显。α + δ 共析体弥散分布其间，数量多，发育良好。Pb 呈颗粒状沿晶界分布。可见少量铸造缩孔。样品腐蚀较为严重，α + δ 共析体优先腐蚀。

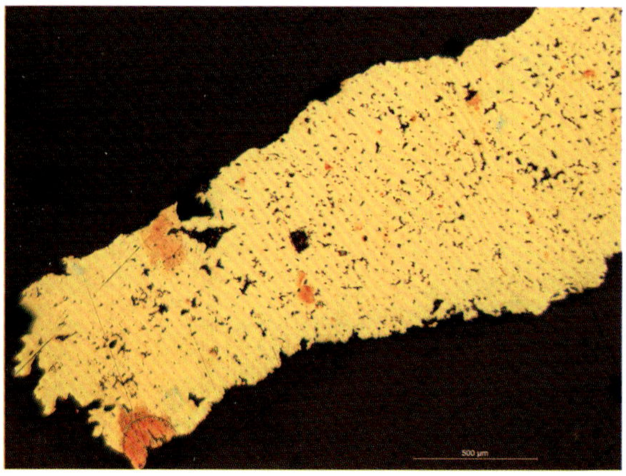

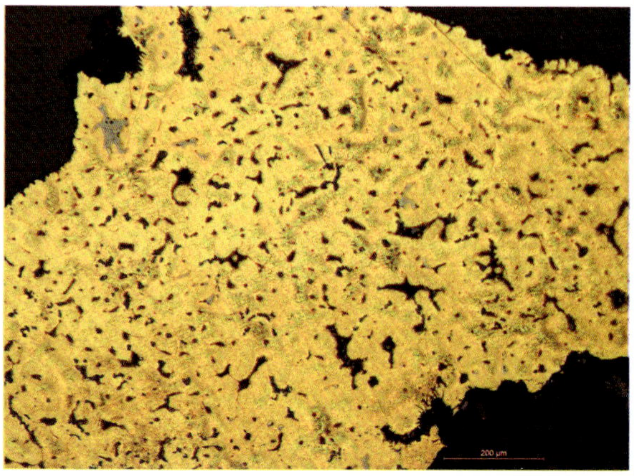

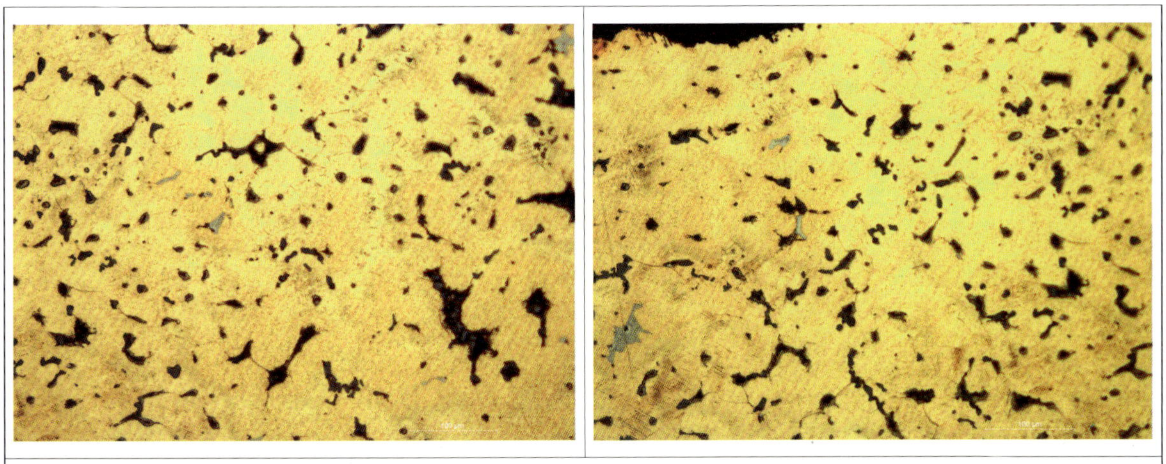

4. 380 号铜造像样品 100 倍、200 倍、300 倍下金相显微组织。Cu 80.51%，Sn 10.10%，Pb 9.39%。铸造组织，α 固溶体为基体，枝晶粗大，受热后成分出现一定均匀化，晶内仍存在一定偏析。仅见少量 α + δ 共析体，形态较小。Pb 呈颗粒状分布于基体中。Pb 粒及其他夹杂物腐蚀严重。

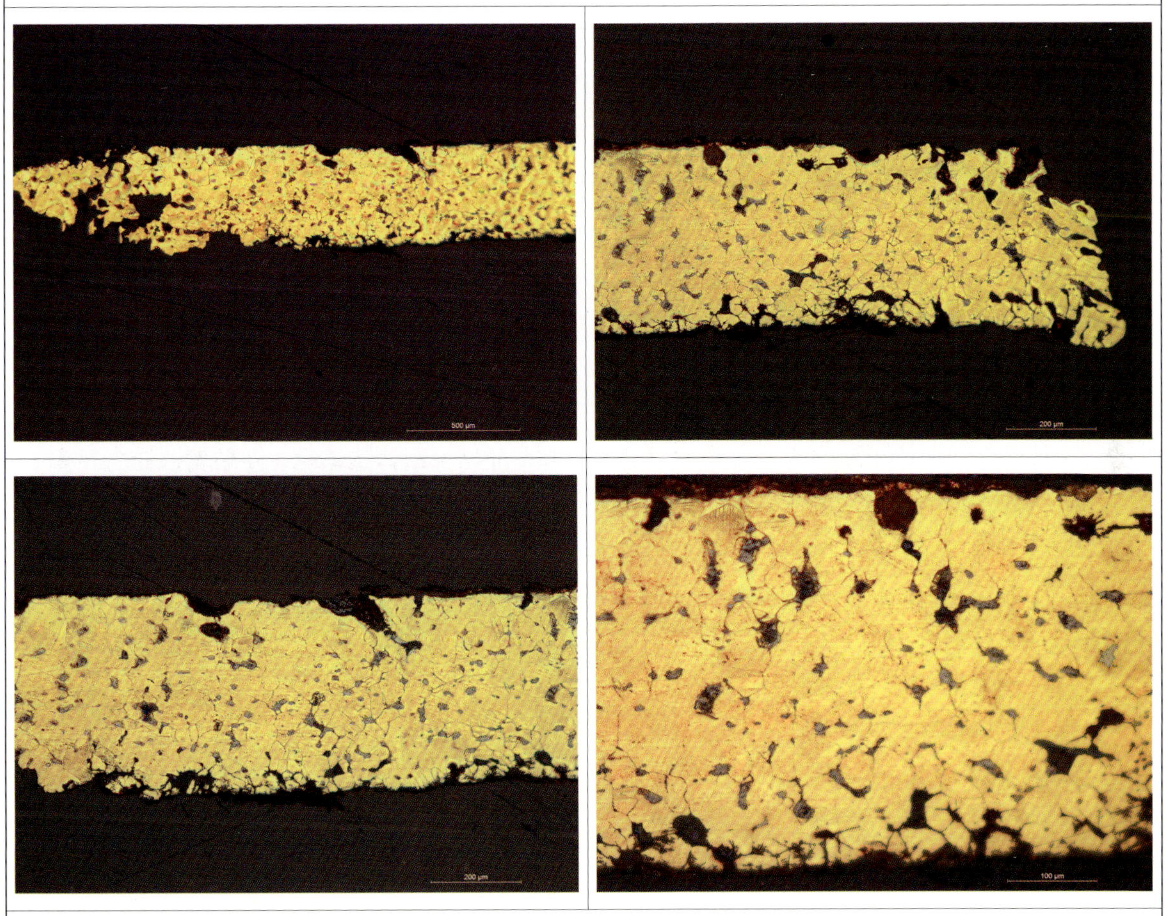

5. 500 号方柄觚样品 50 倍、100 倍、200 倍下金相显微组织。Cu 78.65%，Sn 5.27%，Pb 16.07%。铸造组织，α 固溶体为基体，呈大晶粒状，受热后成分均匀化，局部有少量滑移线。Pb 等夹杂物呈颗粒状沿晶界分布。

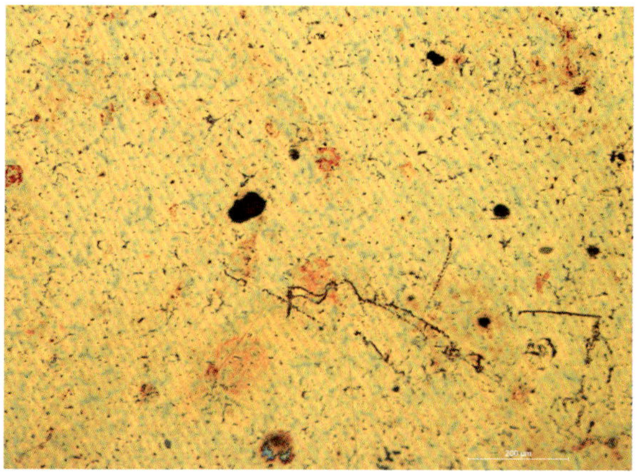

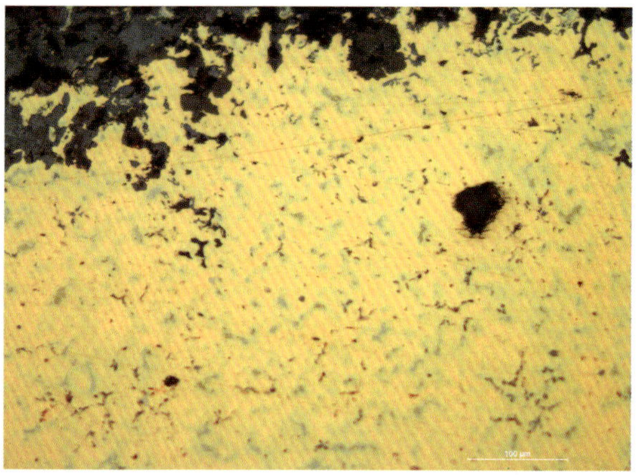

6. 526 号铜盘样品 100 倍、200 倍下金相显微组织。Cu 84.46%，Sn 7.48%，Pb 8.06%。铸造组织，固溶体 α 相为基体，呈树枝晶状，枝晶偏析明显。α + δ 共析体呈岛屿状弥散分布其间，形态较小。Pb 呈颗粒状沿晶界分布。可见少量铸造缩孔。

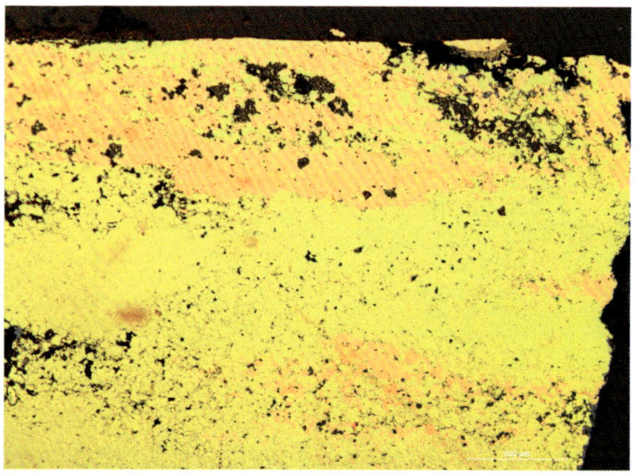

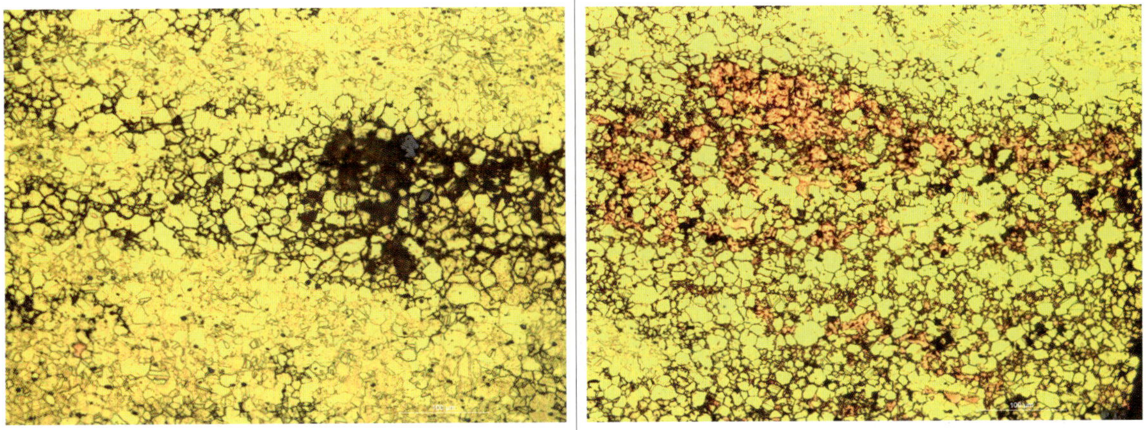

7. 527 号吊锅样品 100 倍、200 倍下金相显微组织。Cu 76.61%，Zn 23.39%。热锻组织，α 固溶体为基体，晶粒细小，呈等轴晶状，可见孪晶组织。部分区域出现大面积“黄铜脱锌”现象。

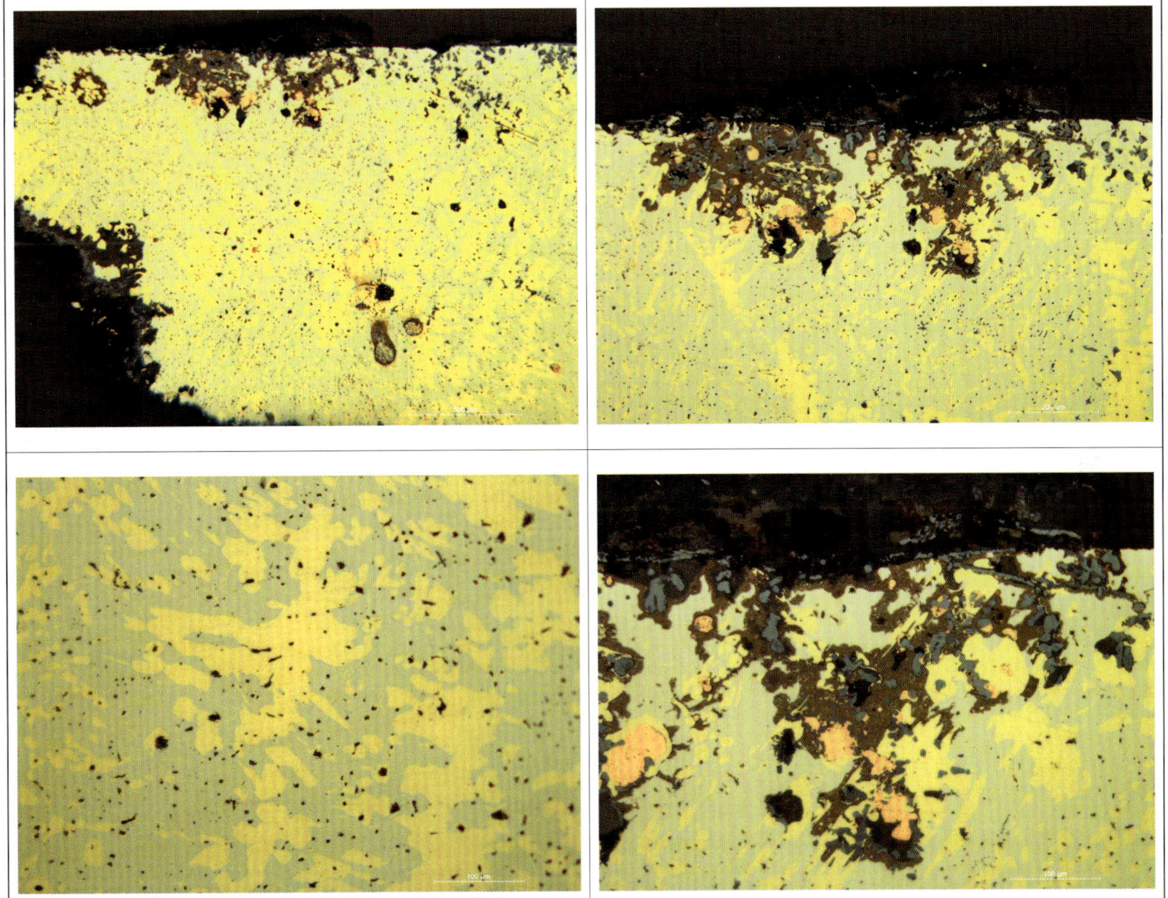

8. 20 号铜觯样品 100 倍、200 倍下金相显微组织。Cu 72.50%，Sn 21.28%，Pb 6.22%。铸造组织，α + δ 共析体呈大面积网状分布，α 固溶体呈枝状分布其间，Pb 呈颗粒状均匀分布。α 固溶体有限腐蚀，腐蚀区域可见红铜晶粒析出。

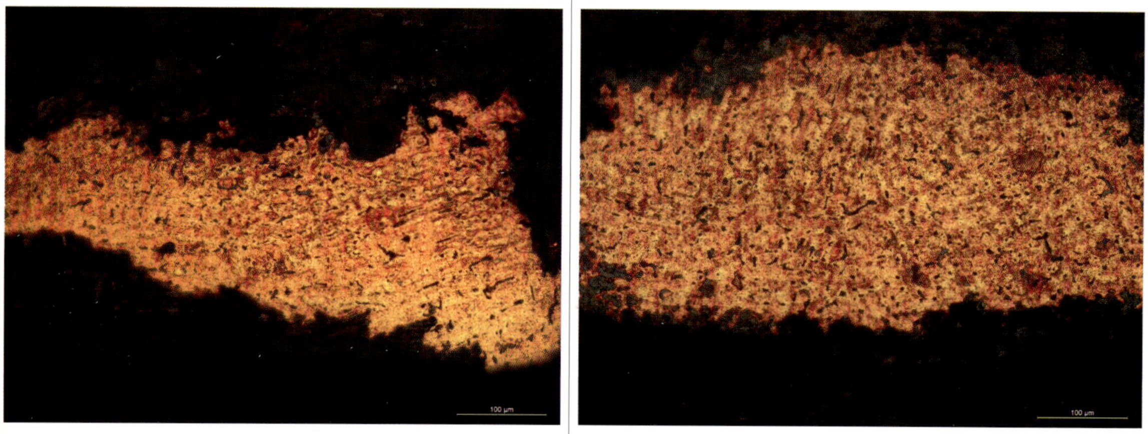

9. 715 号汉铜熏炉样品 50 倍、100 倍下金相显微组织。Cu 75.69%，Sn 7.07%，Pb 17.23%。铸造组织，α 固溶体为基体，呈树枝晶状，较为粗大，枝晶偏析明显。Pb 呈颗粒状沿晶界分布。可见少量铸造缩孔。样品腐蚀较为严重。

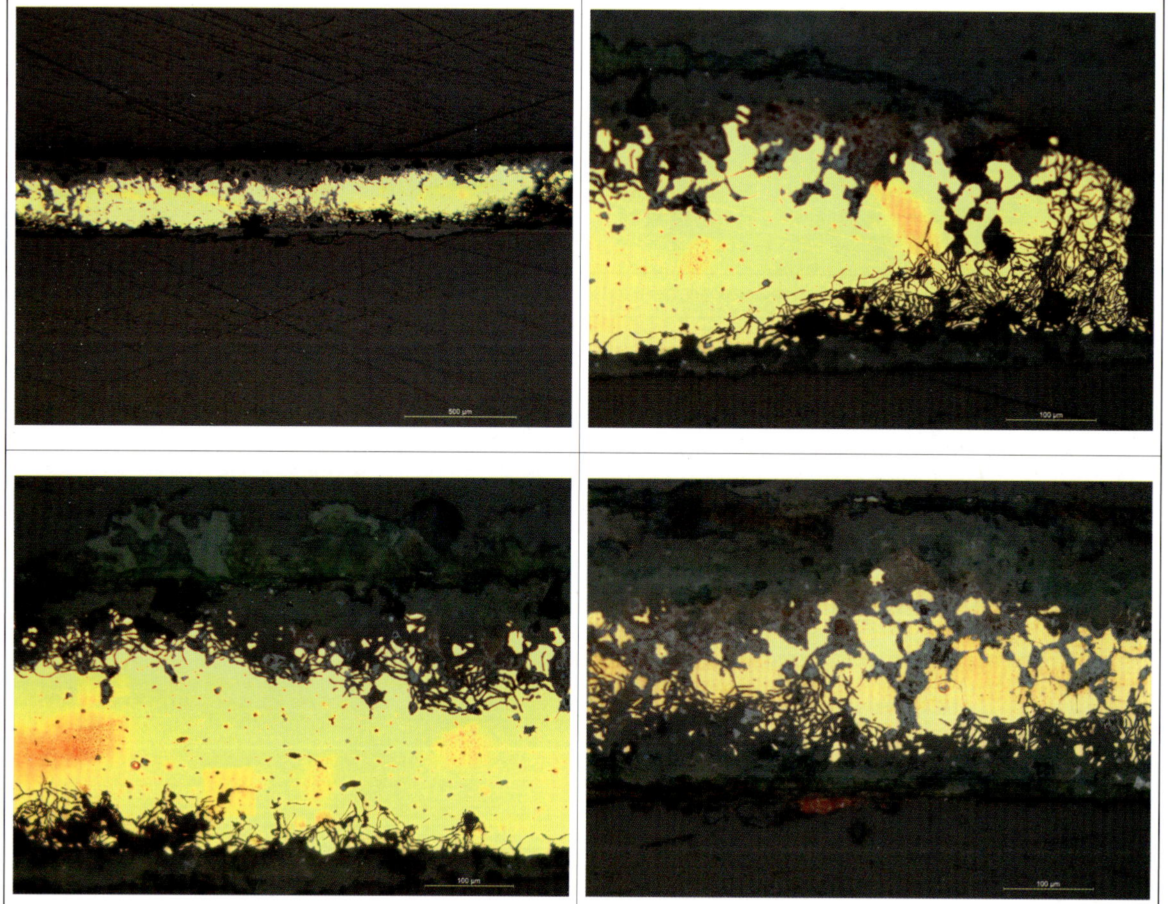

10. 无编号汉铜盆样品 50 倍、100 倍下金相显微组织。Cu 73.11%，Sn 16.48%，Pb 10.41%。铸造组织，α 固溶体为基体，呈大晶粒状，受热后成分均匀化，有少量滑移线。Pb 等夹杂物呈颗粒状沿晶界分布。样品腐蚀较为严重，沿晶界腐蚀。

表 2-7 青铜器样品扫描电镜 – 能谱仪分析表

1. 126 号铜舟样品扫描电镜 – 能谱仪分析结果

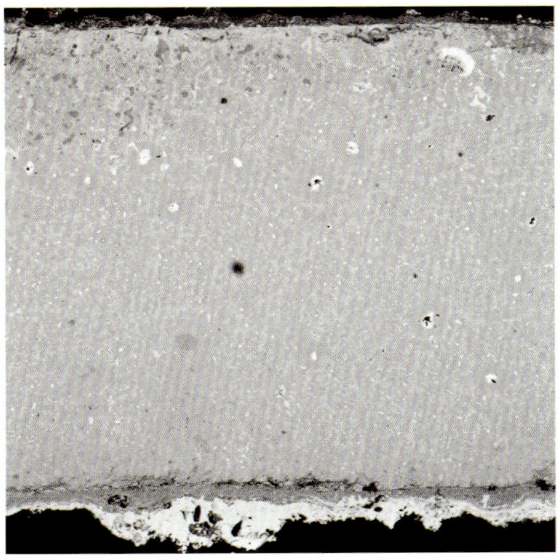

Element Number	Element Symbol	Element Name	Atomic Conc.	Weight Conc.
29	Cu	Copper	76.76	64.65
82	Pb	Lead	5.98	16.43
50	Sn	Tin	10.26	16.14
14	Si	Silicon	2.74	1.02
17	Cl	Chlorine	1.42	0.67
15	P	Phosphorus	1.48	0.61
13	Al	Aluminium	1.36	0.48

126 号铜舟样品截面显微组织结构和元素成分面扫结果

Copper

Lead

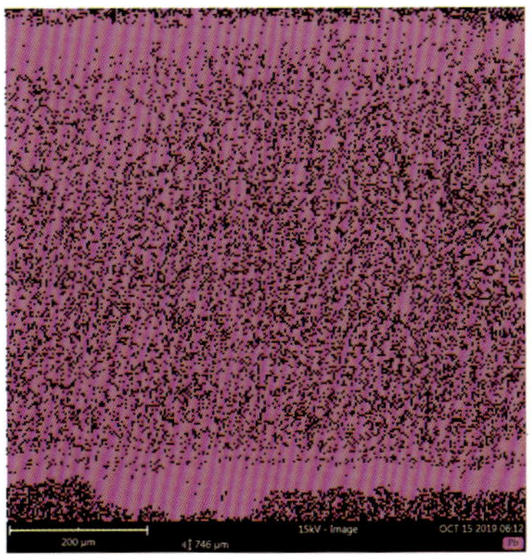

Tin

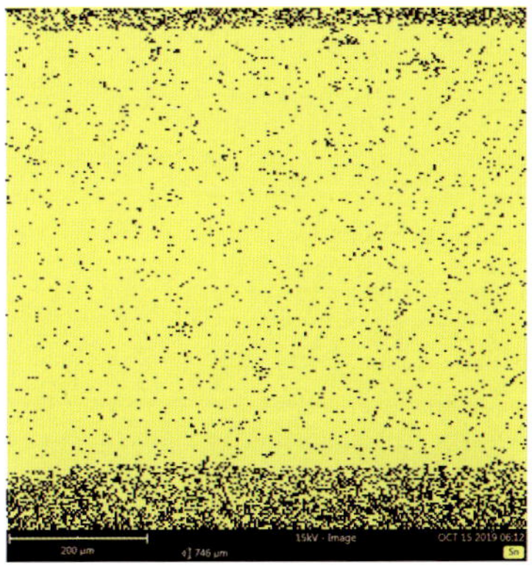

Silicon

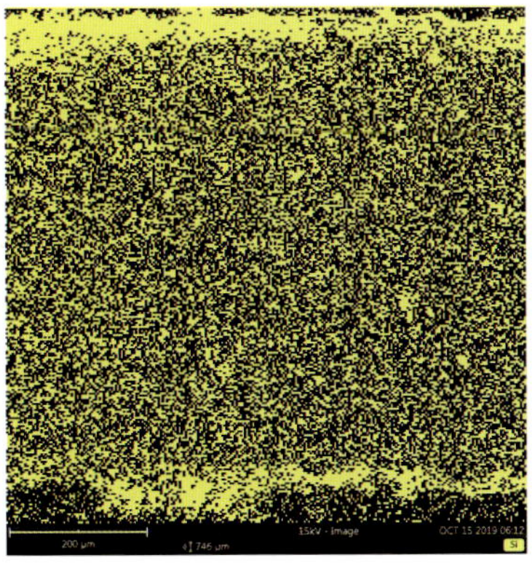

Chlorine

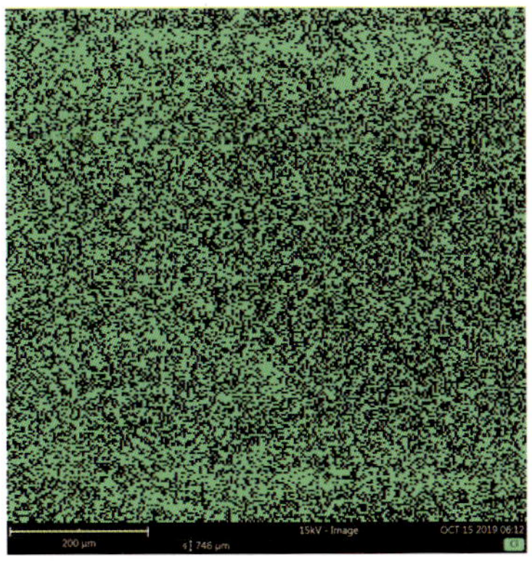

Phosphorus

126 号铜舟样品面扫各元素分布

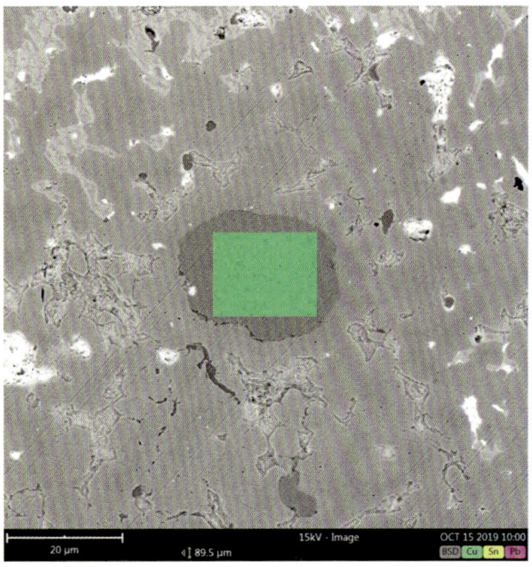

Element Number	Element Symbol	Element Name	Atomic Conc.	Weight Conc.
29	Cu	Copper	97.88	95.63
50	Sn	Tin	1.74	3.18
82	Pb	Lead	0.37	1.19

126 号铜舟样品红铜晶粒显微组织结构和元素分析结果

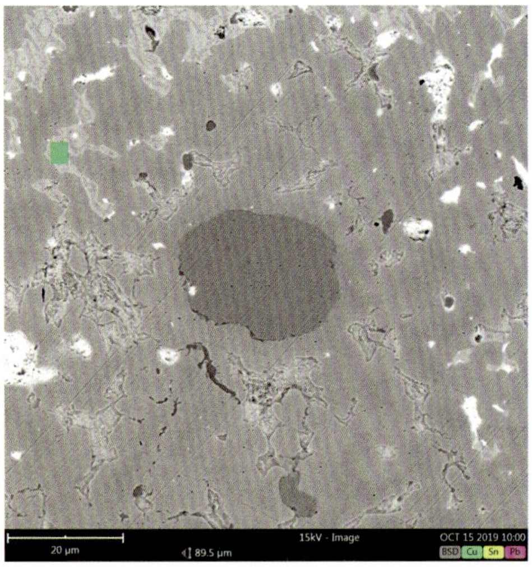

Element Number	Element Symbol	Element Name	Atomic Conc.	Weight Conc.
29	Cu	Copper	82.65	71.02
50	Sn	Tin	16.42	26.36
82	Pb	Lead	0.93	2.61

126 号铜舟样品 α + δ 共析体显微组织结构和元素分析结果

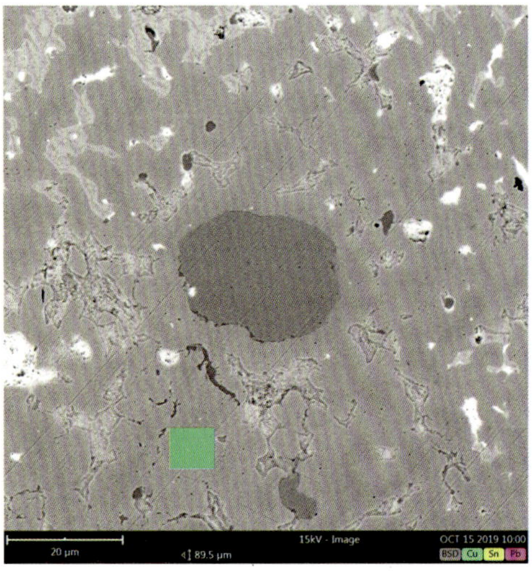

Element Number	Element Symbol	Element Name	Atomic Conc.	Weight Conc.
29	Cu	Copper	91.87	84.97
50	Sn	Tin	7.37	12.73
82	Pb	Lead	0.76	2.30

126 号铜舟样品 α 固溶体显微组织结构和元素分析结果

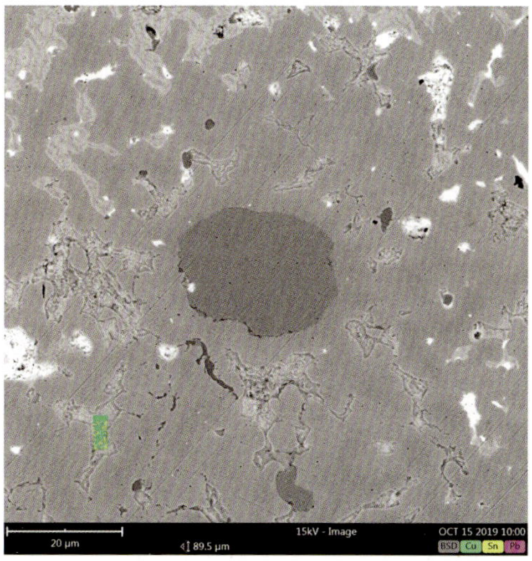

Element Number	Element Symbol	Element Name	Atomic Conc.	Weight Conc.
29	Cu	Copper	64.13	45.51
50	Sn	Tin	28.84	38.23
82	Pb	Lead	7.03	16.26

126 号铜舟样品 α + δ 共析体腐蚀相显微组织结构和元素分析结果

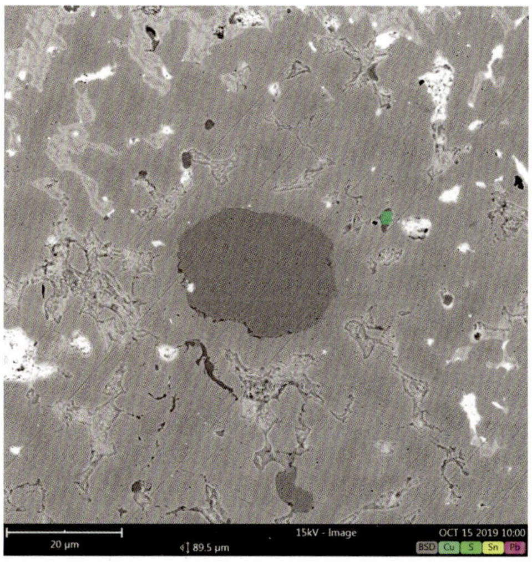

Element Number	Element Symbol	Element Name	Atomic Conc.	Weight Conc.
29	Cu	Copper	72.36	75.56
16	S	Sulfur	22.18	11.68
50	Sn	Tin	4.03	7.85
82	Pb	Lead	1.44	4.90

126 号铜舟样品夹杂相显微组织结构和元素分析结果

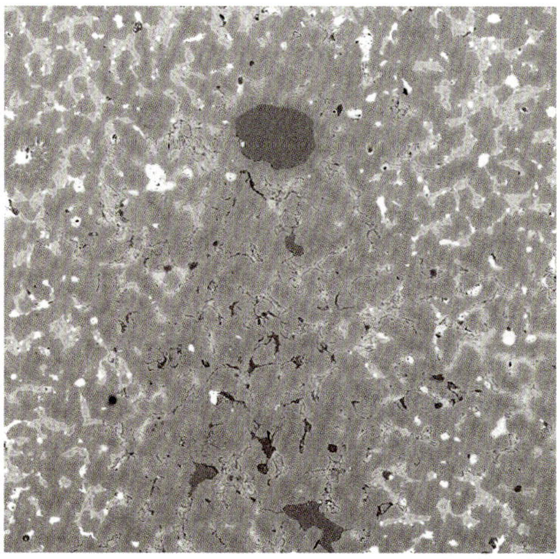

Element Number	Element Symbol	Element Name	Atomic Conc.	Weight Conc.
29	Cu	Copper	86.36	75.37
50	Sn	Tin	10.58	17.24
82	Pb	Lead	2.50	7.12
17	Cl	Chlorine	0.56	0.27

126 号铜舟样品截面显微组织结构和元素成分面扫结果

Copper

Tin

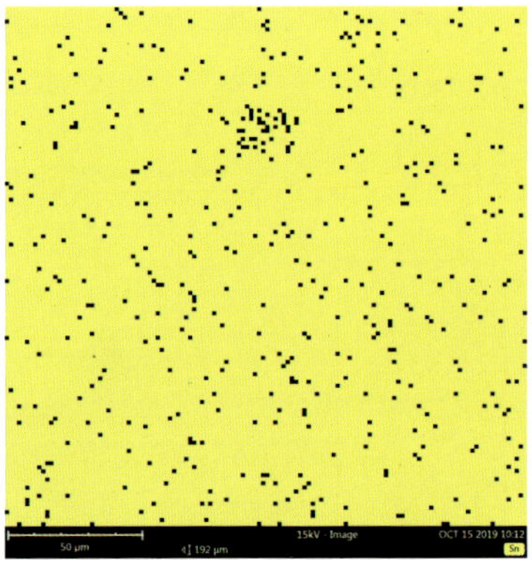

Lead

126 号铜舟样品截面面扫各元素分布

2. 127 号铜敦样品扫描电镜 - 能谱仪分析结果

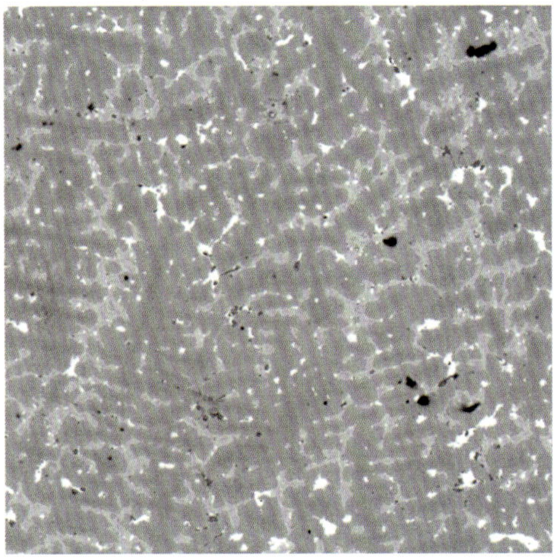

Element Number	Element Symbol	Element Name	Atomic Conc.	Weight Conc.
29	Cu	Copper	88.41	78.05
50	Sn	Tin	9.29	15.32
82	Pb	Lead	2.30	6.62

127 号铜敦样品截面显微组织结构和元素成分面扫结果

Copper

Tin

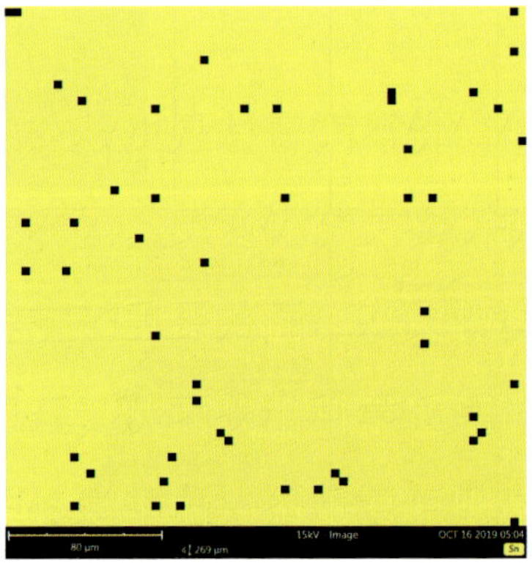

Lead

127 号铜敦样品截面面扫各元素分布

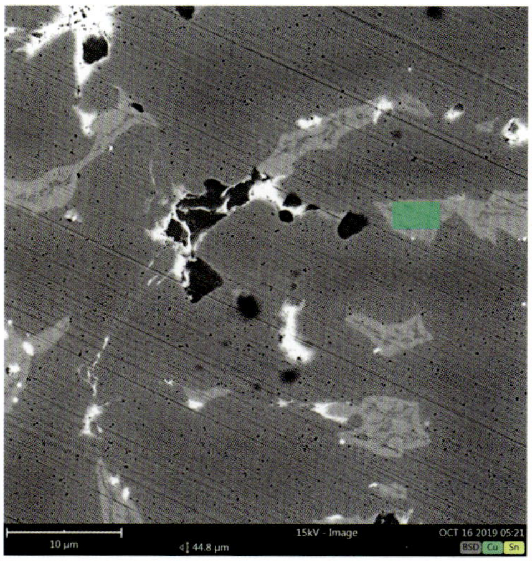

Element Number	Element Symbol	Element Name	Atomic Conc.	Weight Conc.
29	Cu	Copper	83.61	73.20
50	Sn	Tin	16.39	26.80

127 号铜敦样品 α + δ 共析体显微组织结构和元素分析结果

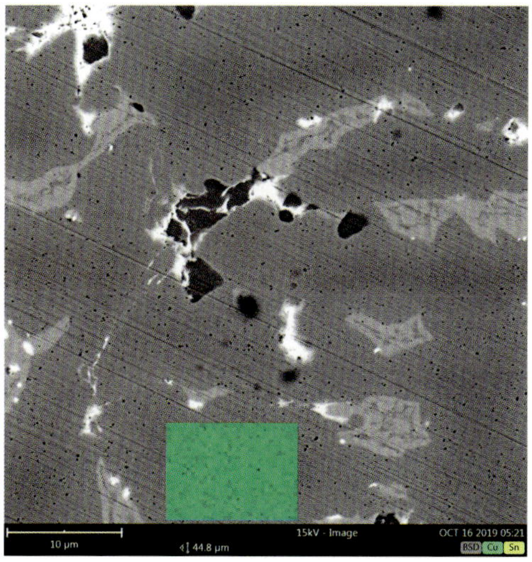

Element Number	Element Symbol	Element Name	Atomic Conc.	Weight Conc.
29	Cu	Copper	93.06	87.77
50	Sn	Tin	6.94	12.23

127 号铜敦样品截面 α 固溶体显微组织结构和元素分析结果

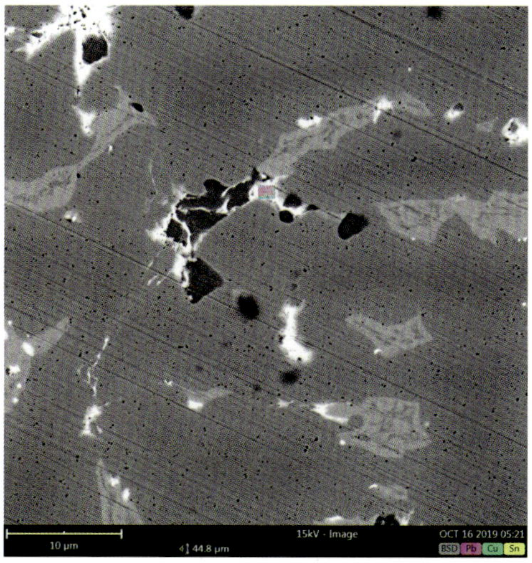

Element Number	Element Symbol	Element Name	Atomic Conc.	Weight Conc.
82	Pb	Lead	47.29	73.02
29	Cu	Copper	47.80	22.63
50	Sn	Tin	4.91	4.35

127 号铜敦样品夹杂铅粒显微组织结构和元素分析结果

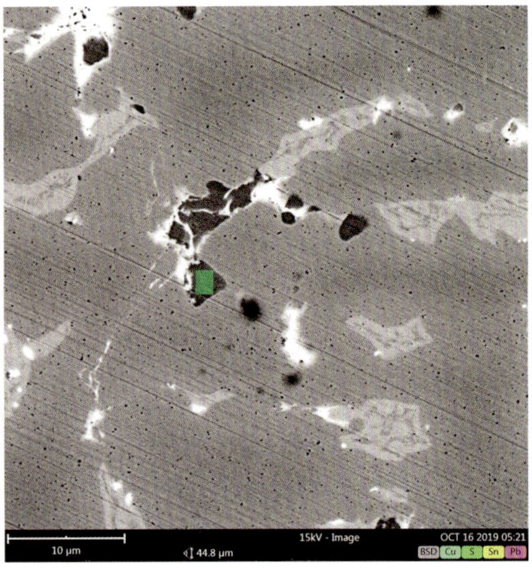

Element Number	Element Symbol	Element Name	Atomic Conc.	Weight Conc.
29	Cu	Copper	71.51	77.88
16	S	Sulfur	24.60	13.52
50	Sn	Tin	3.44	6.99
82	Pb	Lead	0.45	1.60

127 号铜敦样品硫化物夹杂显微组织结构和元素分析结果

3. 232 **号铜戈样品扫描电镜－能谱仪分析结果**

Element Number	Element Symbol	Element Name	Atomic Conc.	Weight Conc.
29	Cu	Copper	77.86	57.18
82	Pb	Lead	14.36	34.39
50	Sn	Tin	5.45	7.48
17	Cl	Chlorine	2.32	0.95

232 号铜戈样品截面显微组织结构和元素成分面扫结果

Copper

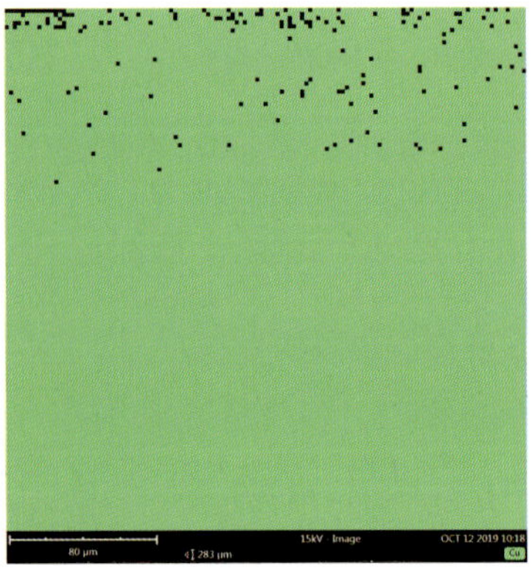

Lead

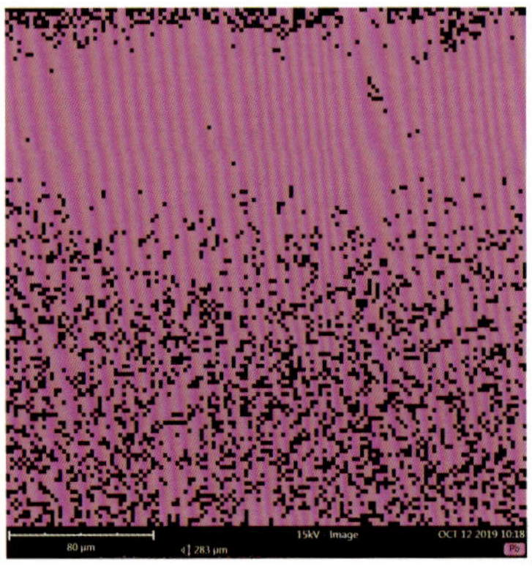

Tin

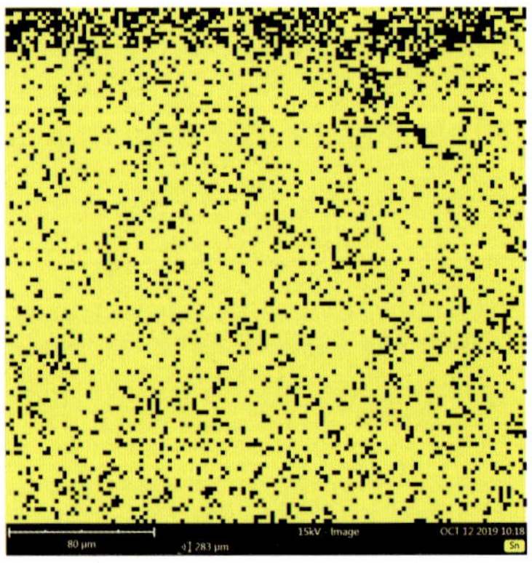

232 号铜戈样品截面面扫各元素分布

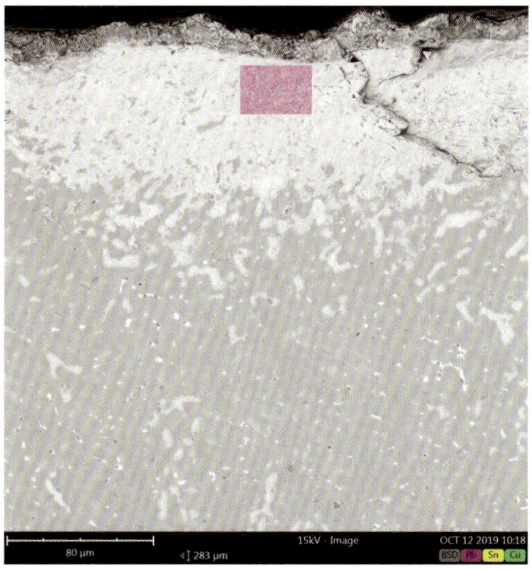

Element Number	Element Symbol	Element Name	Atomic Conc.	Weight Conc.
82	Pb	Lead	65.52	82.54
50	Sn	Tin	12.34	8.91
29	Cu	Copper	22.14	8.56

232 号铜戈样品近表面显微组织结构和元素分析结果

Element Number	Element Symbol	Element Name	Atomic Conc.	Weight Conc.
29	Cu	Copper	92.66	84.53
50	Sn	Tin	5.00	8.52
82	Pb	Lead	2.33	6.94

232 号铜戈样品未腐蚀区域显微组织结构和元素分析结果

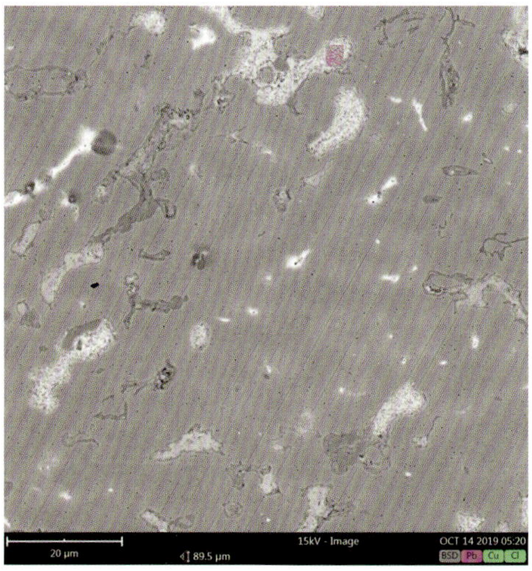

Element Number	Element Symbol	Element Name	Atomic Conc.	Weight Conc.
82	Pb	Lead	32.23	66.42
29	Cu	Copper	34.70	21.93
17	Cl	Chlorine	33.07	11.66

232 号铜戈样品夹杂铅粒显微组织结构和元素分析结果

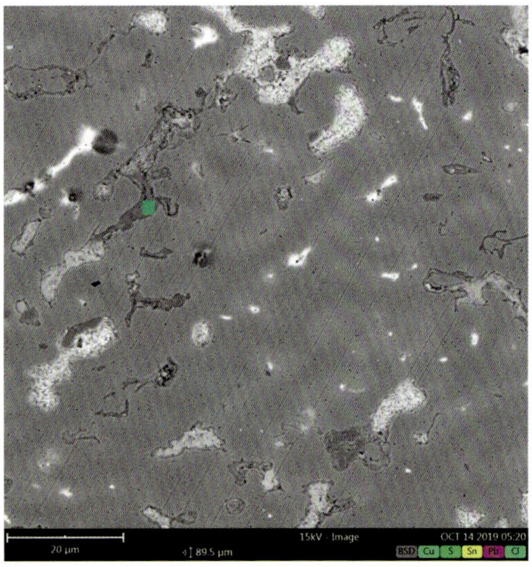

Element Number	Element Symbol	Element Name	Atomic Conc.	Weight Conc.
29	Cu	Copper	70.35	76.35
16	S	Sulfur	23.94	13.11
50	Sn	Tin	3.46	7.01
82	Pb	Lead	0.74	2.61
17	Cl	Chlorine	1.52	0.92

232 号铜戈样品硫化物夹杂显微组织结构和元素分析结果

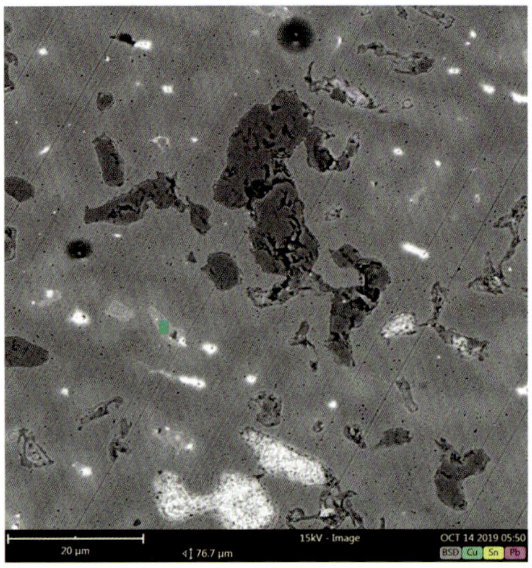

Element Number	Element Symbol	Element Name	Atomic Conc.	Weight Conc.
29	Cu	Copper	83.41	71.72
50	Sn	Tin	15.22	24.45
82	Pb	Lead	1.37	3.83

232 号铜戈样品 α+δ 共析体显微组织结构和元素分析结果

4. 380 号铜造像样品扫描电镜－能谱仪分析结果

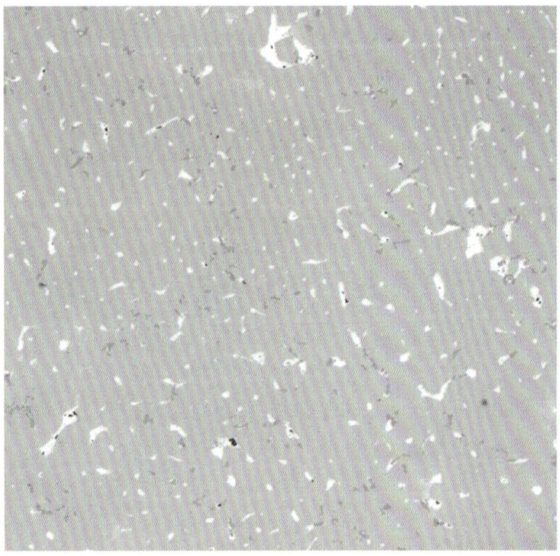

Element Number	Element Symbol	Element Name	Atomic Conc.	Weight Conc.
29	Cu	Copper	90.67	80.51
50	Sn	Tin	6.09	10.10
82	Pb	Lead	3.24	9.39

380 号铜造像样品截面显微组织结构和元素成分面扫结果

Copper

Tin

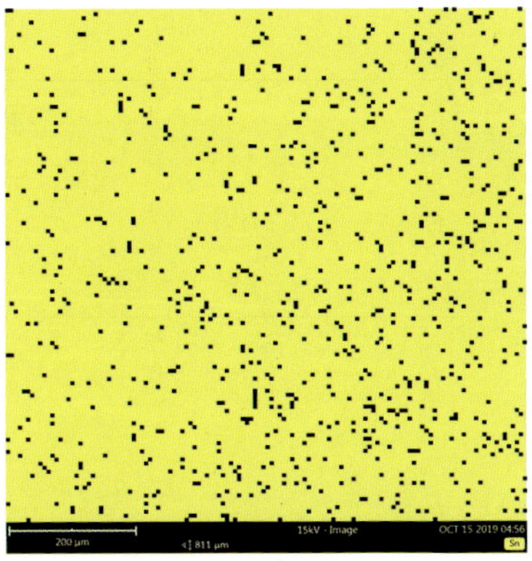

Lead

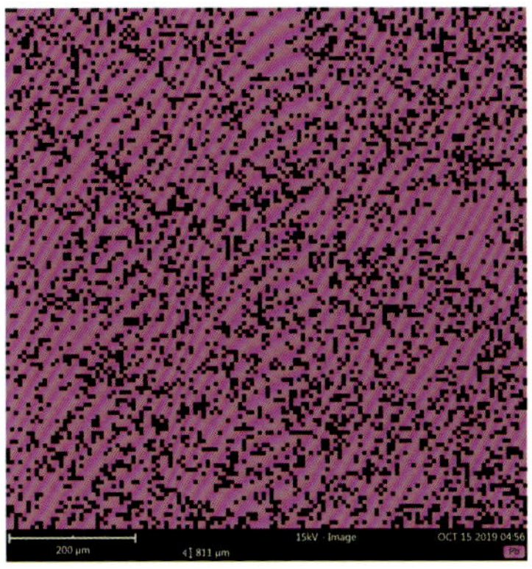

380 号铜造像样品截面面扫描各元素分布

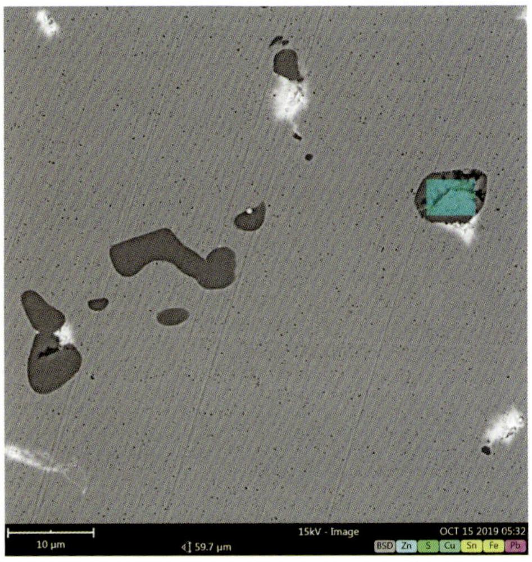

Element Number	Element Symbol	Element Name	Atomic Conc.	Weight Conc.
30	Zn	Zinc	35.74	45.09
16	S	Sulfur	42.06	26.02
29	Cu	Copper	19.72	24.17
50	Sn	Tin	1.10	2.53
26	Fe	Iron	1.13	1.22
82	Pb	Lead	0.24	0.96

380 号铜造像样品夹杂特殊相显微组织结构和元素分析结果

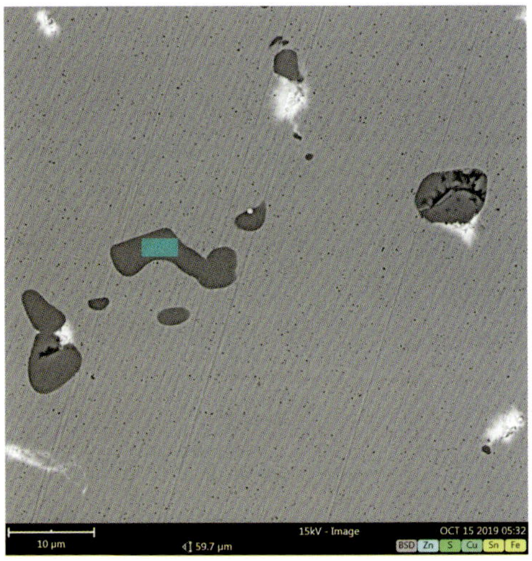

Element Number	Element Symbol	Element Name	Atomic Conc.	Weight Conc.
30	Zn	Zinc	36.36	46.61
16	S	Sulfur	43.65	27.44
29	Cu	Copper	17.78	22.15
50	Sn	Tin	1.12	2.62
26	Fe	Iron	1.09	1.19

380 号铜造像样品夹杂特殊相显微组织结构和元素分析结果

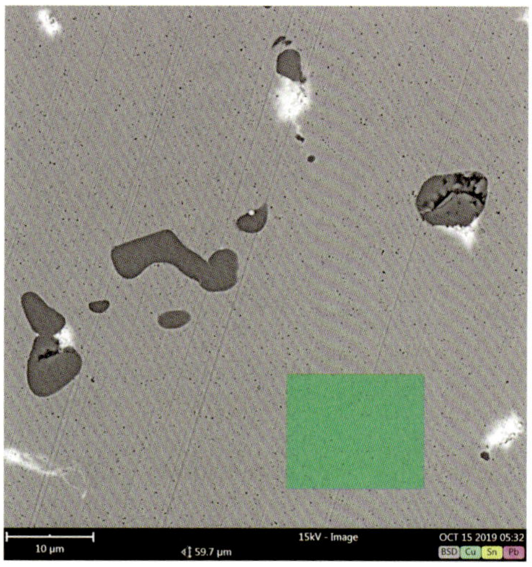

Element Number	Element Symbol	Element Name	Atomic Conc.	Weight Conc.
29	Cu	Copper	93.22	87.34
50	Sn	Tin	6.18	10.81
82	Pb	Lead	0.60	1.84

380 号铜造像样品 α 固溶体显微组织结构和元素分析结果

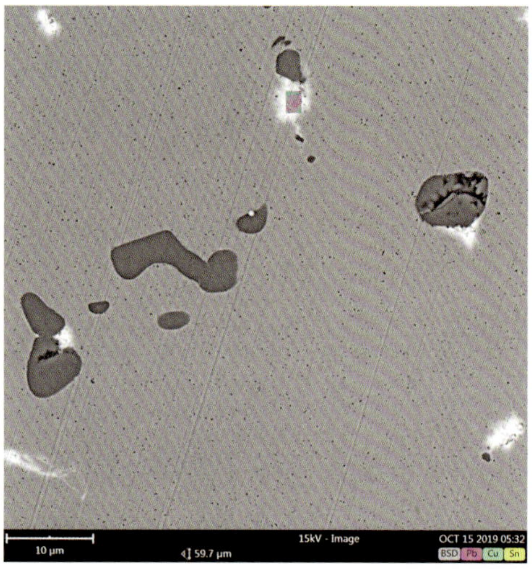

Element Number	Element Symbol	Element Name	Atomic Conc.	Weight Conc.
82	Pb	Lead	50.68	76.07
29	Cu	Copper	46.26	21.30
50	Sn	Tin	3.06	2.63

380 号铜造像样品夹杂铅粒显微组织结构和元素分析结果

5. 500 号方柄觚样品扫描电镜－能谱仪分析结果

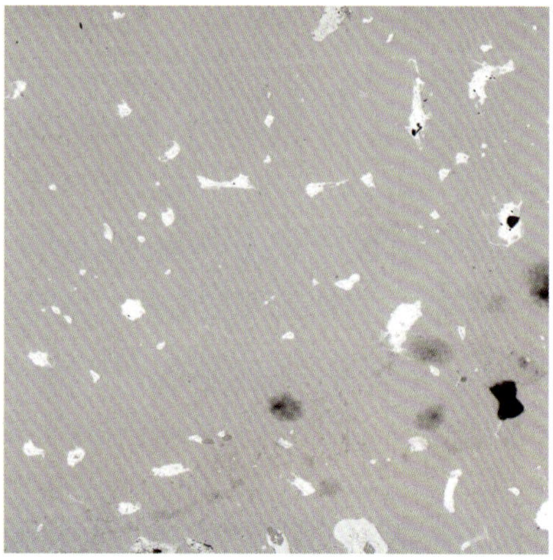

Element Number	Element Symbol	Element Name	Atomic Conc.	Weight Conc.
29	Cu	Copper	94.06	86.51
82	Pb	Lead	2.56	7.68
50	Sn	Tin	3.38	5.81

500 号方柄觚样品截面显微组织结构和元素成分结果

Copper	Lead	Tin
		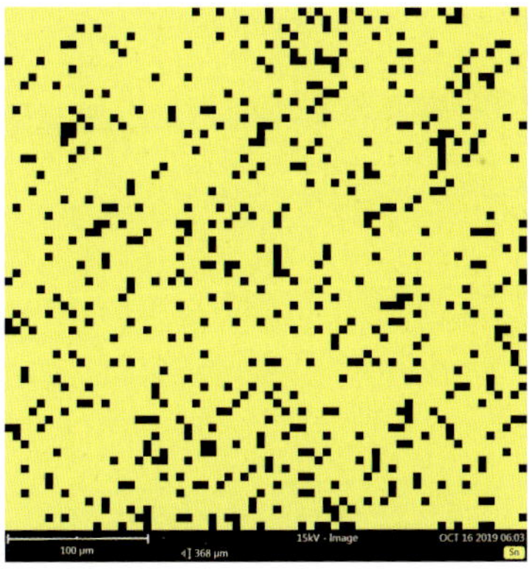

500 号方柄觚样品截面面扫后各元素分布

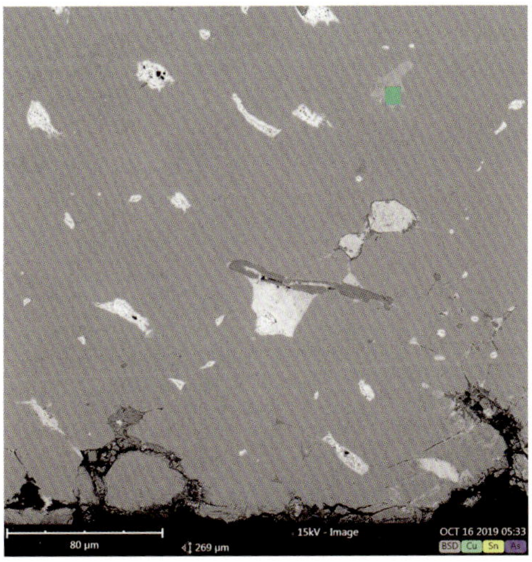

Element Number	Element Symbol	Element Name	Atomic Conc.	Weight Conc.
29	Cu	Copper	83.13	72.97
50	Sn	Tin	15.81	25.93
33	As	Arsenic	1.06	1.10

500 号方柄觚样品截面夹杂特殊相显微组织结构和元素分析结果

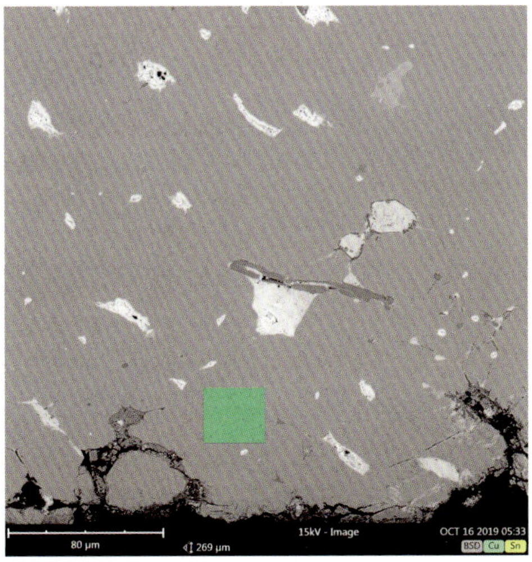

Element Number	Element Symbol	Element Name	Atomic Conc.	Weight Conc.
29	Cu	Copper	96.49	93.64
50	Sn	Tin	3.51	6.36

500 号方柄觚样品截面 α 固溶体显微组织结构和元素分析结果

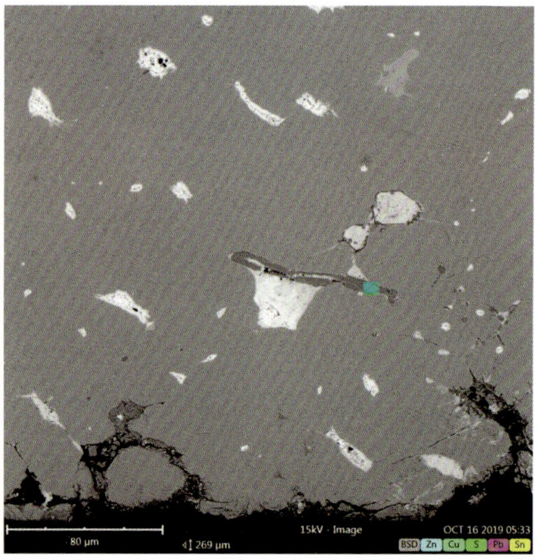

Element Number	Element Symbol	Element Name	Atomic Conc.	Weight Conc.
30	Zn	Zinc	32.59	38.71
29	Cu	Copper	29.50	34.05
16	S	Sulfur	35.80	20.85
82	Pb	Lead	1.15	4.31
50	Sn	Tin	0.96	2.08

500 号方柄觚样品截面夹杂特殊相显微组织结构和元素分析结果

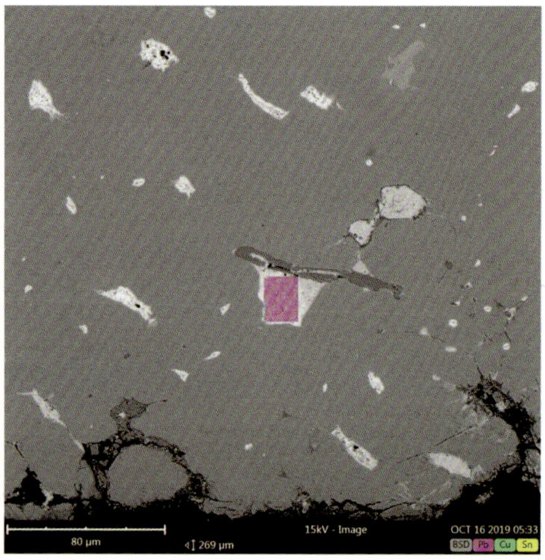

Element Number	Element Symbol	Element Name	Atomic Conc.	Weight Conc.
82	Pb	Lead	73.24	89.59
29	Cu	Copper	25.62	9.61
50	Sn	Tin	1.14	0.80

500 号方柄觚样品截面夹杂铅粒显微组织结构和元素分析结果

6. 526 号铜盘样品扫描电镜－能谱仪分析结果

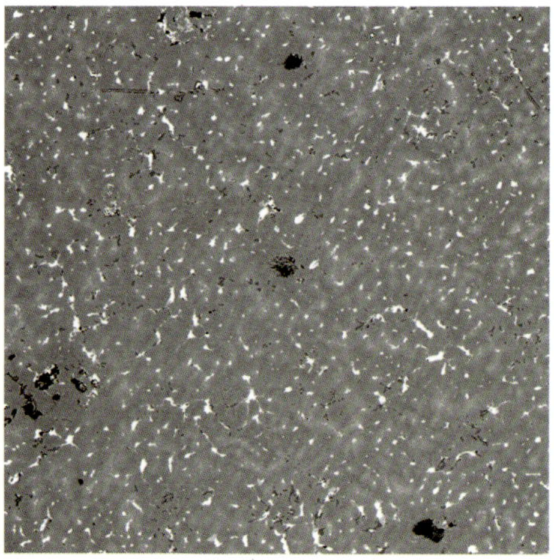

Element Number	Element Symbol	Element Name	Atomic Conc.	Weight Conc.
29	Cu	Copper	89.87	81.53
82	Pb	Lead	2.63	7.78
50	Sn	Tin	4.26	7.22
33	As	Arsenic	3.24	3.47

526 号铜盘样品截面显微组织结构和元素成分面扫结果

Copper

Lead

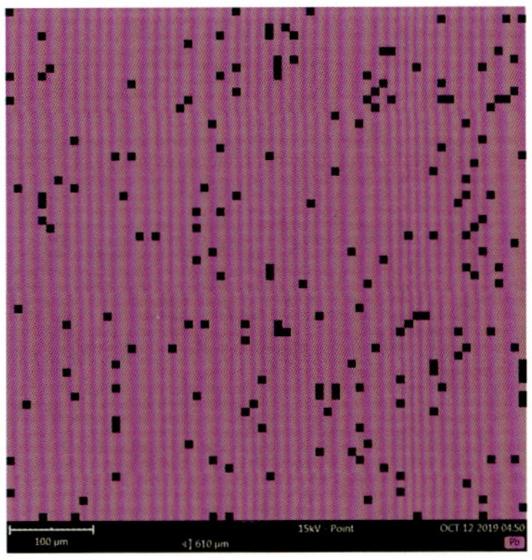

Tin

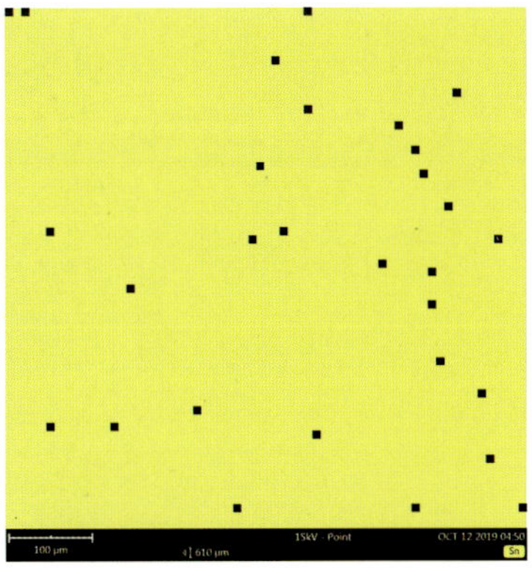

Arsenic

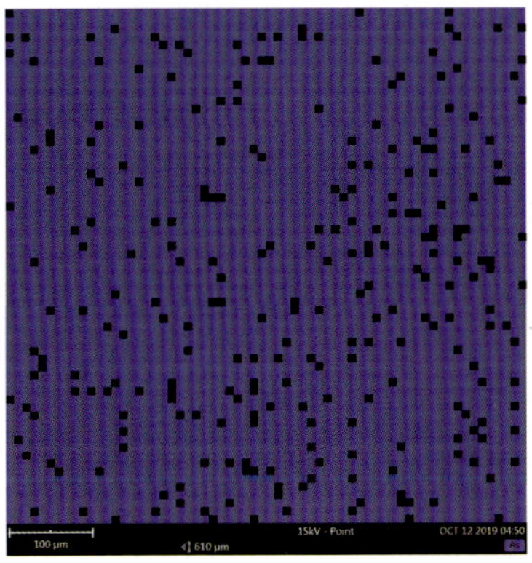

Combined map

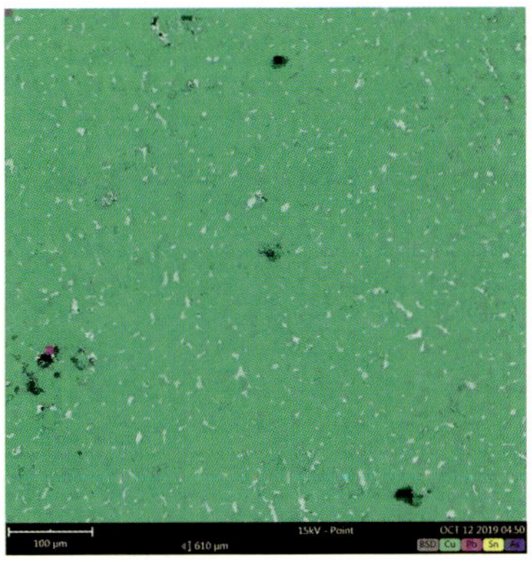

526 号铜盘样品面扫描各元素分布

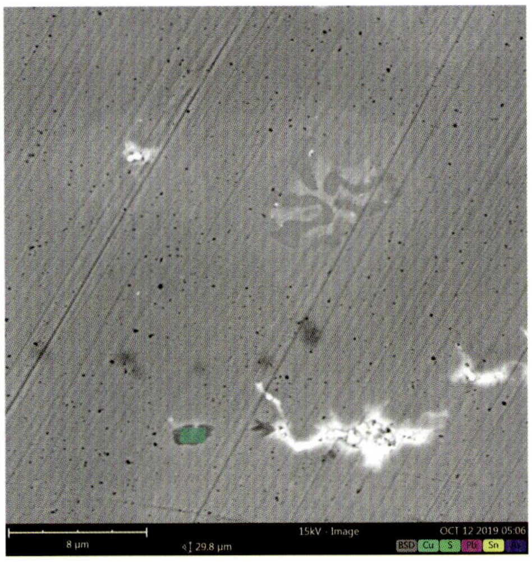

Element Number	Element Symbol	Element Name	Atomic Conc.	Weight Conc.
29	Cu	Copper	68.35	70.75
16	S	Sulfur	24.31	12.70
82	Pb	Lead	2.51	8.46
50	Sn	Tin	3.07	5.94
33	As	Arsenic	1.76	2.15

526 号铜盘样品截面特殊相显微组织结构和元素分析结果

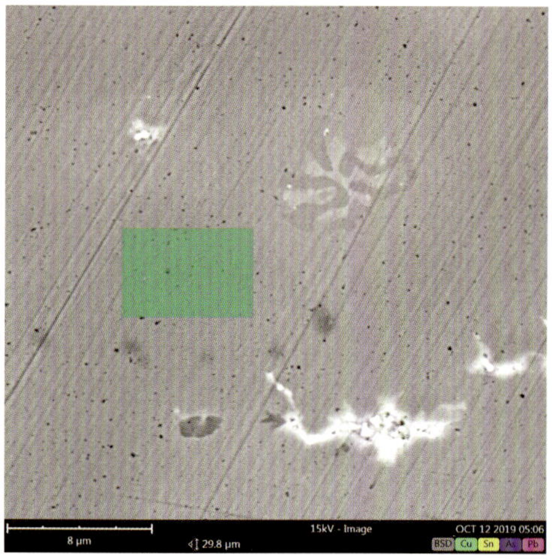

Element Number	Element Symbol	Element Name	Atomic Conc.	Weight Conc.
29	Cu	Copper	91.88	87.30
50	Sn	Tin	4.12	7.31
33	As	Arsenic	3.54	3.97
82	Pb	Lead	0.46	1.43

526 号铜盘样品截面 α 固溶体显微组织结构和元素分析结果

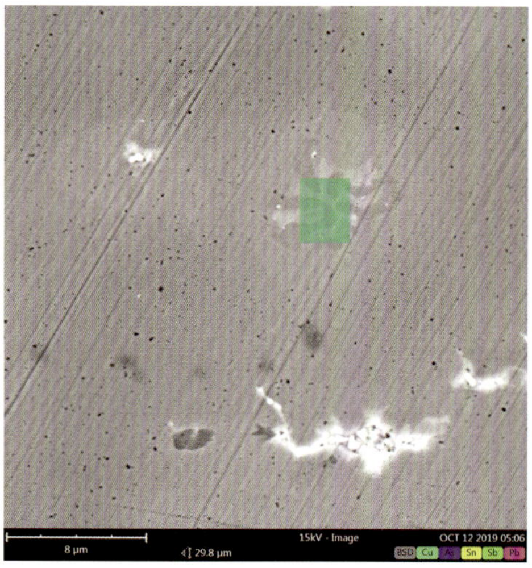

Element Number	Element Symbol	Element Name	Atomic Conc.	Weight Conc.
29	Cu	Copper	77.99	70.04
33	As	Arsenic	12.52	13.26
50	Sn	Tin	7.22	12.12
51	Sb	Antimony	1.69	2.91
82	Pb	Lead	0.57	1.68

526 号铜盘样品截面夹杂特殊相显微组织结构和元素分析结果

7. 527 号吊锅样品扫描电镜－能谱仪分析结果

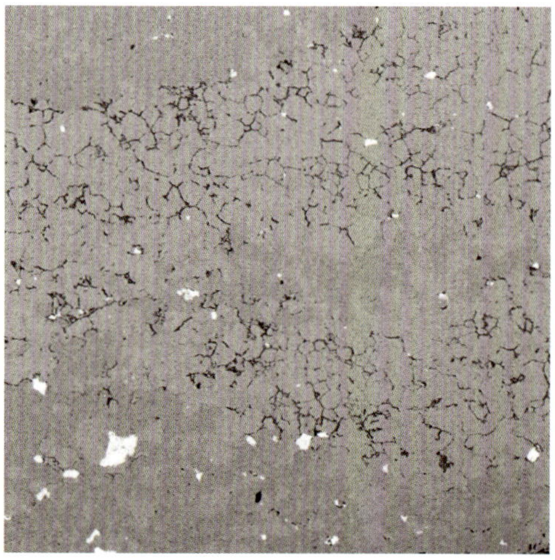

Element Number	Element Symbol	Element Name	Atomic Conc.	Weight Conc.
29	Cu	Copper	77.12	76.61
30	Zn	Zinc	22.88	23.39

527 号吊锅样品截面显微组织结构和元素成分面扫结果

Copper

Zinc

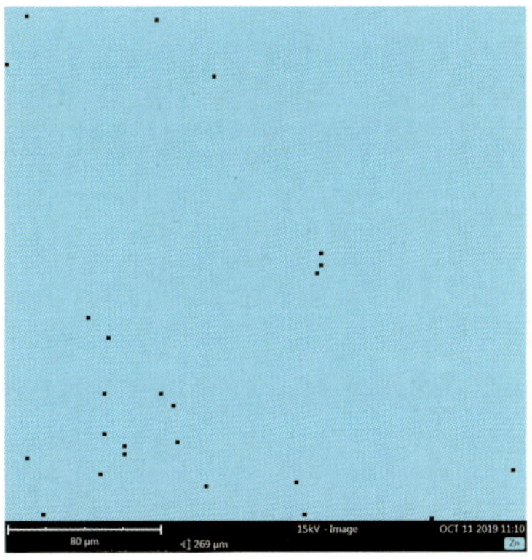

Combined map

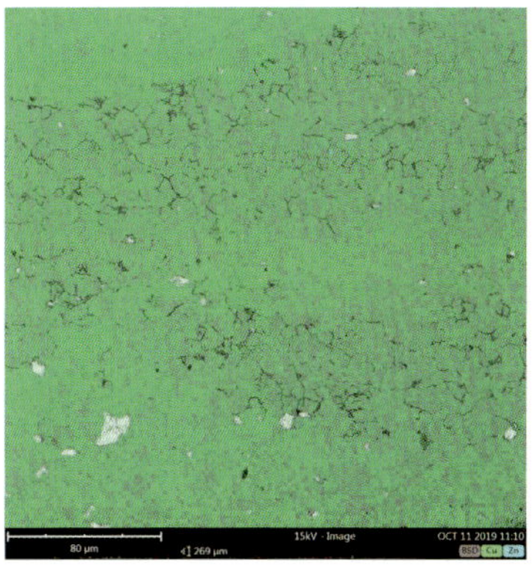

527 号吊锅样品面扫描各元素分布

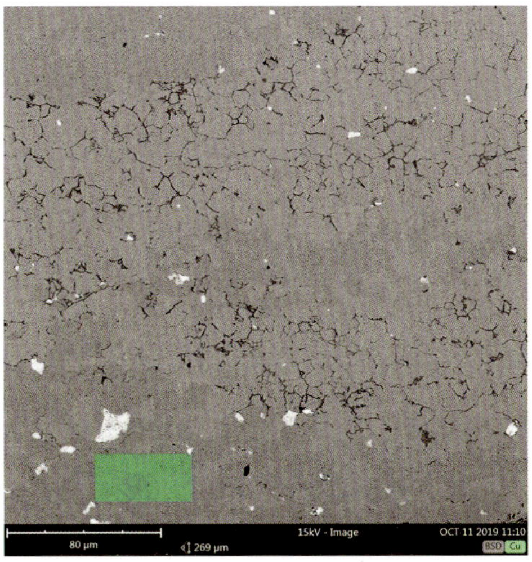

Element Number	Element Symbol	Element Name	Atomic Conc.	Weight Conc.
29	Cu	Copper	100.00	100.00

527 号吊锅样品 α 固溶体脱锌相显微组织结构和元素分析结果

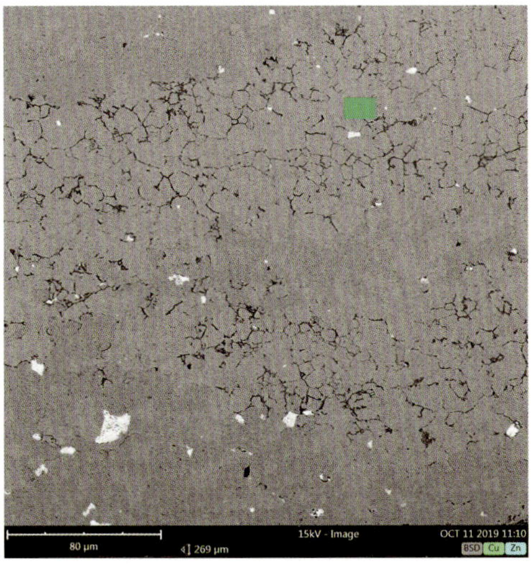

Element Number	Element Symbol	Element Name	Atomic Conc.	Weight Conc.
29	Cu	Copper	67.68	67.06
30	Zn	Zinc	32.32	32.94

527 号吊锅样品截面 α 固溶体显微组织结构和元素分析结果

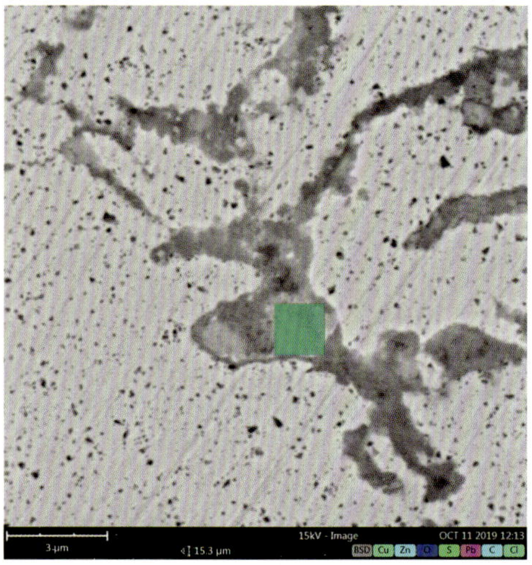

Element Number	Element Symbol	Element Name	Atomic Conc.	Weight Conc.
29	Cu	Copper	31.17	50.88
30	Zn	Zinc	10.74	18.04
8	O	Oxygen	41.74	17.15
16	S	Sulfur	8.38	6.91
82	Pb	Lead	0.84	4.49
6	C	Carbon	6.56	2.02
17	Cl	Chlorine	0.56	0.51

527 号吊锅样品夹杂特殊相显微组织结构和元素分析结果

8. 20 号铜觯样品扫描电镜－能谱仪分析结果

Element Number	Element Symbol	Element Name	Atomic Conc.	Weight Conc.
29	Cu	Copper	84.50	72.50
50	Sn	Tin	13.28	21.28
82	Pb	Lead	2.22	6.22

20 号铜觯样品截面显微组织结构和元素成分面扫结果

Copper

Tin

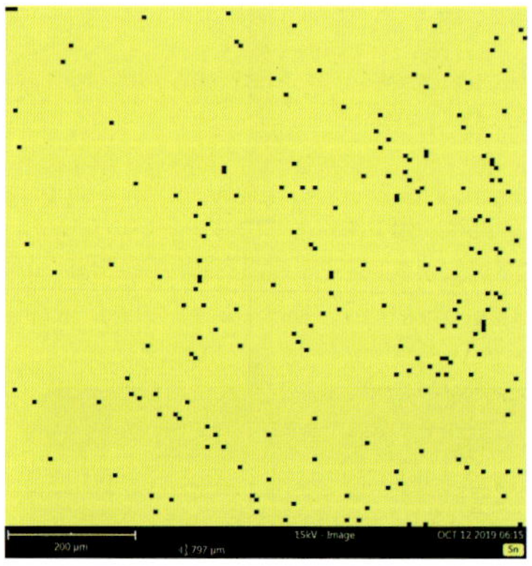

Lead

20 号铜觯样品面扫描各元素分布

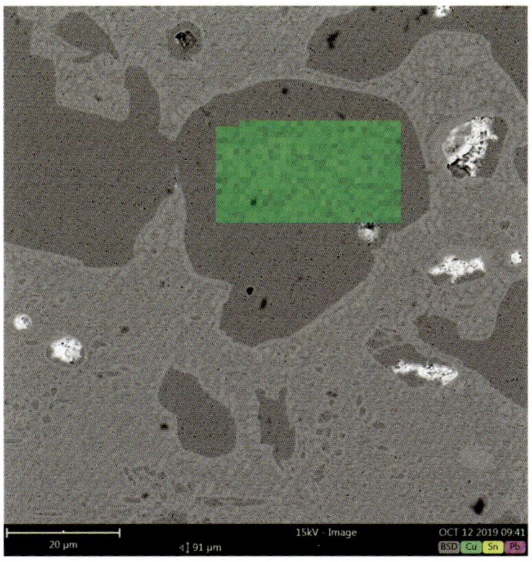

Element Number	Element Symbol	Element Name	Atomic Conc.	Weight Conc.
29	Cu	Copper	89.88	81.79
50	Sn	Tin	9.33	15.86
82	Pb	Lead	0.79	2.35

20 号铜觯样品截面 α 固溶体显微组织结构和元素分析结果

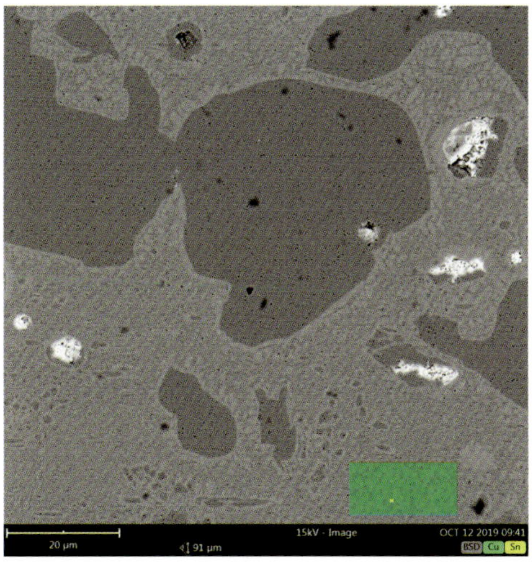

Element Number	Element Symbol	Element Name	Atomic Conc.	Weight Conc.
29	Cu	Copper	83.85	73.54
50	Sn	Tin	16.15	26.46

20 号铜觯样品截面 α + δ 共析体显微组织结构和元素分析结果

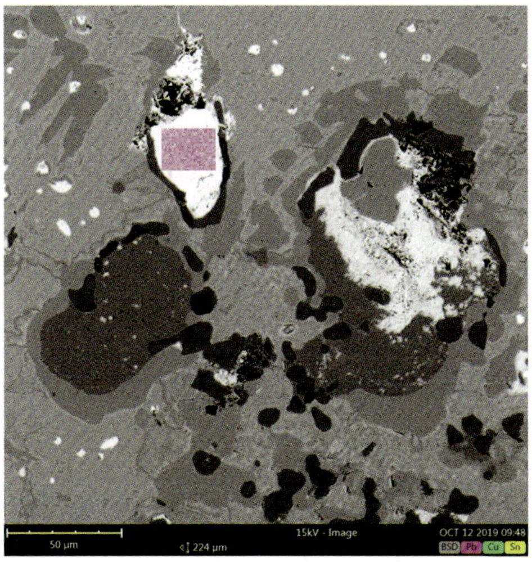

Element Number	Element Symbol	Element Name	Atomic Conc.	Weight Conc.
82	Pb	Lead	75.65	89.74
29	Cu	Copper	19.92	7.25
50	Sn	Tin	4.43	3.01

20 号铜觯样品截面夹杂铅粒显微组织结构和元素分析结果

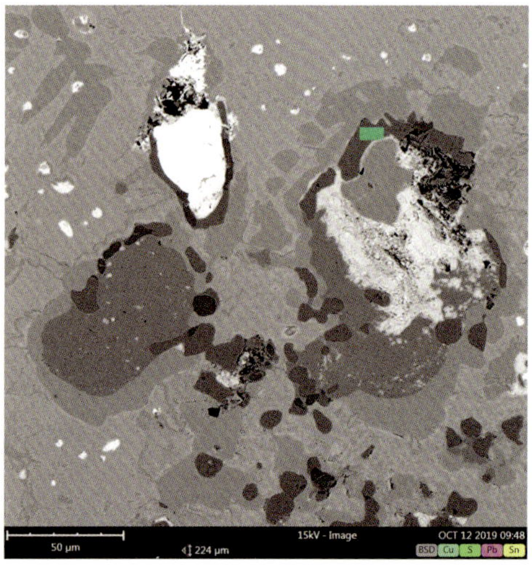

Element Number	Element Symbol	Element Name	Atomic Conc.	Weight Conc.
29	Cu	Copper	66.29	71.54
16	S	Sulfur	29.13	15.86
82	Pb	Lead	2.25	7.90
50	Sn	Tin	2.33	4.70

20 号铜觯样品截面夹杂特殊相显微组织结构和元素分析结果

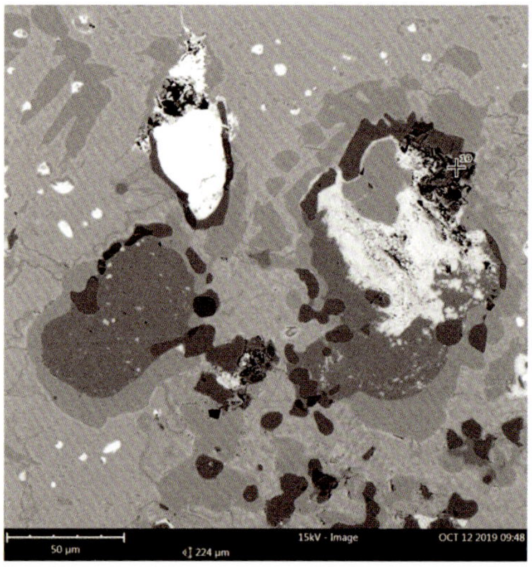

Element Number	Element Symbol	Element Name	Atomic Conc.	Weight Conc.
29	Cu	Copper	41.66	40.72
30	Zn	Zinc	30.23	30.40
50	Sn	Tin	5.68	10.38
16	S	Sulfur	19.67	9.70
82	Pb	Lead	2.76	8.80

20 号铜觯样品截面夹杂特殊相显微组织结构和元素分析结果

9. 715 号汉铜熏炉样品扫描电镜－能谱仪分析结果

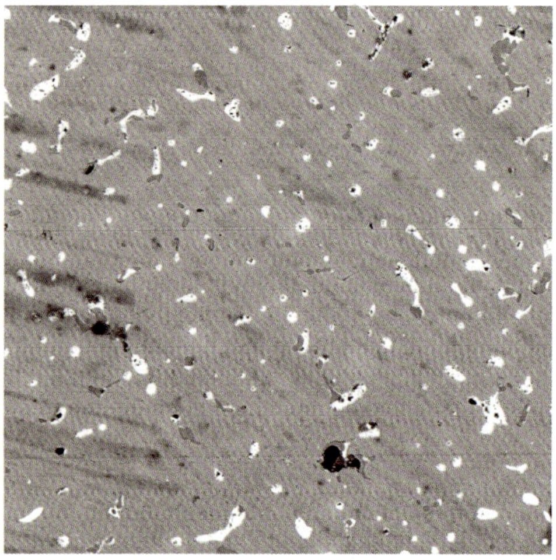

Element Symbol	Atomic Conc.	Weight Conc.
Cu	96.08	89.60
Pb	2.75	8.37
Sn	1.17	2.04

715 号汉铜熏炉样品截面显微组织结构和元素成分面扫结果

Copper

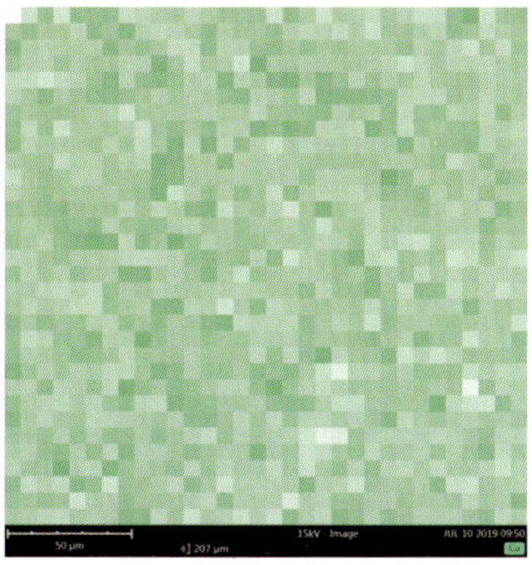

Lead

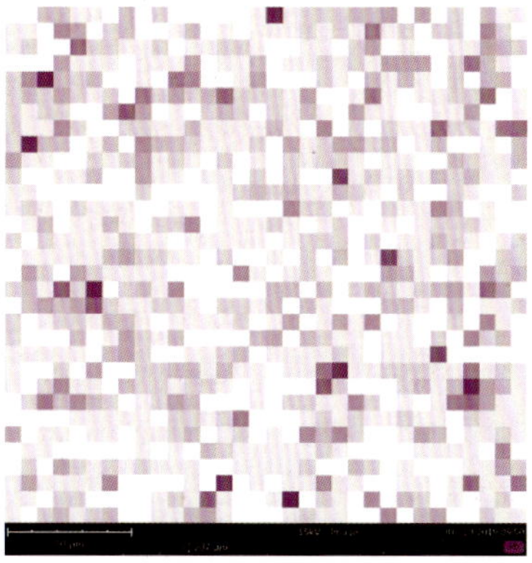

Tin

715 号汉铜熏炉样品截面面扫描各元素分布

Element Symbol	Atomic Conc.	Weight Conc.
Pb	65.02	85.84
Cu	34.98	14.16

715 号汉铜熏炉样品截面夹杂铅粒显微组织结构和元素分析结果

10. 无编号汉铜盆样品扫描电镜 - 能谱仪分析结果

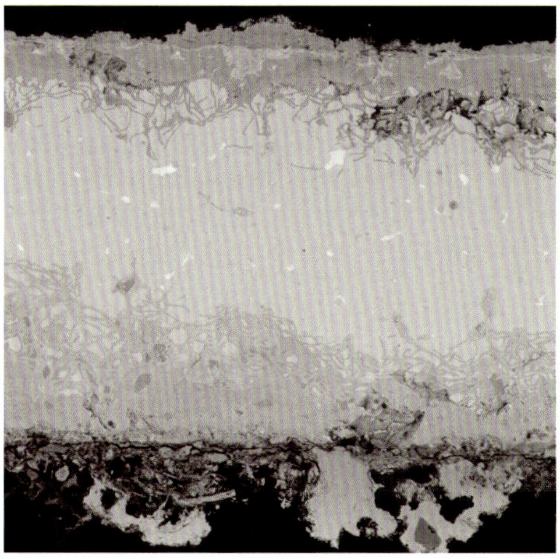

Element Number	Element Symbol	Element Name	Atomic Conc.	Weight Conc.
29	Cu	Copper	77.21	70.06
50	Sn	Tin	9.32	15.79
82	Pb	Lead	3.37	9.98
14	Si	Silicon	7.05	2.83
17	Cl	Chlorine	1.34	0.68
13	Al	Aluminium	1.71	0.66

无编号汉铜盆样品截面显微组织结构和元素成分面扫结果

Copper　Tin　Lead

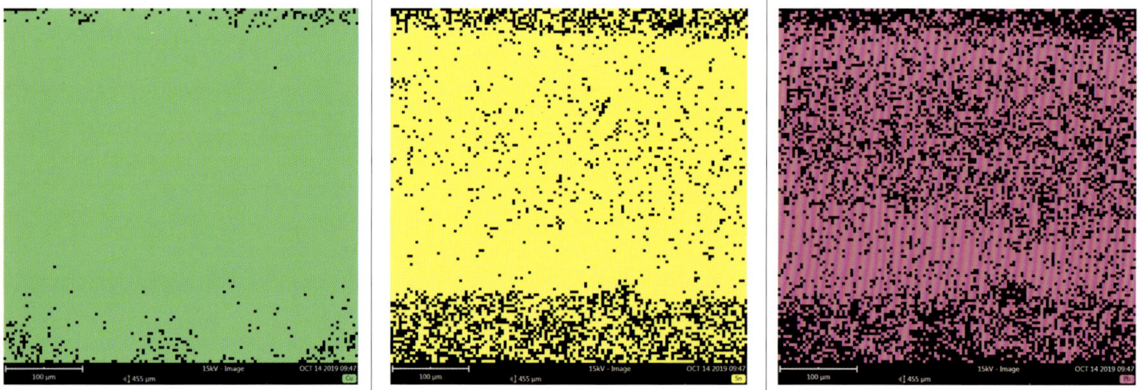

无编号汉铜盆样品截面面扫描各元素分布

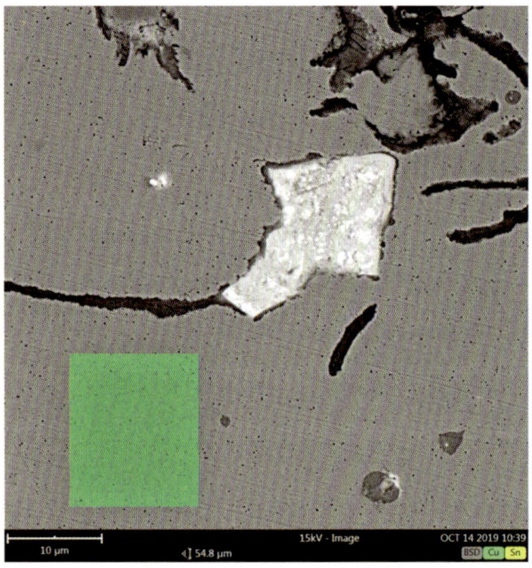

Element Number	Element Symbol	Element Name	Atomic Conc.	Weight Conc.
29	Cu	Copper	94.74	90.60
50	Sn	Tin	5.26	9.40

无编号汉铜盆样品截面 α 固溶体显微组织结构和元素分析结果

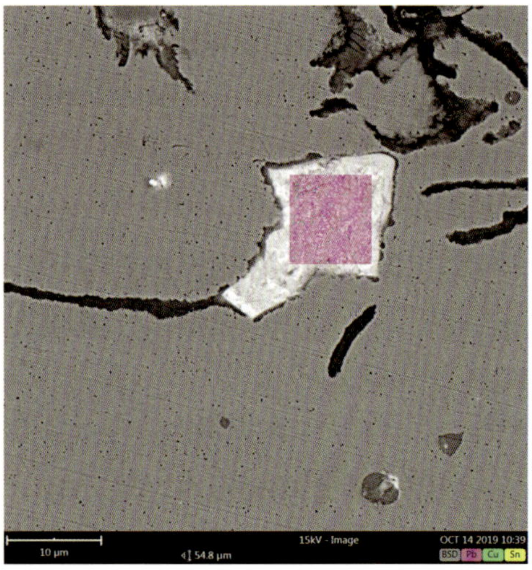

Element Number	Element Symbol	Element Name	Atomic Conc.	Weight Conc.
82	Pb	Lead	67.49	86.31
29	Cu	Copper	29.75	11.67
50	Sn	Tin	2.75	2.02

无编号汉铜盆样品截面铅粒显微组织结构和元素分析结果

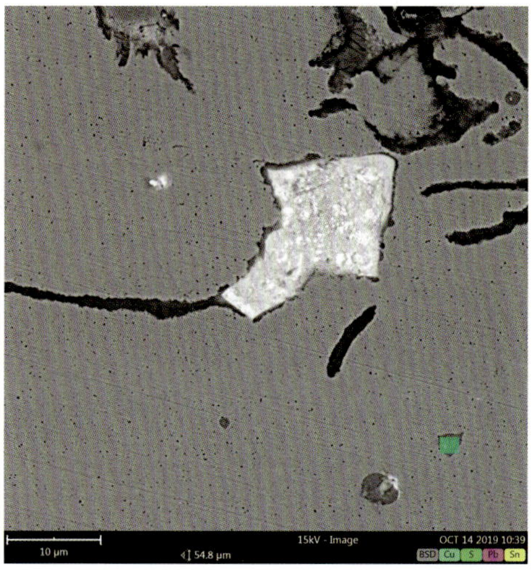

Element Number	Element Symbol	Element Name	Atomic Conc.	Weight Conc.
29	Cu	Copper	69.12	74.32
16	S	Sulfur	27.09	14.70
82	Pb	Lead	2.25	7.88
50	Sn	Tin	1.55	3.11

无编号汉铜盆样品截面夹杂特殊相显微组织结构和元素分析结果

（四）结果讨论

1. 项目检测分析过程中，采用了便携式荧光光谱仪（XRF）和扫描电镜－能谱仪（SEM-EDS）两种方法进行铜器合金元素成分分析。选取 SEM-EDS 方法所得主量元素铜（Cu）、锡（Sn）、铅（Pb）的数据，黄铜则选择铜（Cu）元素、锌（Zn）元素数据，进行归一化处理后与 XRF 数据比对，结果见表 2-8。可以发现两组数据差距较大，分析原因可能有三点。一是选取检测器物部位不同，虽是测量同一器物，但因工艺原因，不同部位的合金元素本身存在一定差异，导致两种检测手段所得结果不同。如 527 号吊锅，XRF 测量的是锅底，SEM-EDS 测量的是口沿，锅体与口沿为分别制作后组合而成，成分差异明显，属两种不同合金。二是检测方法不同，XRF 采用的是微损方法，对器物检测位置适当打磨清理后进行检测，SEM-EDS 采用取样后分析截面的方法，因青铜器内外腐蚀程度不同，容易发生元素流失或区域聚集，导致两种手段分析结果差异较大。如 232 号铜戈，通过 SEM-EDS 可以明显看到表面铜（Cu）元素流失严重，出现铅（Pb）元素表面聚集现象，因此采用 XRF 测量表面时，所得结果中铅（Pb）元素含量相对于器物内部往往偏高。三是仪器本身具有测量误差，两种仪器均采用无标定量分析的方法，数据本身准确度较低，容易导致比对结果差异较大。考虑到样品处理和选取测量点的方式，我们认为 SEM-EDS 检测结果更接近铜器合金材料，因此在与合金显微金相组织对照分析时采用

SEM-EDS 分析结果。同时，如果以目前通用的质量分数 2% 作为界定合金元素下限的标准，XRF 与 SEM-EDS 方法得到的材质界定结果基本一致，因此我们根据 XRF 分析数据划分这批铜质文物的材质组成。

表 2-8　青铜器合金主成分对比（wt%）

序号	名称	文物编号	分析方法	Cu	Sn	Pb	Zn
1	铜舟	总号 126	XRF	62.9	13.0	24.0	0.0
			SEM-EDS	66.50	16.60	16.90	0.0
2	铜敦	总号 127	XRF	53.8	11.9	34.4	0.0
			SEM-EDS	78.06	15.32	6.62	0.0
3	铜戈	总号 232	XRF	68.7	6.5	24.8	0.0
			SEM-EDS	84.54	8.52	6.94	0.0
4	铜造像	总号 380	XRF	67.9	6.4	24.5	1.2
			SEM-EDS	80.51	10.10	9.39	0.0
5	方柄瓠	总号 500	XRF	77.0	5.3	5.7	11.9
			SEM-EDS	78.65	5.27	16.07	0.0
6	铜盘	总号 526	XRF	67.2	7.6	25.2	0.0
			SEM-EDS	84.46	7.48	8.06	0.0
7	吊锅	总号 527	XRF	99.2	0.0	0.6	0.2
			SEM-EDS	76.61	0.0	0.0	23.39
8	汉铜熏炉	总号 715	XRF	89.7	1.0	9.3	0.0
			SEM-EDS	75.69	7.07	17.23	0.0
9	汉铜盆	无	XRF	57.7	25.4	16.8	0.1
			SEM-EDS	73.11	16.48	10.41	0.0
10	铜器标本（铜觯）	20 号	XRF	65.3	20.6	13.5	0.6
			SEM-EDS	72.50	21.28	6.22	0.0

2. 人类社会的发展史也可以看作是使用材料的演变史，金属材料尤其是铜质材料的使用是人类社会进入文明时代的重要标志。古代常见的铜质材料包括纯铜以及各类铜合金。人类最早使用的是自然铜，目前所见最早的自然铜制品距今 7000 多年，发现于今伊朗西部阿里库什遗址。纯铜强度小、硬度低，而且铜液黏稠度高、流动性不强，导致其铸造性能差，不适合铸造为工具广泛使用。铜合金无论是在强度、

硬度还是在弹性、耐磨度等方面，性能均比纯铜有显著提高。合金一般指两种或两种以上的金属元素或金属与非金属元素经熔炼或烧结融合在一起，组成的具有金属特性的复合体。合金熔点一般低于任意一种所含成分的熔点，硬度高于任意一种所含成分的硬度，而且抗腐蚀能力增强。其他元素的加入能够改善铜的多种性能，使其满足不同用途的需要。我国古代常见的合金类型有铜－锡合金、铜－锡－铅合金、铜－铅合金、铜－砷合金、铜－锌合金等。影响合金性能的主要因素包括合金材质的化学成分、组织结构以及加工工艺等，合金化学成分是决定合金性能的重要因素之一。在现代冶金行业中，一般将铜－锡合金称为青铜，铜－锌合金称为黄铜，铜－镍合金称为白铜。在文物研究领域，广义上一般将由除白铜、黄铜外的铜－锡合金、铜－锡－铅合金、铜－铅合金、铜－砷合金等制成的器物统称为青铜器。

目前通常以质量分数2%作为合金类型的判定界限。当某一铜器中所含锡（Sn）、铅（Pb）、锌（Zn）、砷（As）、锑（Sb）、镍（Ni）等元素质量大于或等于2%时，该铜器一般被界定为相应的合金类型，如铜－锡合金、铜－铅合金、铜－锌合金、铜－锡－铅三元合金等。相对于合金元素，铜器中质量分数小于2%的元素一般被认定为杂质元素，如Fe、S等在铜器中主要以硫化物夹杂的形式存在。根据此标准，按照XRF检测结果，33件铜器（主体）中包含的主要材质合金类型及数量如下：铜－锡－铅三元合金22件[①]，铜－铅二元合金3件，铜－锡－铅－锌多元合金4件，铜－锌二元合金2件，纯铜器物2件（表2-5）。

纯铜呈紫红色，又称紫铜，是由铜原子组成的单质，铜化学元素符号Cu，原子序数29，相对原子质量64，相对密度8.92g/cm^3，熔点1084.62℃，沸点2560℃，有优良的导电性和导热性，导电性仅次于银。纯铜电极电位较高，在大气、淡水中具有良好的耐腐蚀性能。纯铜是面心立方结构的金属材料，没有同素异构转变。纯铜强度低、塑性好，可通过加工硬化提高铜体强度。冷变形后强度可达400—500MPa，硬度提高到100—200HBS，但伸长率下降到5%以下，退火处理可消除铜的加工硬化。热处理方面，工业纯铜一般只进行再结晶退火，以消除内应力，类似于古代的热锻。虽然在湖北铜绿山古铜矿、云南东川铜矿中均发现了较大块的天然铜，但是目前我国还未发现早期使用自然铜的证据，这也许与我们对早期铜的鉴定

① 715号汉铜熏炉的XRF检测结果显示Sn含量为1.0%，但结合SEM-EDS数据，我们认为XRF的检测数值为汉铜熏炉表面元素含量，SEM-EDS的检测数值更接近汉铜熏炉基体合金成分。

数量偏少有关。早期由于冶炼水平有限，即使从高品位氧化铜矿中冶炼得到的纯铜制品，仍会含有锡、砷、锑、铅等微量元素，显微组织上 α 固溶体会出现偏析，与纯铜组织不同。此次待保护修复的 33 件青铜器中有 2 件红铜制品，即 524 号铜釜（邹平市博物馆文物信息标签标注为球形锅，含铜量达 99.6%）、527 号吊锅（含铜量达 99.2%），这两件器物含铜量高、杂质少，反映了当时金属铜材冶炼提纯技术高超，由此制作而成的纯铜材料塑性好，适合压力加工成型。

铜－锡合金指主要由铜、锡两种元素构成的金属材料。锡元素符号 Sn，原子序数 50，相对密度 7.28g/cm^3，熔点 231.93℃，沸点 2586℃。铜－锡结晶温度区间大，流动性差，Sn 原子在铜中扩散速度慢，易形成枝晶偏析和分散缩孔。铜－锡合金的优点是体积收缩率小，适合铸造精密器件。随着含锡量的增加，合金的强度和塑性增强，当含锡量达 6% 时，合金的塑性也就是加工性能最好，适用于冷变形；含锡量在 6%—7% 间时，由于 δ 相的存在，适合热加工；含锡量在 10%—14% 间时，合金塑性低，适合铸造。

锡青铜耐腐蚀性好，若加入铅，可改善铜合金的切削性能。铅几乎不溶于锡青铜，以纯组元状态分布在合金组织中，起到改善合金切削性能和耐磨性能的作用。中国最早的锡青铜是甘肃东乡林家马家窑文化遗址中出土的距今 5000 年左右的青铜刀。在此之前，世界最早的锡青铜制品是发现于两河流域美索不达米亚地区的距今 4800 年左右的青铜斧。

铅是人类较早使用的金属材料之一。铅元素符号 Pb，原子序数 82，相对原子质量 207，是相对原子质量最大的非放射性元素，相对密度 11.34g/cm^3，熔点 327.46℃，沸点 1749℃，和铜一样属面心立方结构。铅熔点远低于铜，密度较铜、锡高。固态下铜、铅互溶有限，显微组织中显示铅以游离态独立存在于铜内。在埃及和美索不达米亚地区均发现了距今 5000 年左右的铅制品。我国最早的铅制品见于辽西地区的夏家店下层文化。商周青铜器大多以铜－铅合金为主要材质制作而成，铅的加入可以增加溶液的流动性，提高充型能力，尤其是商代中晚期以后青铜器上花纹精美繁缛，铜－铅合金可减少铸造缺陷的发生，保证纹饰质量。同时，铅相对低廉、比重大，可以减少铜、锡等材料的使用，节约成本。在本项目中，493 号双耳铜瓶、494 号双耳铜瓶、507 号六棱圈底觚形器（投壶）皆为铅青铜，成分相似，均为仿古铜器，同出土于山东邹平黄山三路西首路北，尤其是两件铜瓶形制、纹饰几乎相同，仅某些细节存在差异，推测此三件器物为同一时代同一作坊制作而成。

从目前学界对中国出土早期青铜器合金成分的分析检测情况来看，铜－锡－铅三元合金占比最高，其次为铜－锡合金和铜－铅合金，铜－锡－铅三元合金是我国古代铜器制作过程中使用的主要材料。铅与铜、锡之间的溶解度很低，常以夹杂物形式存在于铜、锡形成的合金之中。适当的铅可以提高溶液的流动性，而流动性反映金属液体本身充填铸型的能力。良好的流动性可以使金属液体在凝固过程中出现的缩孔获得迅速补充，形成纹饰清晰、尺寸准确的铸件。当然，铅并非越多越好，过量的铅会对铜合金基体造成割裂，所以铅含量多少对于合金材料性能好坏至关重要。铜－锡－铅三元合金是我国古代先民经验和智慧的总结，为我国古代宏伟瑰丽的青铜文化的繁荣发展奠定了材料基础。本次待修复的 33 件青铜器中，铜－锡－铅三元合金青铜器占 22 件，如果将 4 件铜－锡－铅－锌多元合金也算作同一体系，则这一数量达到 26 件，约占总数的 79%，这也反映了我国古代铜器中铜－锡－铅三元合金青铜器数量的庞大，是我国铜器的一项重要特征。

锌元素符号 Zn，原子序数 30，相对原子质量 65，相对密度 7.14g/cm^3，熔点 419.53℃，沸点 907℃。黄铜是由铜、锌两种元素为主合金的金属材料，表面为黄色或金黄色，含锌量在 30%—40% 之间。黄铜具有良好的机械性能、耐腐蚀性、导电导热性和加工性能，其颜色和性能随含锌量的变化而不同。黄铜的含锌量达到 30% 左右时，延展性达到最佳；含锌量达到 40% 左右时，强度最强。黄铜根据内部组织可分为单相黄铜和两相黄铜，单相黄铜含锌量相对较低，只有 α 铜锌固溶体相；增加锌的含量，除 α 铜锌固溶体相外，会增加 β 相，构成两相黄铜。随着锌含量的不断增加，黄铜合金的应力腐蚀倾向严重，因此为了增强合金的耐腐蚀性和强度，在冶炼过程中会加入一定含量的其他元素，如锡、铅、铁等，使其由二元合金变为多元合金，名称也相应变成锡黄铜、铅黄铜、铁黄铜等。黄铜文物出现年代较早。陕西临潼姜寨仰韶文化遗址中出土有一件距今 6000 年左右的半圆形薄片，经测试分析，其平均成分铜含量为 66.5%、锌含量为 25.6%、铅含量为 5.9%、锡含量为 0.87%、铁含量为 1.1%，铸态组织。陕西渭南仰韶文化晚期遗址中出土的一件长条形铜笄，含锌量约为 30%，锻造组织。1974 年，在胶县（今胶州）三里河龙山文化遗址中发现一件黄铜管，含锌量约为 24%，铸造组织。早期黄铜含杂质较多，矿料为不纯净的多元金属矿，冶炼方法较为原始。“鍮石”是黄铜的古称，最早见于东汉末至三国时期翻译的佛经中。鍮石于东汉时期随佛教的传入而引入中国，当时多作为制作佛像的材料。明代中期开始出现锌提炼技术，在此之前黄铜的冶炼主要采用铜和炉甘石，炉甘石的主要成分为碳酸锌。明代中期以后开始使用铜加锌（倭铅）熔炼黄铜的方法，当然此时铜加炉甘石的冶炼方法仍然存在。本次保护修复的 33 件铜器中，有 6 件器物含锌，其中 132 号宣德炉①和 486 号圆鼎含锌量超过 20%，500 号和 501 号方柄觚含锌量超过 10%，而 495 号双耳铜瓶和 502 号方柄觚合金材料中锌含量分别为 2.9% 和 3.8%，含量较低。当含锌量低于 32% 时，合金以 α 固溶体为基，塑性较好。铅、锡的加入可以改善合金性能，提高合金的耐腐蚀性、抗磨性等。我国古代大量使用黄铜制作器物是从明代中期开始的，结合器物形制、纹饰推断，486 号圆鼎为明代器物，132 号宣德炉、495 号双耳铜瓶、500 号方柄觚、501 号方柄觚、502 号方柄觚应为清代器物。

3. 金属大多为多晶体，由大量具有不同位向的晶粒组合构成。金属性能由其组成成分、组织结构、加工工艺决定，而组成成分、加工工艺又决定了金属的显微组织结构，因此金属相和显微组织研究对了解金属的成分、工艺以及金属性能具有重要意义。晶粒一般很小，需在金相显微镜下才能观察到。每个晶粒内晶格位相不同，每个晶粒的各项异性相互抵消，从而使金属多晶体在性能上呈现出各项同性的特征。所以虽然金属是晶体，但在各个方向上的性能包括硬度、强度、韧性、塑性等是相同的。合金微观结构一般分为组元、相、组织，组元是组成合金最简单、最基本且独立存在的物质，如铜 – 锡合金中的铜和锡；相是在金属或合金中，化学成分相同、晶体结构相同，与其他部分有界面分开的均匀组织部分，相又可分为固溶体和化合物；组织指用肉眼或显微镜观察到的微观形貌，是不同形状、不同大小、一定数量、分布均匀的相，组织中可以只有一种相，也可以有多种相。不同的相组成不同的显微组织，不同的组织使合金具有不同的性能。组织又可根据相的数量分为单相组织、两相组织和多相组织。纯金属、铜 – 镍合金等单相合金一般为单相组织。单相组织是多边形晶粒组成的多晶组织。两相组织的金属文物较多，如铜 – 锡合金文物、铜 –

① 应为后代仿造明代宣德炉。

锌合金文物、铜－砷合金文物等。多相组织是古代金属文物中最为常见的微观形态，有铜－锡－铅三元合金、铜－锡－铅－砷多元合金、铜－锡－铅－锌多元合金等。对这批青铜器金属相显微组织和相进行研究，可以了解合金材料成分、制作方法，探讨古人的工艺思想。

10件取样样品中（表2-9），有9件为铜－锡－铅三元合金，1件为铜－锌二元合金。结合SEM-EDS分析结果可知，9件铜－锡－铅三元合金铜器中，铅含量为6.22%—17.23%，锡含量为5.27%—21.28%。

金属显微组织与合金成分、加工工艺密切相关，因此通过显微组织观察可以推断古代金属材料的合金成分、冷却温度、加工工艺、使用状态、矿料类型、埋藏环境等信息。铜－锡－铅三元合金中，铅与铜、锡溶解度低，基本以游离态分散在合金之间，因此铜－锡－铅三元合金中铅粒常被单独讨论，晶体凝固成型过程中人们重点关注铜、锡两元素的合金化过程。当锡含量达13.5%—23.5%时，锡、铅青铜与二元锡青铜存在的 α 相固溶体组织基本类同。铅往往以多种形态分布于组织中，而且铅熔点低，可以填充铜、锡合金化时产生的缩孔。

铜－锡合金微观组织一般包括 α、β、γ、δ、ε 五种相。α 相是以铜为基体的固溶体相，面心立方结构。β 相存在含量区间较窄，化合物为 Cu_5Sn，体心立方结构。γ 相是高温不稳定相。δ 相是古代青铜器微观显微组织中的常见相，是以 $Cu_{31}Sn_8$ 为基的固溶体相，复杂立方结构。根据Cu-Sn二元平衡相图，平衡状态下，当锡含量高于13.5%时，合金在凝固过程中才能产生 δ 相。但在实际平衡相图中，α 相实际溶解度要比平衡相图（理论均匀扩散）中的溶解度低，所以在锡含量较低（约为7%）时，也能产生 δ 相。相关研究表明，快冷条件下含锡量5%以下和一般铸造条件下含锡量7%以下的大型铸件室温组织应是偏析的 α 固溶体枝晶，含锡量高于5%或7%时，锡青铜铸件组织中会出现 α+δ 共析体组织。

根据表2-6和表2-9，9件铜、锡多元合金样品中，126号铜舟、127号铜敦、232号铜戈、380号铜造像、526号铜盘、715号汉铜熏炉这6件样品微观显微组织中存在树枝晶状 α 固溶体相组织，而且晶内存在明显偏析，均为铸造组织典型特征。金属液体在凝固过程中首先形成晶核，随着晶核的长大形成晶粒，相邻的晶粒形成晶界，最后形成多晶体金属结构。晶粒的成长一般分为均匀长大和树枝状长大两种，实际过程中因晶核形状不规则，晶粒多以树枝状长大为主，不规则晶核棱角处散热条件好、温度低，晶粒在棱角处优先生长，先形成树的主干，即一次晶轴，再形成树的分支，即二次晶轴，最后得到的形状为树枝状，成为枝晶。

表 2-9　取样样品显微结构、成型方式、合金成分对应表

序号	名称	文物编号	显微结构	成型方式	合金成分
1	铜舟	总号 126	α 固溶体为基体，呈树枝晶状，枝晶偏析明显。α+δ 共析体弥散分布其间，数量多，发育良好，接近连接成网状。Pb 呈颗粒状沿晶界分布，部分区域出现聚集。可见少量铸造缩孔。	铸造	Cu 66.50% Sn 16.60% Pb 16.90%
2	铜敦	总号 127	α 固溶体为基体，呈树枝晶状，枝晶偏析明显。α+δ 共析体弥散分布其间，数量多，发育良好，接近连接成网状。Pb 呈颗粒状沿晶界分布。可见少量铸造缩孔。	铸造	Cu 78.06% Sn 15.32% Pb 6.62%
3	铜戈	总号 232	α 固溶体为基体，呈树枝晶状，枝晶偏析明显。α+δ 共析体弥散分布其间，数量多，发育良好。Pb 呈颗粒状沿晶界分布。可见少量铸造缩孔。	铸造	Cu 84.54% Sn 8.52% Pb 6.94%
4	铜造像	总号 380	α 固溶体为基体，枝晶粗大，受热后成分出现一定均匀化。仅见少量 α+δ 共析体，形态较小。Pb 呈颗粒状分布于基体中。	铸造	Cu 80.51% Sn 10.10% Pb 9.39%
5	方柄觚	总号 500	α 固溶体为基体，呈大晶粒状，受热后成分均匀化，局部有少量滑移线。Pb 等夹杂物呈颗粒状沿晶界分布。	铸造，受热均匀化	Cu 78.65% Sn 5.27% Pb 16.07%
6	铜盘	总号 526	α 固溶体为基体，呈树枝晶状，枝晶偏析明显。α+δ 共析体呈岛屿状弥散分布其间，形态较小。Pb 呈颗粒状沿晶界分布。可见少量铸造缩孔。	铸造	Cu 84.46 Sn 7.48% Pb 8.06%
7	吊锅	总号 527	热锻组织，α 固溶体为基体，晶粒细小，呈等轴晶状，可见孪晶组织。部分区域出现大面积“黄铜脱锌”现象。	热锻	Cu 76.61% Zn 23.39%
8	汉铜熏炉	总号 715	α 固溶体为基体，呈树枝晶状，较为粗大，枝晶偏析明显。Pb 呈颗粒状沿晶界分布。可见少量铸造缩孔。	铸造	Cu 75.69% Sn 7.07% Pb 17.23%
9	汉铜盆	无	α 固溶体为基体，呈大晶粒状，受热后成分均匀化，有少量滑移线。Pb 等夹杂物呈颗粒状沿晶界分布。	铸造，受热均匀化	Cu 73.11% Sn 16.48% Pb 10.41%
10	铜器标本（铜觯）	20 号	α+δ 共析体呈大面积网状分布，α 固溶体呈枝状分布其间，Pb 呈颗粒状均匀分布。	铸造	Cu 72.50% Sn 21.28% Pb 6.22%

晶内偏析是因为实际铸造凝固过程中，铜的凝固点比锡高，铜合金由液相发生匀晶反应生成 α 固溶体的过程中，根据杠杆定律，先生成的 α 固溶体中溶剂铜（Cu）成分浓度较之后析出的要高，以枝干方式形成结晶，后生成的 α 固溶体溶质锡（Sn）成分较高，填充于枝干之间，从而导致晶内成分的不均匀。由于实际过程中冷却速度较快，原子在固相中扩散缓慢，而且整个扩散过程不均匀，最终造成不同部分浓度不同，这种浓度不均匀的现象称为晶内偏析，因晶粒呈树枝状，故又称枝晶偏析。在合金凝固过程中，固相线和液相线之间距离越大，晶内偏析越明显。通过加热可以消除偏析，并得到均匀化的多晶组织。枝晶偏析会影响合金材料的力学性能、耐腐蚀性能、加工性能。枝晶偏析的程度与金属液冷却速度、组元液相线和固相线的垂直距离有关。

存在树枝晶状 α 固溶体相显微组织的样品中，715 号汉铜熏炉含锡量为 7.07%，仅含 α 固溶体相，为单相固溶体，因铜、锡合金固相线和液相线间隔较宽，铸造金属流动性差，不能充型，容易形成缩孔。单相固溶体晶间阻力小，压力加工性能好，有良好的可塑性。

126 号铜舟、127 号铜敦、232 号铜戈、380 号铜造像、526 号铜盘、20 号铜器标本（铜觯）这 6 件存在树枝晶状 α 固溶体相显微组织的样品，显微组织中均出现 α+δ 共析体组织，这 6 件样品的含锡量分别为 16.60%、15.32%、8.52%、10.10%、7.48%、21.28%。整体来看，含锡量越高，α+δ 共析体组织数量越多、形态越大，但从 715 号汉铜熏炉和 526 号铜盘之间的对比来看，它们的含锡量相近，显微组织结构不同，说明冷却温度和冷却方式对显微组织也存在影响。715 号汉铜熏炉与 526 号铜盘相比，可能前者冷却温度较高，存在一定保温处理过程，或汉铜熏炉为夏季铸造，铜盘为冬季铸造。为方便对比分析，从表 2-7 中筛选出 α 固溶体和 α+δ 共析体成分数据，统计列入表 2-10 中。从表 2-10 中可以看出，α 固溶体中锡含量为 6.36%—15.86%，α+δ 共析体中锡含量为 24.45%—26.46%。126 号铜舟样品因腐蚀较为严重，出现铅迁移聚集，故测得 α+δ 共析体中的锡含量为 38.23%，偏高，不能代表 α+δ 共析体中实际锡含量。

表 2-10　样品微观组织成分对比表（wt%）

序号	名称	文物编号	显微组织	Cu	Sn	Pb
1	铜舟	总号 126	α 固溶体	84.97	12.73	2.30
			α+δ 共析体	45.51	38.23	16.26
2	铜敦	总号 127	α 固溶体	87.77	12.23	—
			α+δ 共析体	73.20	26.80	—
3	铜戈	总号 232	α 固溶体	—	—	—
			α+δ 共析体	71.72	24.45	3.83
4	铜造像	总号 380	α 固溶体	87.34	10.81	1.84
			α+δ 共析体	—	—	—
5	方柄瓶	总号 500	α 固溶体	93.64	6.36	—
			α+δ 共析体	—	—	—
6	铜盘	总号 526	α 固溶体	87.30	7.31	1.43
			α+δ 共析体	—	—	—
7	吊锅	总号 527	α 固溶体	—	—	—
			α+δ 共析体	—	—	—
8	汉铜熏炉	总号 715	α 固溶体	—	—	—
			α+δ 共析体		—	—
9	汉铜盆	无	α 固溶体	90.60	9.40	—
			α+δ 共析体	—	—	—
10	铜器标本（铜觶）	20 号	α 固溶体	81.79	15.86	2.35
			α+δ 共析体	73.54	26.46	—

铜和铜合金器物的制作可以分为两类：一类是自然铜类器物制作，直接将自然铜通过压力加工成所需器物形制；另一类是除自然铜外的铜和铜合金器物制作，制作过程一般包括冶铸、形制加工、表面处理等环节。金属材料显微组织不仅与合金组元成分、金属液凝固方式有关，也与形制加工、后期使用有着密切关系。选取的10件样品中，冶铸后存在形制加工和后期使用情况的样品有3件，其中一件是527号吊锅，在其显微组织中可以清楚看到细小致密的 α 固溶体等轴晶粒和孪晶晶粒，推测该吊锅为热锻后采用冷加工方式制作成型。通常情况下，金属材料的强度和硬度随着温度的升高而下降，塑性随着温度的升高而升高，因此当温度较高时，材料

抗力小，易成型。也就是说，热加工可细化晶粒，使粗大树枝晶变为细小晶粒，而晶粒细化，力学性能提高，可使组织致密，提高材料强度和韧性。

500号方柄觚和无编号汉铜盆这两件器物存在后期使用现象。两件器物微观组织均保留典型铸造形态，α固溶体为大晶粒状，晶粒内偏析减少，出现明显均匀化，局部存在滑移现象。这种组织结构与现代“均匀化退火”有着相似的特征，但通常认为古代不具备此工艺条件，这种现象的产生多为无意识的结果。晶粒内成分的均匀化可能与器物与火长时间接触有关。汉铜盆可能为实用蒸煮器，方柄觚可能在祭祀活动中被烘烤过，这些器物在使用过程中被加热后缓慢冷却，从而出现了类似“退火”的均匀化现象。至于存在的少量滑移线，可能是使用过程中遇到戗磨或取样过程不当造成的。

4. 古代铜器的制作过程一般包括采矿、冶炼、铸造、形制加工、表面处理等环节，其中形制加工手段与现代金属工艺中常见的轧制、冲压、拔丝、弯曲等相比略显匮乏，而且无统一工艺标准，多凭工匠个人经验进行，故随意性较强，为判断铜器加工方式带来一定难度。古代常见形制加工方式包括热锻和冷锻两种。表面处理是指在铸造、形制加工完成后因装饰或防腐需求而采取的处理手段，最基本的表面处理工艺是打磨，青铜器铸造完成后因氧化或工艺、材质等原因，器表灰黑，铸造缺陷较多，通过基本的打磨才能显现出青铜器表面的金属光泽。打磨看似简单，其实十分费时费力，在整个铜器制作过程中占有相当比例的工时、工量。除基本的打磨工序外，古代铜器表面常用的装饰工艺还有镶嵌宝石、包金银、髹漆、鎏金银、镀锡、错金银等。从现有资料来看，在我国古代铜器中，包含形制加工和除打磨外的其他表面处理工序的铜器数量相对较少，大部分铜器仅采用冶铸、打磨工序。以本次保护修复的33件青铜器为例，仅524号球形锅、527号吊锅在制作过程中采用了形制加工工艺，将冶铸材料锤揲成型，其余31件器物均为直接冶铸成型。

我国古代铸造青铜器有两种基本方法：范铸法和失蜡法。范铸是我国青铜器制作的重要特征，其中又以泥范铸造为主，是我国早期青铜器采用的最为广泛的制作技术。失蜡法出现时间较晚，宋代以后开始普遍流行。根据各部分组合方式的不同，范铸法又可细分为浑铸、分铸、焊接、插接等不同成型方法。范铸法与失蜡法在工艺上有时较难区别，因此目前学界对于我国使用失蜡法的最早年代还存在一定争议。

明代宋应星《天工开物》一书中详细介绍了失蜡法制作铜器的步骤。项目组对 31 件直接冶铸成型的铜器表面范线情况进行观察，并结合 X 射线光片结果（表 2–11）和器物的铸造年代，推测 132 号宣德炉和 380 号铜造像采用失蜡法铸造而成。根据 380 号铜造像 X 光片结果来看，其底部砂眼较多，存在明显的铸造缺陷，推测该佛造像是在底部设立浇筑口，倒立浇铸而成。33 件铜器中，有 29 件采用范铸法铸造而成，具体的铸造方式包括浑铸（如 131 号铜戈）、分铸（如 526 号铜盘）、焊接（如 497 号圈足壶）、插接（如 507 号六棱圈底觚形器）。

表 2–11　部分青铜器 X 光成像表

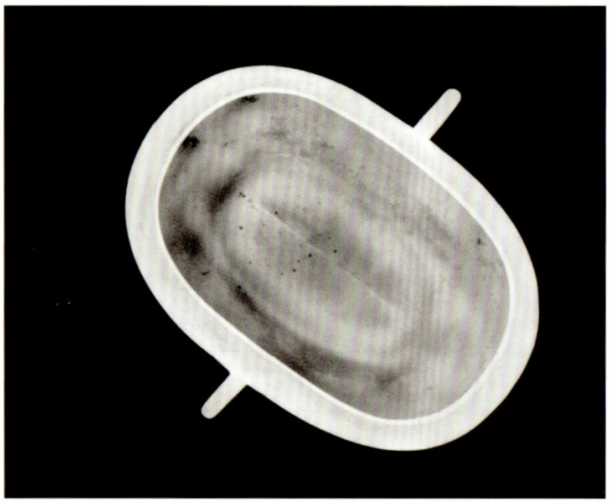

1. 126 号铜舟：底部合范范线明显，器壁存在腐蚀矿化现象。

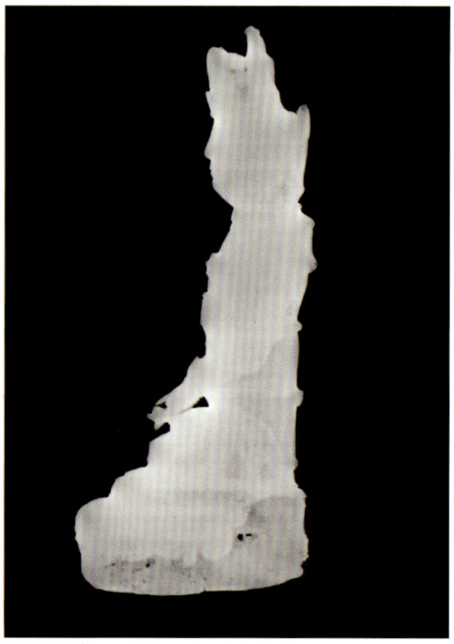

2. 380 号铜造像：底部器座存在明显浇铸缺陷，推测为倒立浇铸而成。

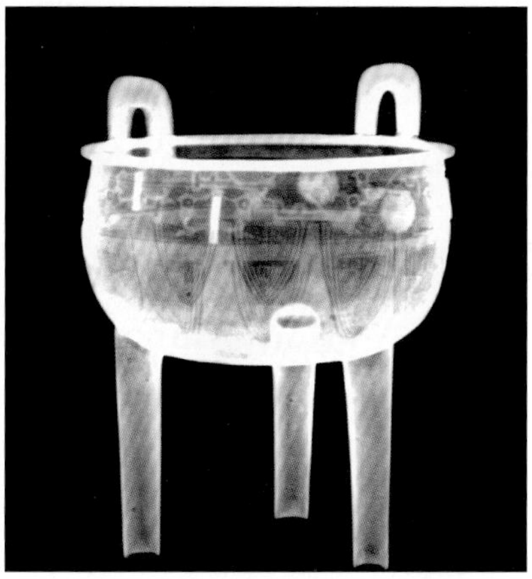

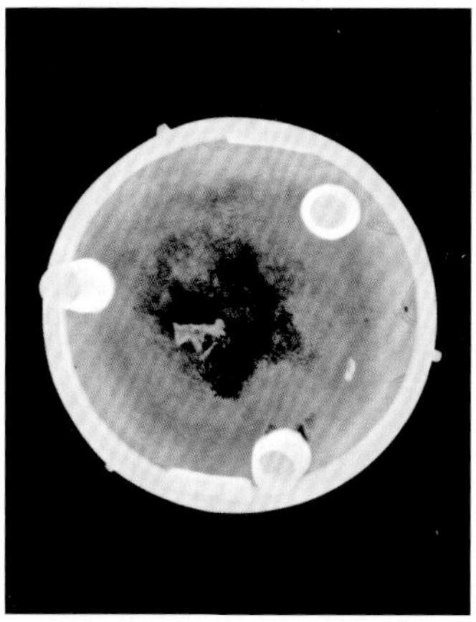

3. 486 号圆鼎：一耳为修复补配，三足中空，鼎底部锈蚀矿化严重。

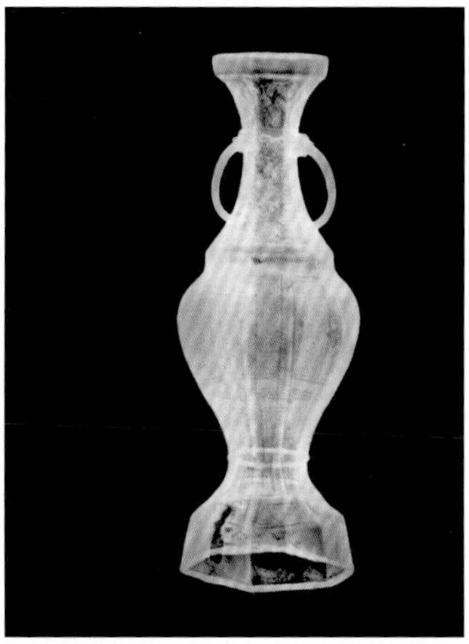

4. 494 号双耳铜瓶：双耳实心，与瓶身一体浇铸而成，瓶足腐蚀矿化。

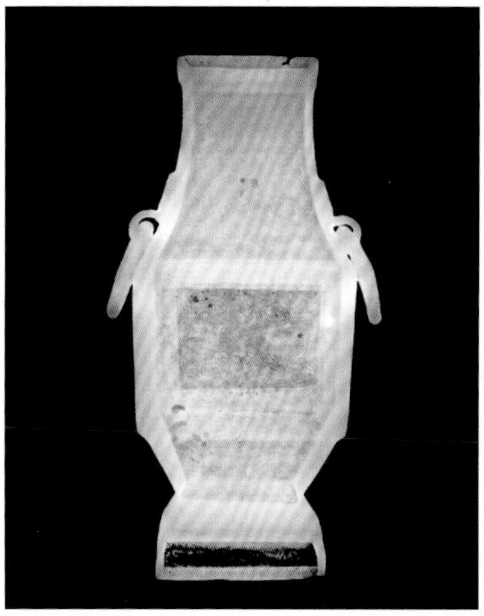

5. 495 号双耳铜瓶：两耳中空，口沿有裂隙、残缺，瓶足腐蚀矿化。

6. 496 号双耳瓶：双耳实心，与瓶身一体浇铸而成，瓶足腐蚀矿化。

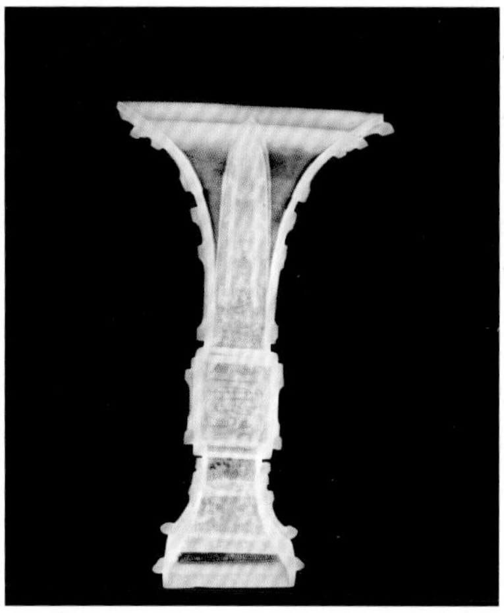

7. 500 号方柄觚：由三部分分铸后焊接而成，觚足腐蚀矿化。

8. 497 号圈足壶：壶口沿、壶足腐蚀较为严重。壶底较薄，腐蚀严重。

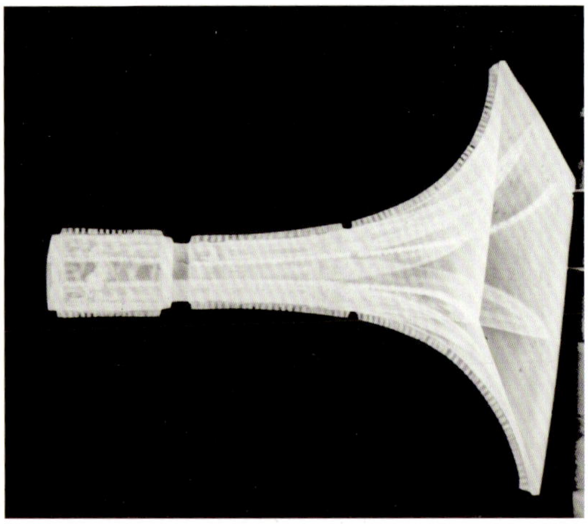
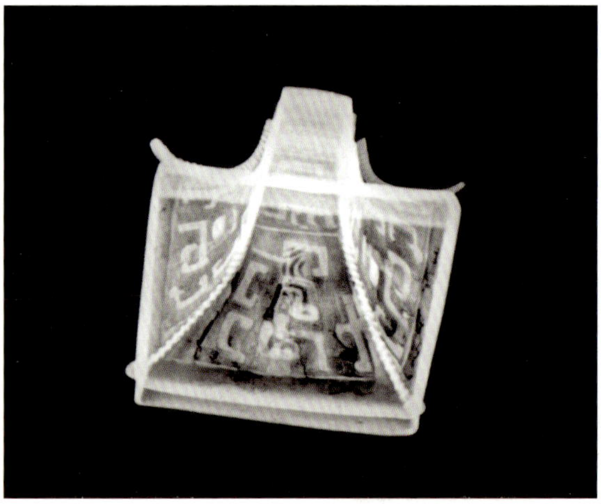

9. 502 号方柄觚：由两部分分铸后焊接而成，觚足腐蚀矿化严重，出现裂隙。

10. 507 号六棱圈底觚形器（投壶）：颈部有裂隙，铸造缩孔较多，足部残缺，存在腐蚀矿化现象。

11. 20 号铜觯：口沿残缺，上部铸造缩孔较下部多，存在腐蚀矿化现象。

12. 715 号汉铜熏炉：由炉盖、炉身、炉柄三部分组成，炉身与炉柄插接后穿销固定而成，炉身、炉柄足部腐蚀矿化较为严重。

在古代，整个铜器生产过程复杂、技术要求高，需调动大量人力物力，是社会王权、组织管理能力的一种表现。因此，有专家将青铜器与城市、文字共同作为文明出现的重要标志。所以，单从青铜器本身一个维度去推测其制作业态链条实在难以实现，需结合更多考古学、民族学证据，尤其是矿冶、铸造遗址材料，才能更好地阐释其工艺流程。

（五）结论

1.33 件青铜器（主体）中包含的主要材质合金类型及数量：铜－锡－铅三元合金 22 件，铜－铅二元合金 3 件，铜－锡－铅－锌多元合金 4 件，铜－锌二元合金 2 件，纯铜器物 2 件。

2.33 件青铜器中，有 2 件器物在制作过程中采用了锤揲工艺，另外 31 件器物系直接冶铸成型。31 件冶铸成型的铜器中，有 2 件器物使用失蜡法铸造，另外 29 件器物系范铸成型，组合方式包括浑铸、分铸、焊接及插接。

三、青铜器腐蚀情况分析

（一）分析目的

青铜器是我国古代灿烂文明的历史见证，具有丰富的历史、科学、艺术、文化价值。大多数出土青铜器距今年代久远，且因长埋地下，受埋藏环境等因素影响，遭受物理、化学、生物等方面不同程度的破坏，本体脆弱。为做好这些青铜器的保护和修复工作，需对青铜器的病害情况进行科学分析，掌握病害特征、病害成因，“对症下药”，如此才能更好地保护这些不可再生的珍贵文化资源。

青铜器一般为铜－锡－铅三元合金，性质相对稳定，但在水分、空气、盐、生物等因素形成的环境中，青铜器会剧烈或缓慢地发生各类腐蚀。青铜器中常见的腐蚀产物种类有氧化物、硫化物、氯化物、碳酸盐、磷酸盐等。这些腐蚀产物会降低青铜器物的强度，破坏器物表面纹饰，故需有选择地去除或抑制，防止器物遭受进一步破坏。科学认知这些腐蚀病害是保护修复工作的前提，也是现代文物保护与传统修复的区别之一。随着现代科学技术的迅速发展，青铜器病害分析的手段日益丰富，为科学认知病害提供了更便利的条件。项目组借助超景深显微镜、金相－偏光显微镜、便携式 X 射线荧光光谱仪（XRF）、X 射线衍射仪（XRD）、扫描电镜－能谱仪（SEM-EDS）、X 射线探伤仪等多种现代仪器，从宏观到微观、从表面到内部，对 33 件青铜器存在的各种病害进行了深入研究和详细记录，比较科学地界定了各类青铜器腐蚀的本质。本小节记录了项目组对这批青铜器的腐蚀产物类别、形貌特征、元素成分、组织结构进行的测试和分析，并对相关腐蚀的产生机理进行初步探讨。

病害分析过程中需对文物表面的腐蚀产物及附着物进行提取，提取时重点提取具有典型代表意义的腐蚀产物，同时注意尽量避开带有铭文、花纹等具有特殊文物价值的区域，提取剂量以满足实验要求的最低剂量为标准，将对器物的损害程度降到最低。

（二）样品与分析方法

为了解青铜器表面腐蚀产物的微观形貌、表面结构组织、元素成分以及物相组成，项目组选取 29 件器物刮取表面典型腐蚀物 31 份（表 2-12），采用超景深显微镜进行观察，其中 29 份采用能量色散型 X 射线荧光光谱仪、X 射线衍射仪进行测试分析；选取 10 件青铜器，从残破处取少量带基体样品，采用截面观察分析方式了解铜合金内部腐蚀组织结构和腐蚀产物成分分布；选取 12 件青铜器，采用 X 射线探伤仪透视青铜器内部腐蚀情况。33 件待保护修复文物腐蚀情况分析所选用的分析技术统计情况见表 2-13。

显微形貌观察：选用浩视 KH-8700 型三维数字超景深显微镜在青铜器上确定取样位置，显微观察并记录腐蚀产物在器物上的形态、颜色和层位，然后使用手术刀从该位置轻轻刮取少量腐蚀产物样品，继续观察并记录样品脱离青铜本体后的形态、颜色（表 2-12）。

元素成分和物相分析：选用 THERMO NITON XL3T950 型便携式 X 射线荧光光谱仪测试样品元素成分，在矿石模式下进行检测分析，测试时间为 360s。选用帕纳科 X'Pert3 Powder 型 X 射线衍射仪测试样品物相组成，设定测试电压 40kV、测试电流 40mA、铜靶。测试前将腐蚀产物样品用玛瑙研钵研磨至 300 目左右，先放入迈拉膜样品盒中，利用 X 射线荧光光谱仪分析元素成分；然后将样品轻轻倒入单晶硅片上，滴加酒精将其均匀平铺，放入 X 射线衍射仪样品台上测试样品物相组成。

腐蚀组织、形态、成分分析：选用德国徕卡 DM6000 型偏光 - 金相显微镜观察样品腐蚀截面。选用荷兰飞纳 Phenom XL 能谱版扫描电镜观察样品微观形貌并进行元素成分分析。测试前，首先使用环氧树脂对 5 件取样基体样品进行包埋处理，按照金相制样规范打磨、抛光后，使用偏光 - 金相显微镜在明场和暗场条件下观察截面腐蚀情况。观察完毕后，对所有基体样品进行重新打磨、抛光，在扫描电镜 - 能谱仪下继续观察基体样品截面的微观形貌，并使用能谱仪分析元素成分。

矿化情况分析：选用美国 GOLDEN XRS4 型便携式 X 射线探伤仪和韩国 ATLAIM PIXX1717 型无线平板 X 射线探测器，对 12 件典型器物拍摄 X 光片，记录、分析器物腐蚀、矿化情况。

表 2-12　部分文物表面与样品显微观察

样品编号及名称	显微照片	取样后形貌	形貌特征
总号 18 李氏镜			铜镜表面有一层质地较均匀的“漆古面”，部分“漆古面”因内部产生蓝绿色锈蚀而胀裂。

（续表）

样品编号及名称	显微照片	取样后形貌	形貌特征
总号 105 日光镜	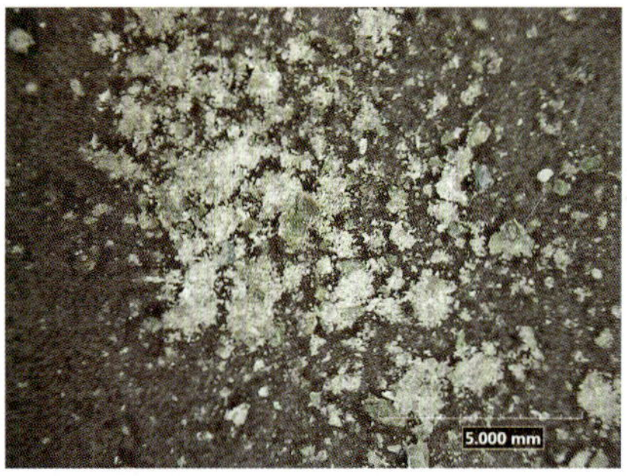	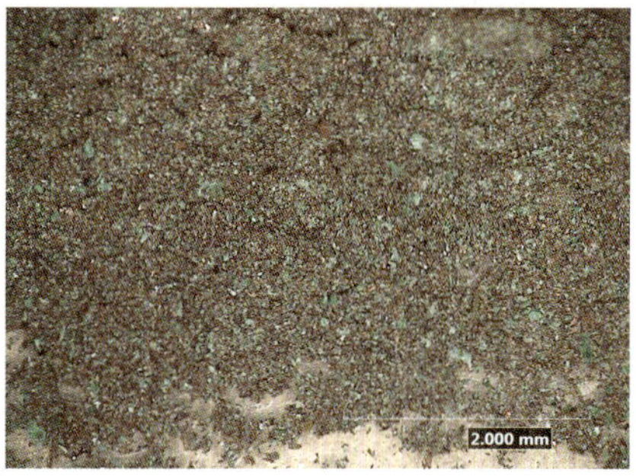	锈蚀质地均匀，有珐琅质感。
总号 109 双鱼镜			锈蚀质地均匀，浅绿色锈蚀中间零星夹杂黑色腐蚀物。
总号 126 铜舟			锈蚀质地致密，呈深绿、浅绿等多种颜色，提取样品中可见晶体状颗粒。
总号 127 铜敦		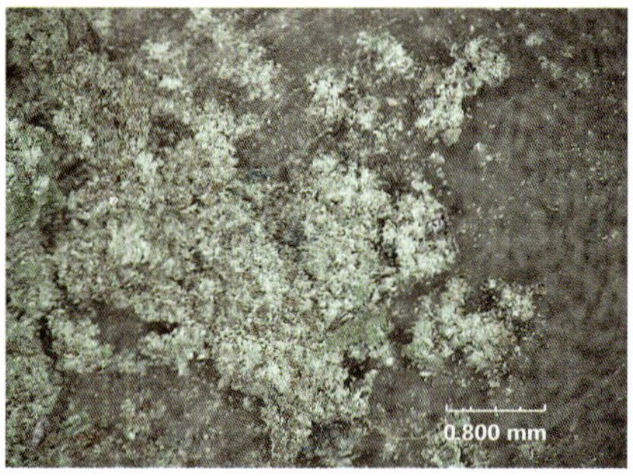	锈蚀质地致密，呈深绿、浅绿等多种颜色，提取样品中可见晶体状颗粒。
总号 131 铜戈			红色锈蚀上覆盖珐琅质蓝绿色锈蚀。

（续表）

样品编号及名称	显微照片	取样后形貌	形貌特征
总号 132 宣德炉			黑色底子上覆盖一层浅绿色锈蚀。
总号 164 铜舟		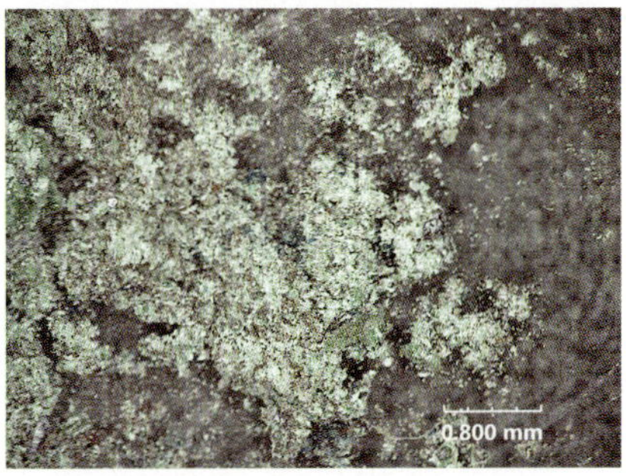	锈蚀质地致密，呈深绿、浅绿等多种颜色，提取样品中可见晶体状颗粒。
总号 177 铜戈			锈蚀分层较明显，橙红色锈蚀在下，深绿色锈蚀在上。
总号 178 铜戈			红色锈蚀上覆盖一层致密孔雀绿色锈蚀。
总号 179 铜镜			白色、绿色锈蚀共生，隐约可见黄色锈蚀，白色锈蚀物呈粉末状，绿色锈蚀物呈颗粒状。

（续表）

样品编号及名称	显微照片	取样后形貌	形貌特征
总号 185 铜剑	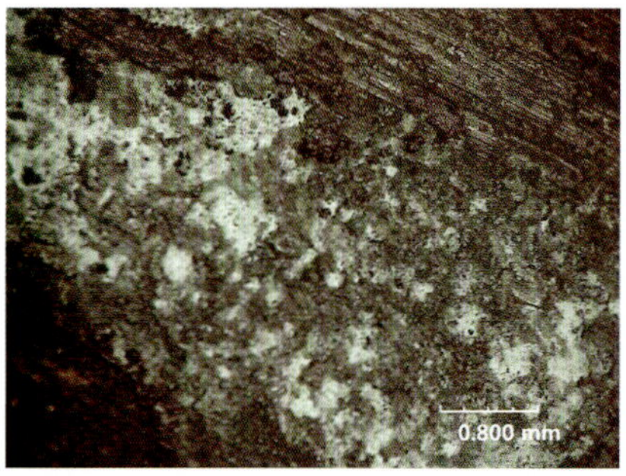	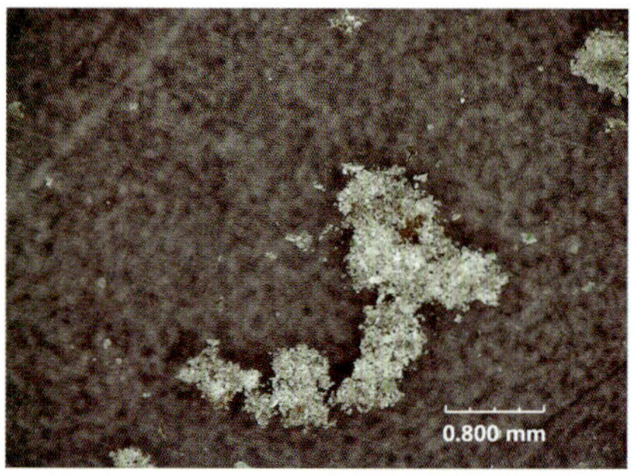	此处锈蚀物呈白绿色粉状。
总号 232 铜戈		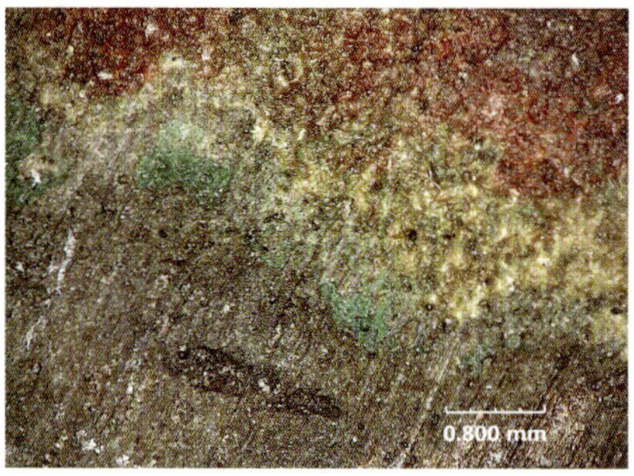	戈表面有整齐的打磨痕迹，有红色、绿色及透明色锈蚀，锈蚀呈胶状。
总号 486-1 圆鼎	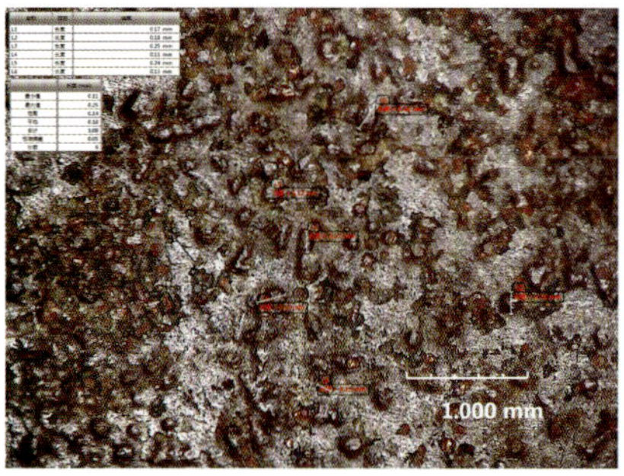		腐蚀产物呈红棕色颗粒状，与基体贴合紧密。
总号 486-2 圆鼎			腐蚀产物呈白绿色和深绿色，部分呈泡状。
总号 493-1 双耳铜瓶			纹饰间填充黑色腐蚀产物，其上覆盖一层白色丝状腐蚀物，局部可见蓝绿色珐琅质腐蚀物。

（续表）

样品编号及名称	显微照片	取样后形貌	形貌特征
总号 493-2 双耳铜瓶			黑色腐蚀物质地均匀、贴附紧密，取样后呈粉末状，少见零星墨绿色颗粒。
总号 494 双耳铜瓶			腐蚀产物呈翠绿色，与器物贴附紧密，并且有玻璃光泽。
总号 495 双耳铜瓶			显微放大后，可以清晰观察到白色、绿色腐蚀产物，提取物中含有绿色、无色晶体颗粒。
总号 496 双耳瓶		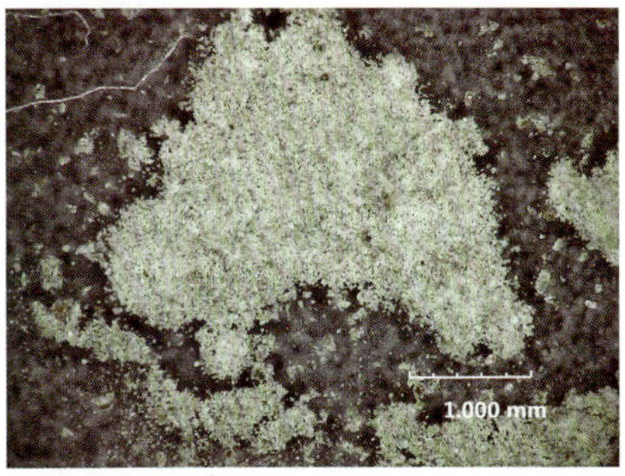	腐蚀物分层明显，黑色底子上附着白绿色腐蚀物。取样后，腐蚀物呈粉末状。
总号 497 圆足壶			锈蚀分层明显，提取样品呈淡绿色、无色晶体粉末状。

（续表）

样品编号及名称	显微照片	取样后形貌	形貌特征
总号 500 方柄觚	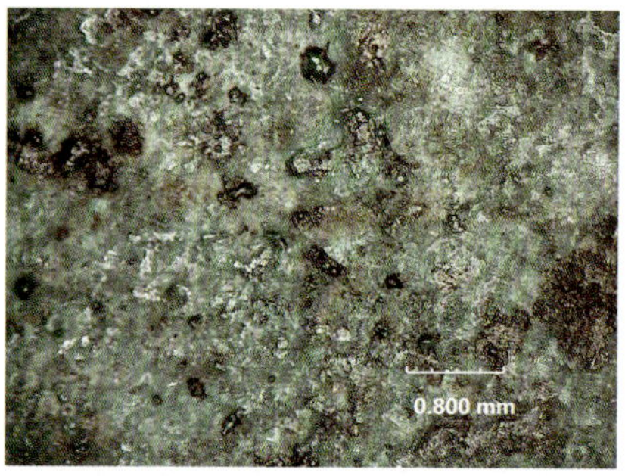		锈蚀致密均匀，呈绿色、淡绿色，提取物呈晶体粉末状。
总号 501 方柄觚			锈蚀致密均匀，呈绿色、淡绿色，提取物呈晶体粉末状。
总号 502 方柄觚			通过显微观察，器物基底为黑色，上有蓝绿色颗粒状锈蚀。
总号 507 六棱圈底觚形器（投壶）			锈蚀呈翠绿色，有玻璃光泽，提取物中可见晶体颗粒。
总号 514 四耳釜			器物表面覆盖有蓝绿色锈蚀，提取样品呈淡绿色晶体颗粒状。

（续表）

样品编号及名称	显微照片	取样后形貌	形貌特征
总号 516 铜器盖			器物内底有明显划痕，锈蚀呈翠绿色，有玻璃质感，提取样品呈淡绿色晶体粉末状。
总号 527 吊锅			内底锈蚀呈绿色、淡绿色纤维状。
总号 593 铜敦			残破处可见白色锈蚀产物，提取样品呈无色晶体颗粒状。
无编号 汉铜盆			锈蚀在显微镜下呈孔雀绿色，可见卷曲的纤维状晶体。
20 号铜器标本 （铜觯）			显微照片中可见淡绿色锈蚀覆盖于黑色底子之上，取样后锈蚀呈淡绿色晶体颗粒状。

表 2-13 腐蚀情况分析检测方法统计表

序号	名称	文物编号	便携式XRF	金相显微镜	SEM-EDS	X 射线成像	XRD
1	李氏镜	总号 18	√				√
2	日光镜	总号 105	√				√
3	双鱼镜	总号 109	√				√
4	铜舟	总号 126	√	√	√	√	√
5	铜敦	总号 127	√		√		√
6	铜戈	总号 131	√				√
7	宣德炉	总号 132	√				√
8	铜舟	总号 164	√				√
9	铜戈	总号 177	√				√
10	铜戈	总号 178	√				√
11	铜镜	总号 179	√				√
12	铜剑	总号 185	√				√
13	铜戈	总号 232	√	√	√		√
14	铜造像	总号 380	√		√	√	√
15	圆鼎	总号 486	√			√	√
16	双耳铜瓶	总号 493	√				√
17	双耳铜瓶	总号 494	√			√	√
18	双耳铜瓶	总号 495	√			√	√
19	双耳瓶	总号 496	√			√	√
20	圈足壶	总号 497	√			√	√
21	方柄觚	总号 500	√		√	√	√
22	方柄觚	总号 501	√				√
23	方柄觚	总号 502	√			√	√
24	六棱圈底觚形器（投壶）	总号 507	√			√	√
25	四耳釜	总号 514	√				√
26	铜器盖	总号 516	√				√
27	球形锅	总号 524					
28	铜盘	总号 526			√		
29	吊锅	总号 527			√		
30	铜敦	总号 593	√				√

（续表）

序号	名称	文物编号	便携式XRF	金相显微镜	SEM-EDS	X射线成像	XRD
31	汉铜熏炉	总号 715		√	√	√	
32	汉铜盆	无	√	√	√		√
33	铜器标本（铜觯）	20 号	√	√	√	√	√

（三）分析结果

12 件典型器物 X 光片结果见表 2-11。31 份典型腐蚀产物粉末样品超景深显微镜观察结果见表 2-12。29 份典型腐蚀产物粉末样品元素成分和物相组织分析结果见表 2-14。5 件典型基体样品明场、暗场条件下内部腐蚀组织结构观察分析结果见表 2-15。

表 2-14　样品元素成分[①]及物相分析表

样品编号及名称	元素成分（wt%）													物相成分（XRD）
	Cu	Sn	Pb	Fe	As	Zn	Cl	Ca	P	Al	Si	S	Hg	
总号 18 李氏镜	28.6	44.5	11.9	0.5	1.0	0.4	2.7	4.8	1.7	0.0	0.7	2.2	0.0	锡石、氯化亚铜等（图 2-16）
总号 105 日光镜	84.9	3.8	5.0	0.2	0.0	0.0	2.5	0.9	1.5	0.0	0.6	0.0	0.0	赤铜矿、孔雀石、白铅矿、氯铜矿（图 2-17）
总号 109 双鱼镜	64.8	4.4	11.5	2.3	0.0	0.0	1.5	2.2	1.2	1.9	6.5	2.7	0.1	孔雀石、硫酸铅矿、石英及长石类物质等（图 2-18）
总号 126 铜舟	21.7	0.5	9.0	0.9	2.1	0.1	2.0	5.1	4.1	1.8	14.7	15.0	0.1	氯化亚铜矿、孔雀石、石英等
总号 127 铜敦	27.7	0.5	9.0	0.9	2.1	0.1	2.0	5.1	2.1	1.8	10.7	15.0	0.1	赤铜矿、孔雀石、碳等
总号 131 铜戈	59.4	5.7	7.4	1.6	0.0	0.0	3.1	3.7	7.4	1.6	14.0	0.0	0.0	赤铜矿、孔雀石、白铅矿、石英等（图 2-19）
总号 132 宣德炉	34.2	0.0	0.7	0.9	26.0	0.1	13.4	3.2	1.3	1.1	2.9	11.3	0.0	铜蓝、辉铜矿、副氯铜矿等

① 注：受仪器性能限制，Na 元素之前的元素未作分析。此结果为定性、半定量分析结果，所得数据未进行归一化处理。

（续表）

样品编号及名称	元素成分（wt%）													物相成分（XRD）
	Cu	Sn	Pb	Fe	As	Zn	Cl	Ca	P	Al	Si	S	Hg	
总号 164 铜舟	27.7	0.5	9.0	0.9	2.1	0.1	2.0	5.1	2.1	1.8	10.7	15.0	0.1	赤铜矿、孔雀石、碳等
总号 177 铜戈	72.3	0.4	2.0	0.8	0.1	0.0	6.1	5.0	4.7	0.0	5.9	0.7	0.0	赤铜矿、孔雀石、氯化亚铜矿等（图 2-20）
总号 178 铜戈	59.9	1.0	14.6	0.8	0.0	0.0	10.1	4.6	3.1	0.0	3.3	0.0	0.0	赤铜矿、孔雀石、副氯铜矿、磷氯铅矿等（图 2-21）
总号 179 铜镜	8.2	0.3	68.1	0.4	0.0	0.0	15.7	4.6	1.6	0.0	0.0	0.0	0.0	白铅矿、角铅矿、碳酸钙、孔雀石、假孔雀石等（图 2-22）
总号 185 铜剑	10.6	0.6	1.3	0.1	9.8	0.4	0.3	0.0	1.0	0.0	1.62	5.3	0.0	氯化亚铜矿、氯铜矿、副氯铜矿、硫酸铅矿等（图 2-23）
总号 486-1 圆鼎	28.4	0.0	2.0	1.7	0.1	28.1	0.9	21.7	6.1	0.0	3.6	0.0	0.0	赤铜矿、孔雀石、氧化锌等（图 2-24）
总号 486-2 圆鼎	19.3	0.09	1.3	1.1	0.3	18.5	0.5	13.5	2.0	0.6	4.9	2.8	0.0	赤铜矿、锌孔雀石（铜-锌复合碱式碳酸铜盐）等（图 2-25）
总号 493-1 双耳铜瓶	53.1	0.0	11.3	1.1	1.2	0.4	12.7	5.2	3.8	0.0	5.6	3.4	1.2	孔雀石、石英等
总号 493-2 双耳铜瓶	44.4	0.0	6.2	2.7	1.2	0.4	19.0	9.8	3.2	0.0	7.2	2.5	2.7	孔雀石、氯铜矿等
总号 494 双耳铜瓶	20.2	0.0	1.7	0.2	0.2	0.0	0.0	0.4	0.0	0.0	0.0	0.0	0.1	孔雀石等（图 2-26）
总号 495 双耳铜瓶	28.7	0.1	4.9	0.9	1.1	0.0	0.0	4.0	0.0	0.4	0.0	0.0	1.2	孔雀石、白铅矿、石英等（图 2-27）
总号 496 双耳瓶	22.4	2.1	14.5	0.8	0.0	0.0	25.6	16.7	7.1	0.0	9.4	0.0	0.0	白铅矿、蓝铜矿等
总号 497 圈足壶	35.0	0.0	1.1	0.5	0.0	0.0	0.0	2.7	0.0	1.0	0.0	0.0	0.0	孔雀石、石英等（图 2-28）
总号 500 方柄觚	27.8	0.3	0.9	0.5	3.4	0.3	0.6	1.3	1.5	0.8	4.1	2.3	0.3	赤铜矿、孔雀石、锌孔雀石等（图 2-29）

（续表）

样品编号及名称	元素成分（wt%）													物相成分（XRD）
	Cu	Sn	Pb	Fe	As	Zn	Cl	Ca	P	Al	Si	S	Hg	
总号 501 方柄觚	27.4	0.4	1.5	0.6	0.5	3.8	3.9	5.4	0.0	0.0	23.7	0.0	0.6	赤铜矿、孔雀石、锌孔雀石等（图 2-30）
总号 502 方柄觚	28.5	0.0	1.5	0.9	0.5	0.6	0.7	4.5	3.5	1.9	0.0	5.3	0.0	孔雀石、蓝铜矿、石英等
总号 507 六棱圈底觚形器（投壶）	26.7	0.2	8.3	0.6	1.7	0.3	0.7	2.1	0.1	0.3	3.2	10.3	1.7	白铅矿、孔雀石、石英等
总号 514 四耳釜	16.9	0.0	0.0	0.9	0.0	0.0	1.1	1.7	0.1	0.2	17.7	0.0	1.2	孔雀石、氯铜矿、碳、石英等
总号 516 铜器盖	30.8	2.2	5.7	0.6	1.6	0.0	0.0	2.8	0.0	0.1	0.0	0.0	0.7	孔雀石、氯铜矿、副氯铜矿等（图 2-31）
总号 593 铜敦	9.8	13.3	13.4	4.0	2.8	0.0	1.7	0.7	1.8	0.0	3.4	15.9	0.4	白铅矿、锡石、赤铜矿、石英等（图 2-32）
无编号 汉铜盆	38.1	0.1	0.6	0.7	0.0	0.2	0.0	0.7	0.0	0.0	7.4	0.0	0.0	孔雀石、石英等
20 号 铜觯	14.7	0.1	0.7	0.4	0.7	0.1	4.0	2.4	4.6	0.8	6.6	7.1	0.2	孔雀石、氧化锌、氯化亚铜矿等

表 2-15　样品截面腐蚀情况观察表

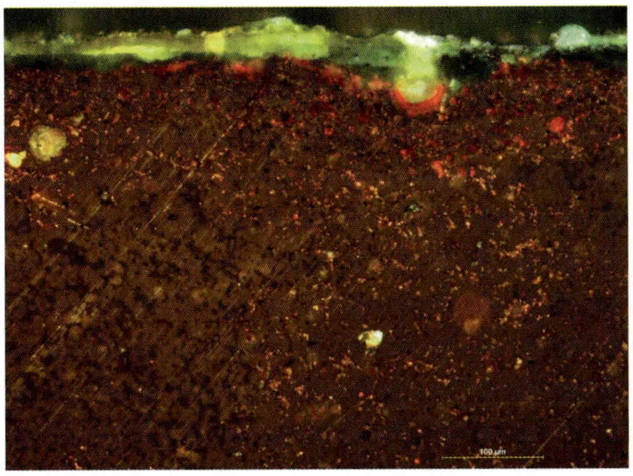

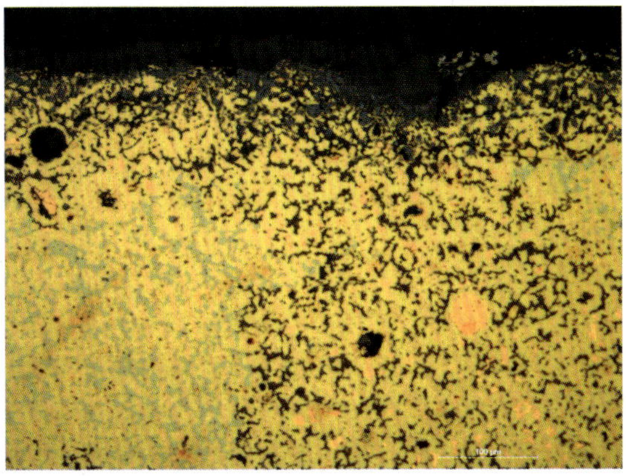

1. 126 号铜舟样品截面 200 倍下显微组织，左边暗场图像，右边明场图像。锈层腐蚀均匀，最外层为绿色锈蚀，第二层可见暗红色锈蚀，第三层为红色锈蚀与金属基体过渡区域。基体内部腐蚀沿晶界蔓延，锈蚀严重。δ 相优先腐蚀，腐蚀区域存在红铜晶粒析出。

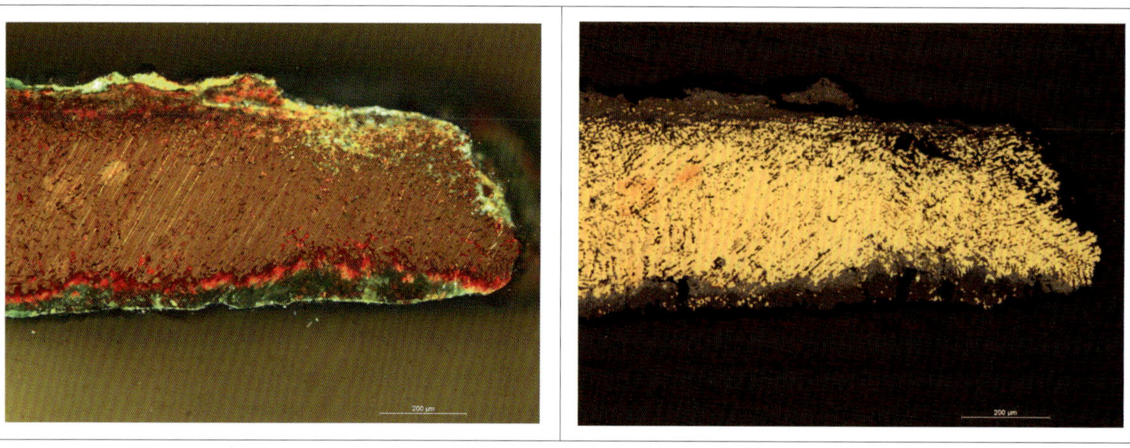

2. 232号铜戈样品截面100倍下显微组织，左边暗场图像，右边明场图像。锈层腐蚀均匀，最外层为绿色锈蚀，第二层可见暗红色锈蚀，第三层为红色锈蚀与金属基体过渡区域。基体内部腐蚀沿晶界蔓延，锈蚀严重。δ 相优先腐蚀。

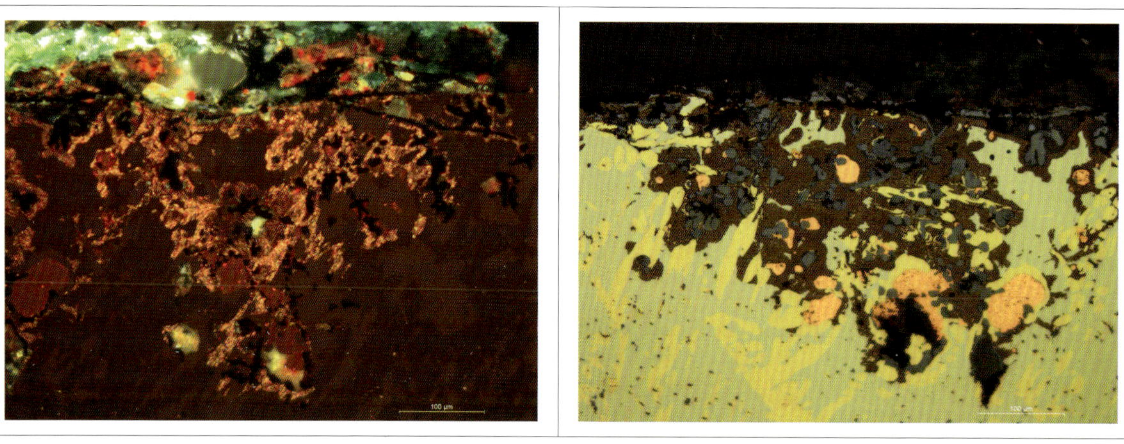

3. 20号铜觯样品截面200倍下显微组织，左边暗场图像，右边明场图像。锈层整体腐蚀均匀，最外层为绿色锈蚀，第二层可见暗红色锈蚀，第三层为红色锈蚀与金属基体过渡区域。基体内部腐蚀沿晶界蔓延。α 相优先腐蚀，腐蚀区域存在红铜晶粒析出。

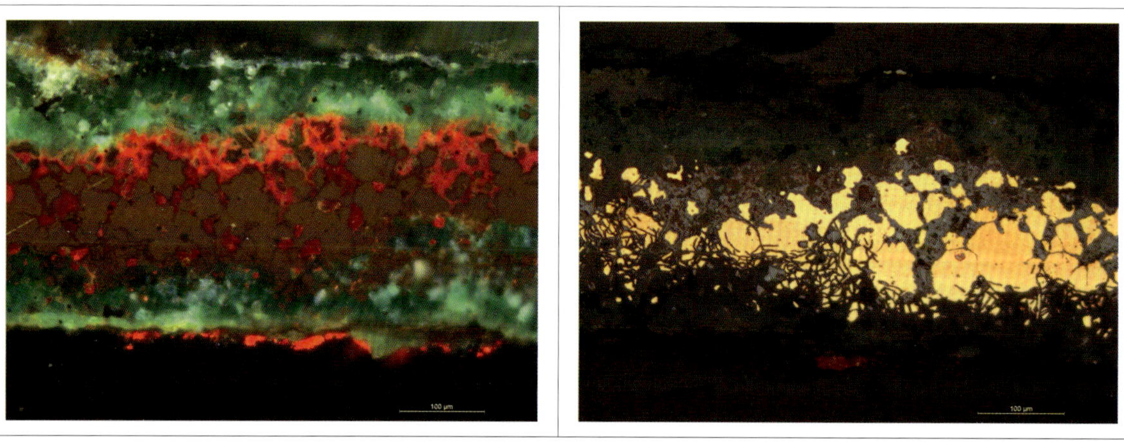

4. 无编号汉铜盆样品截面100倍下显微组织，左边暗场图像，右边明场图像。锈层腐蚀均匀，最外层为蓝绿色锈蚀，第二层可见暗红色锈蚀，第三层为红色锈蚀与金属基体过渡区域。基体内部腐蚀沿晶界蔓延，锈蚀严重。

5. 715 号汉铜熏炉样品截面 100 倍下显微组织，左边暗场图像，右边明场图像。锈层腐蚀均匀，最外层为绿色锈蚀，第二层可见暗红色锈蚀，第三层为红色锈蚀与金属基体过渡区域。基体内部夹杂物优先腐蚀，形成均匀腐蚀孔洞。

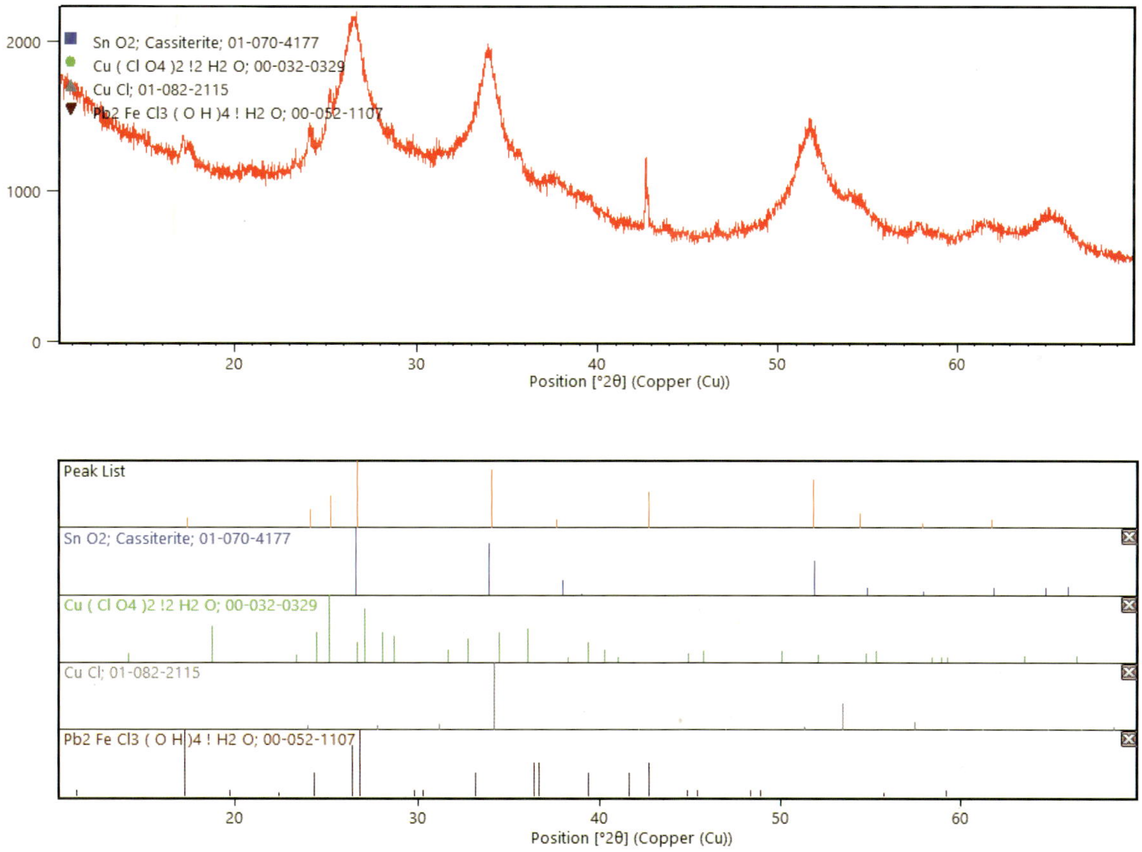

图 2-16　18 号李氏镜腐蚀产物 XRD 分析结果

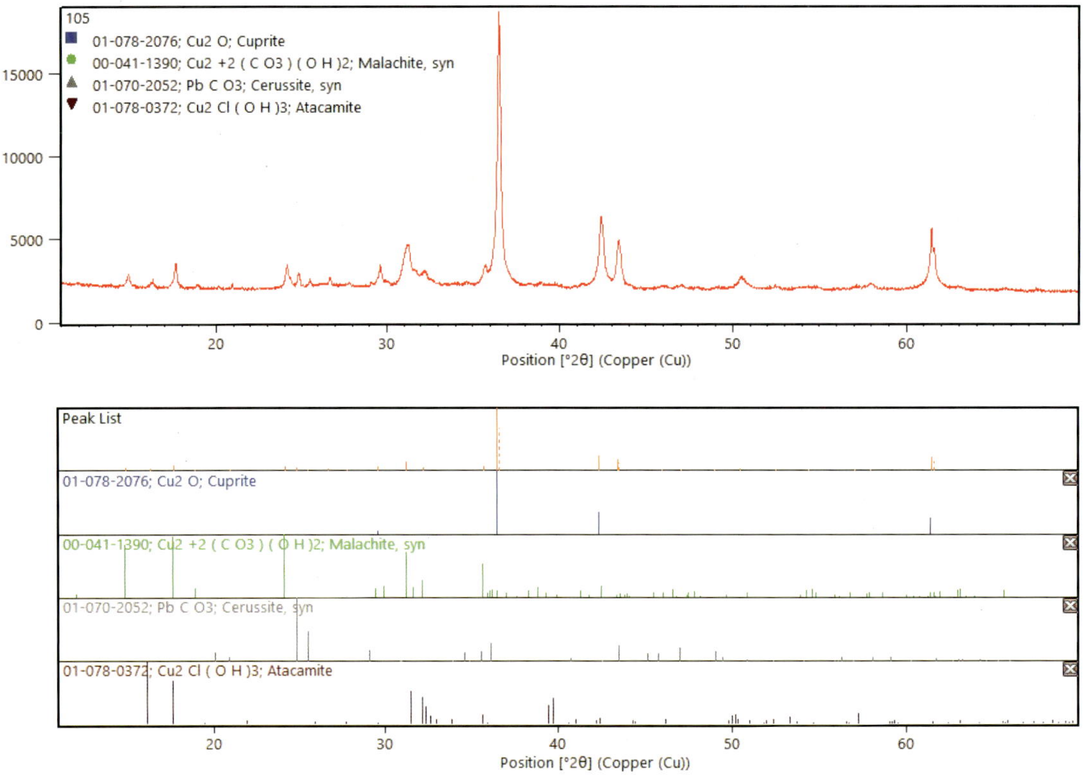

图 2-17　105 号日光镜腐蚀产物 XRD 分析结果

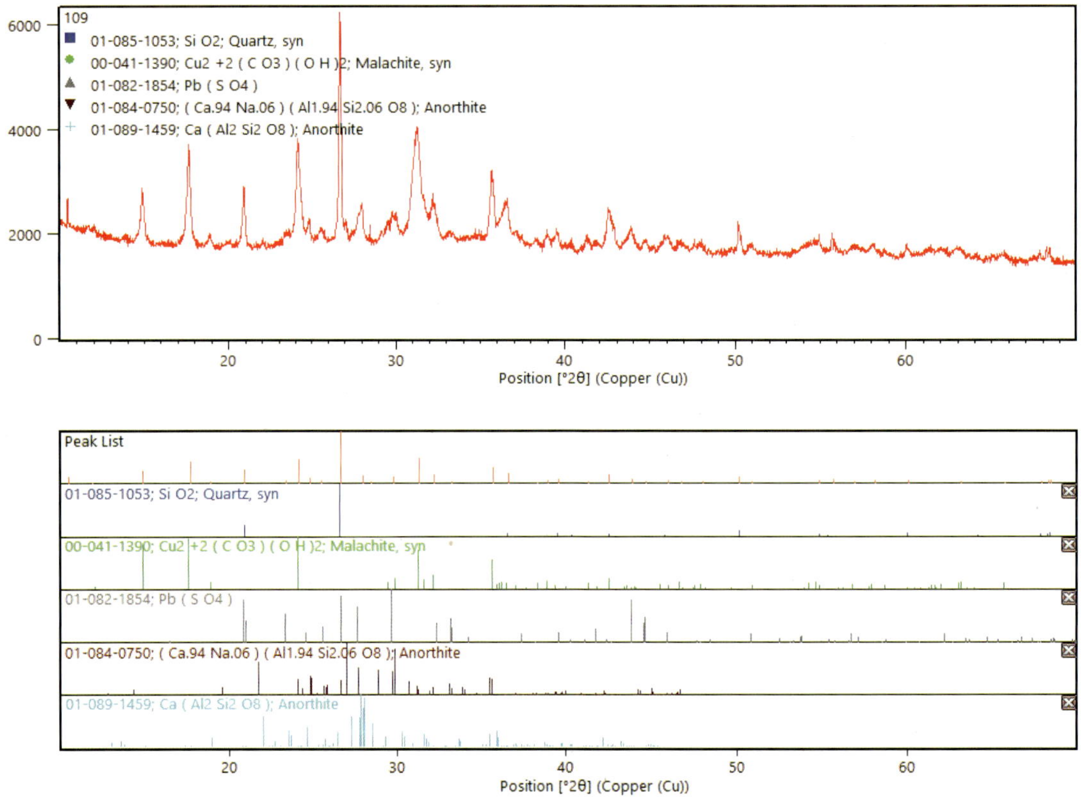

图 2-18　109 号双鱼镜腐蚀产物 XRD 分析结果

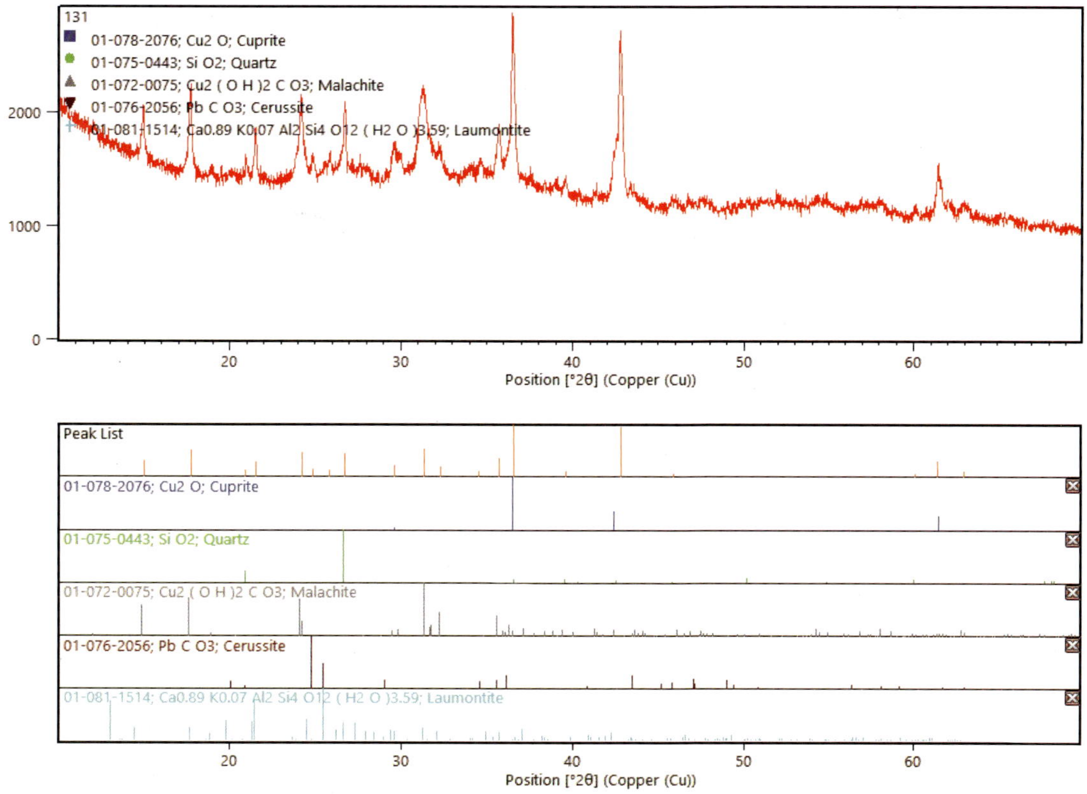

图 2-19　131 号铜戈腐蚀产物 XRD 分析结果

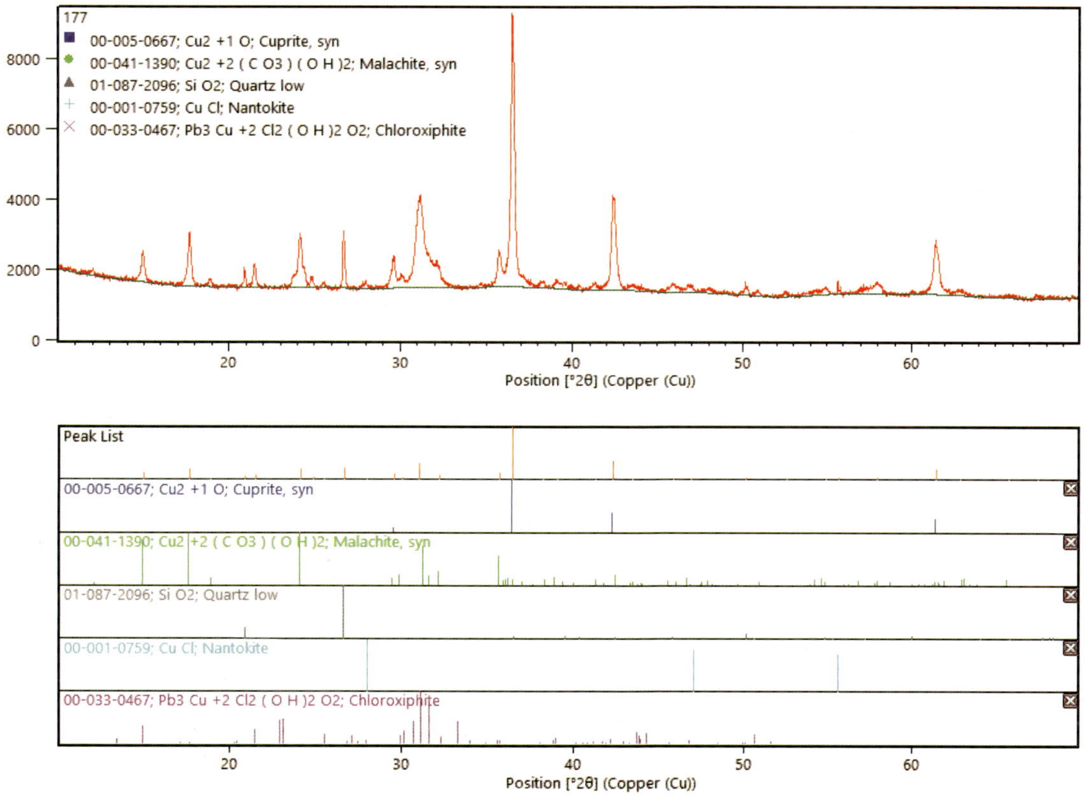

图 2-20　177 号铜戈腐蚀产物 XRD 分析结果

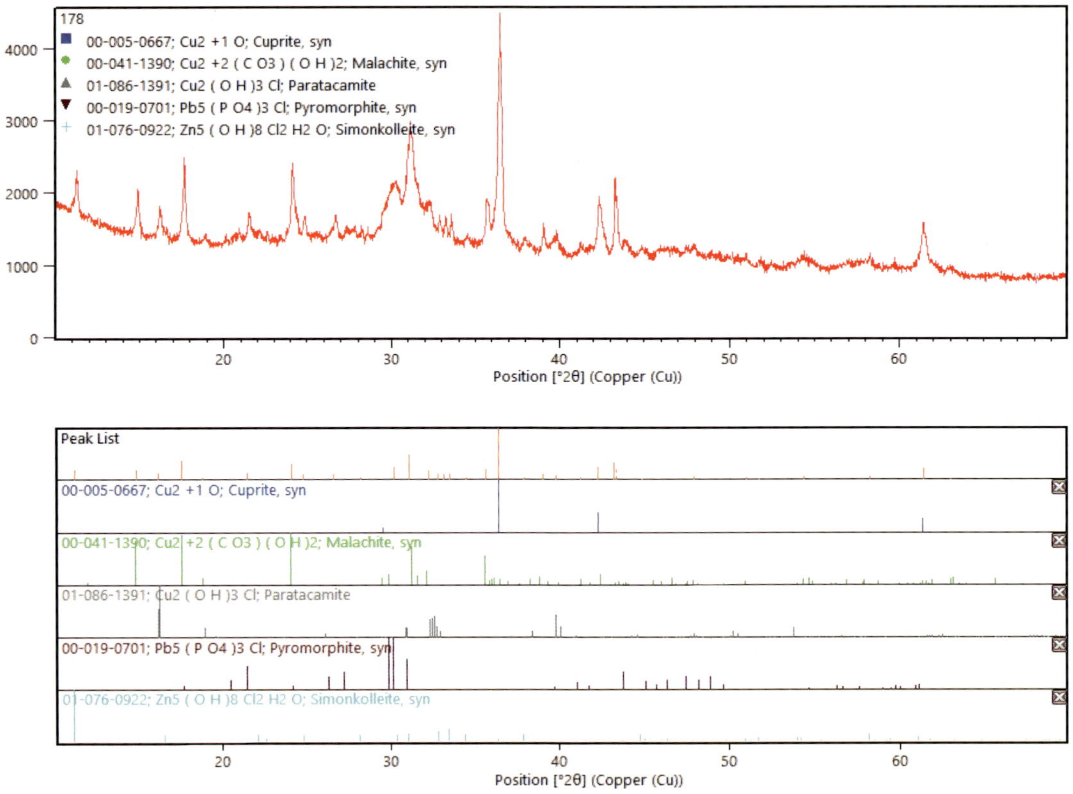

图 2_21　178 号铜戈腐蚀产物 XRD 分析结果

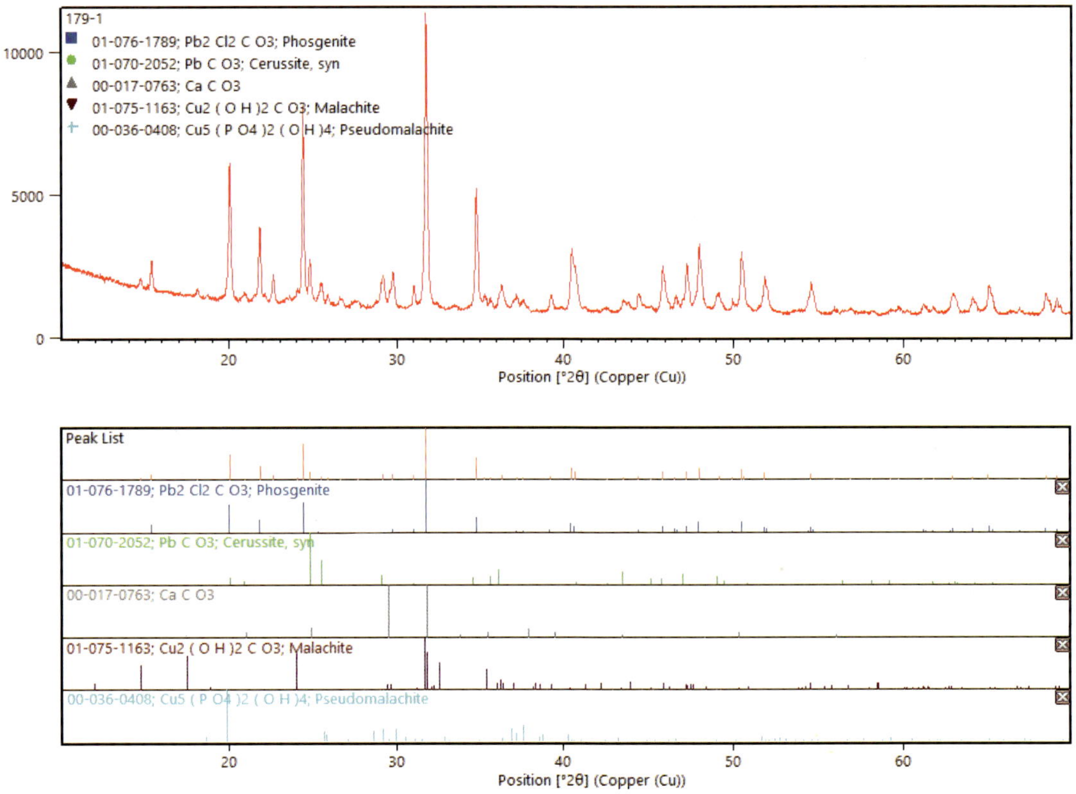

图 2-22　179 号铜镜腐蚀产物 XRD 分析结果

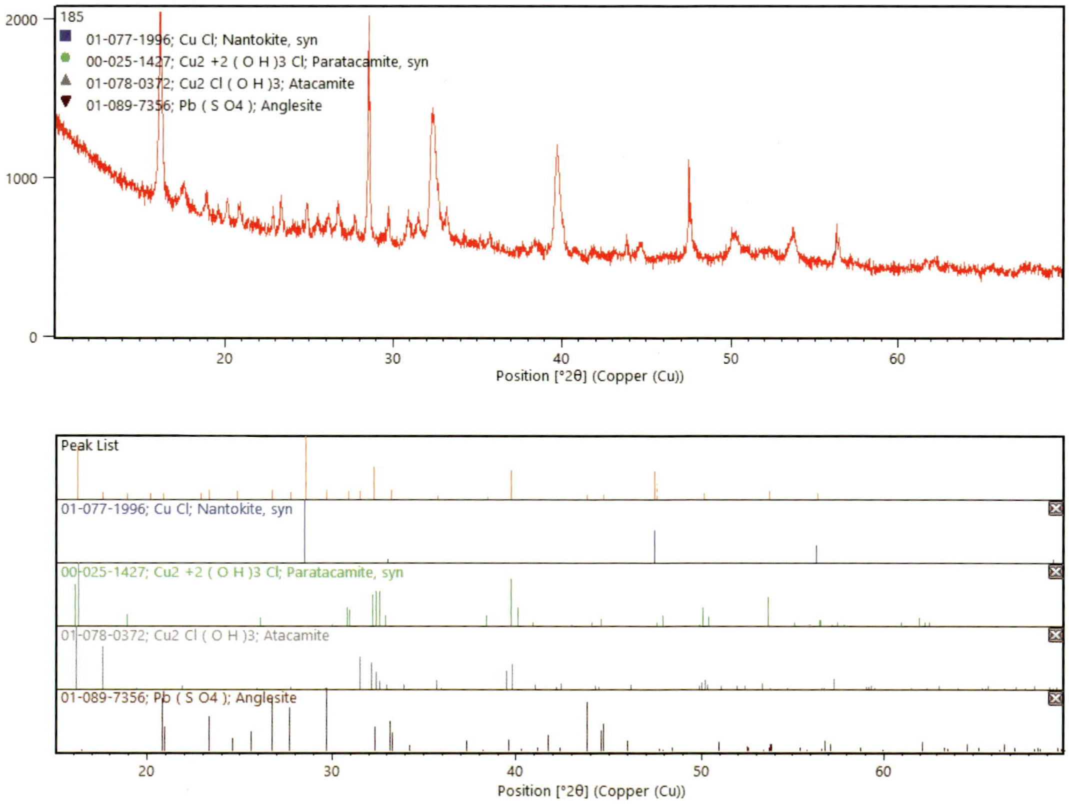

图 2-23　185 号铜剑腐蚀产物 XRD 分析结果

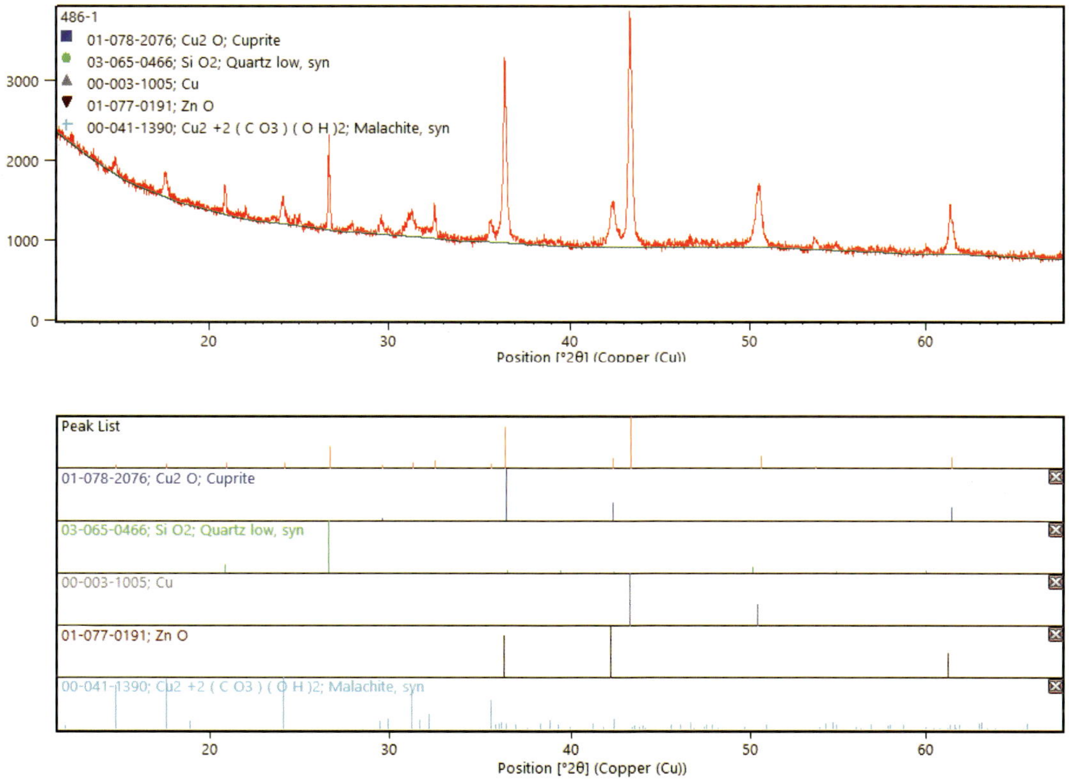

图 2-24　486-1 号圆鼎腐蚀产物 XRD 分析结果

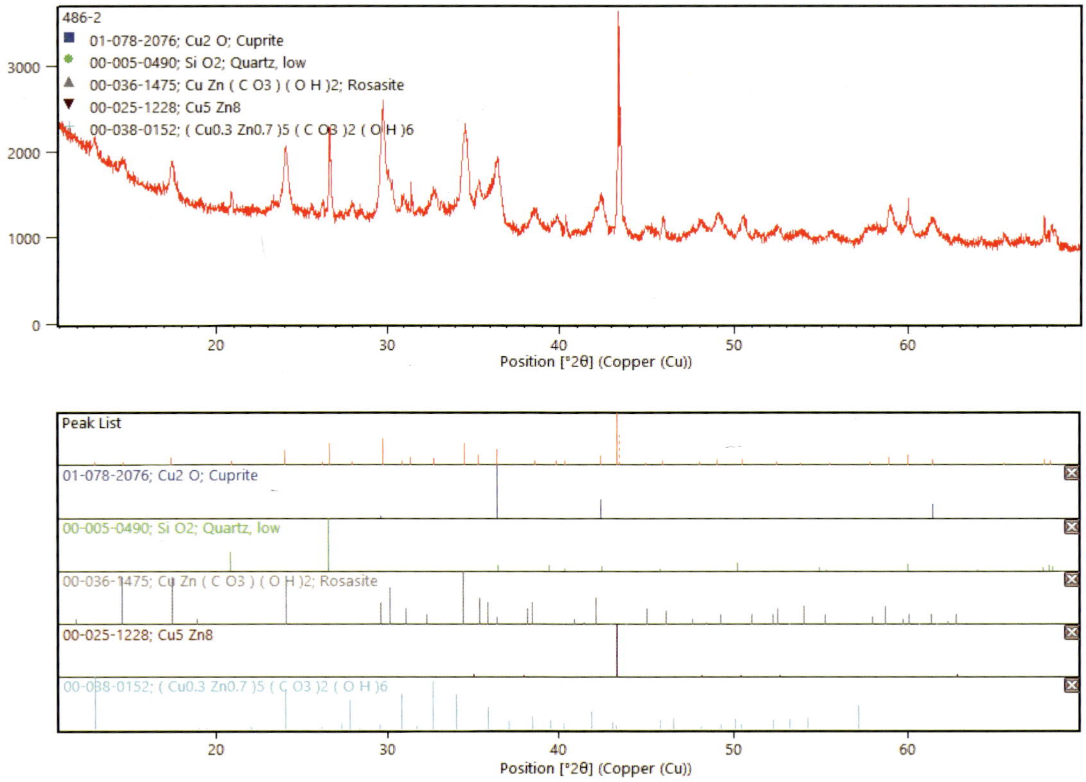

图 2-25　486-2 号圆鼎腐蚀产物 XRD 分析结果

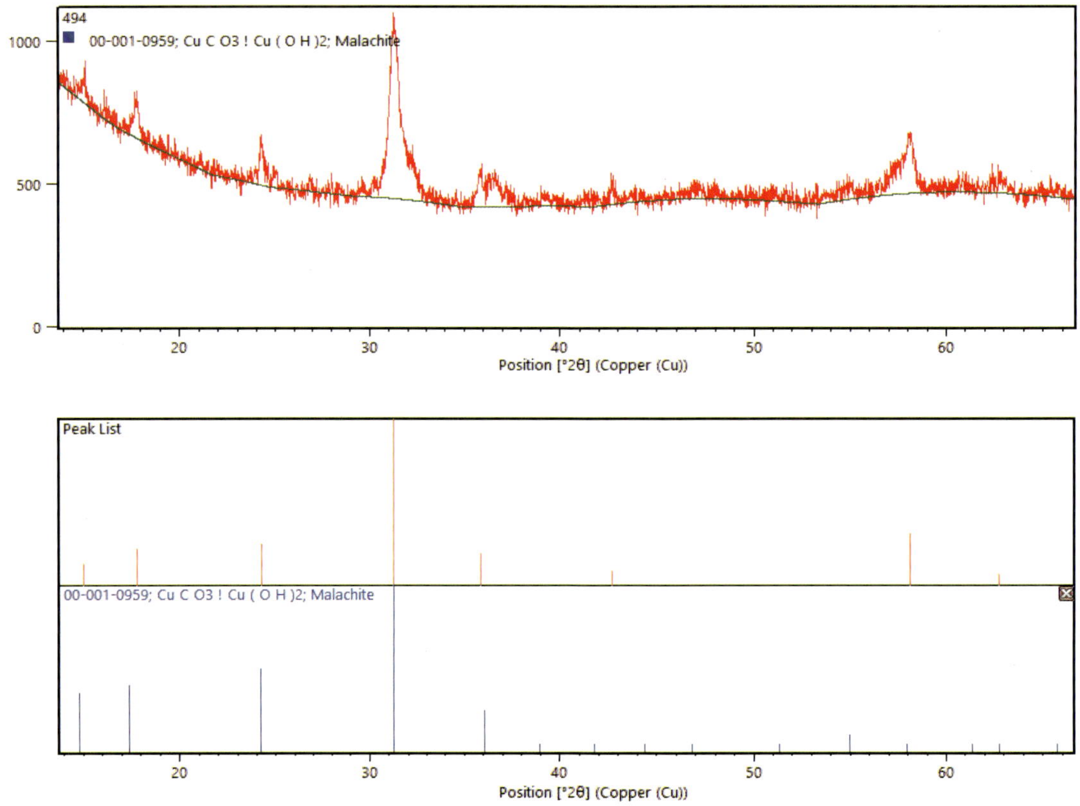

图 2-26　494 号双耳铜瓶腐蚀产物 XRD 分析结果

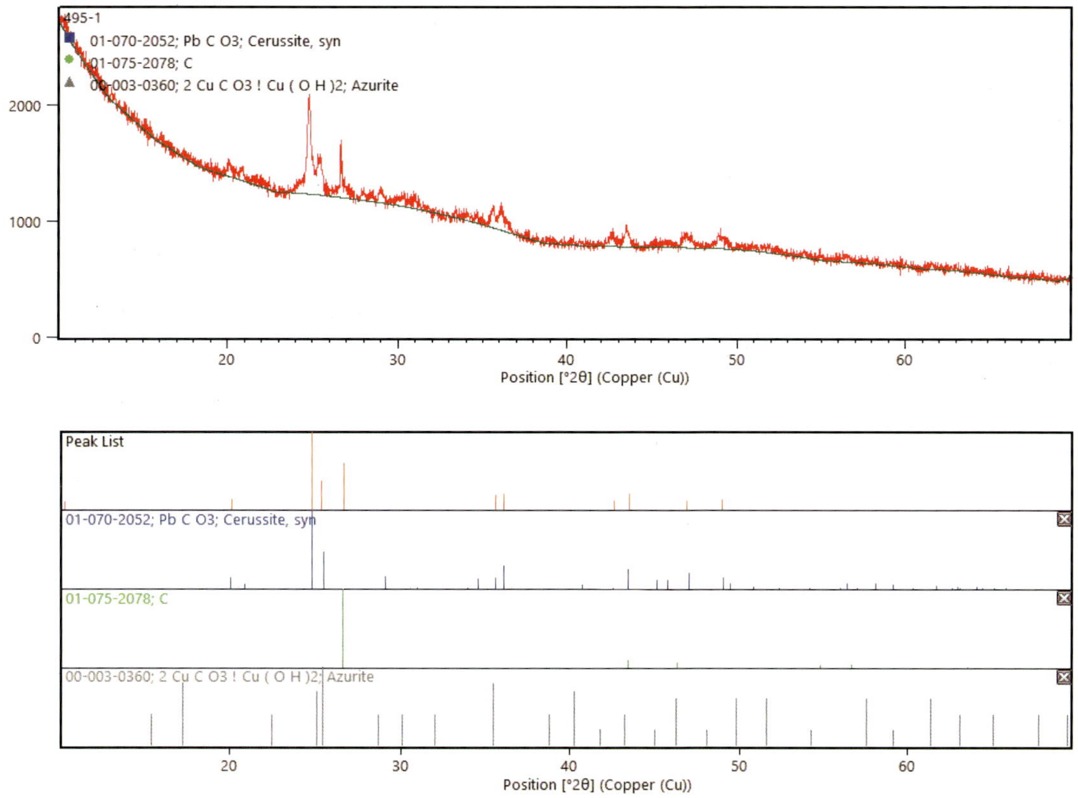

图 2-27　495 号双耳铜瓶腐蚀产物 XRD 分析结果

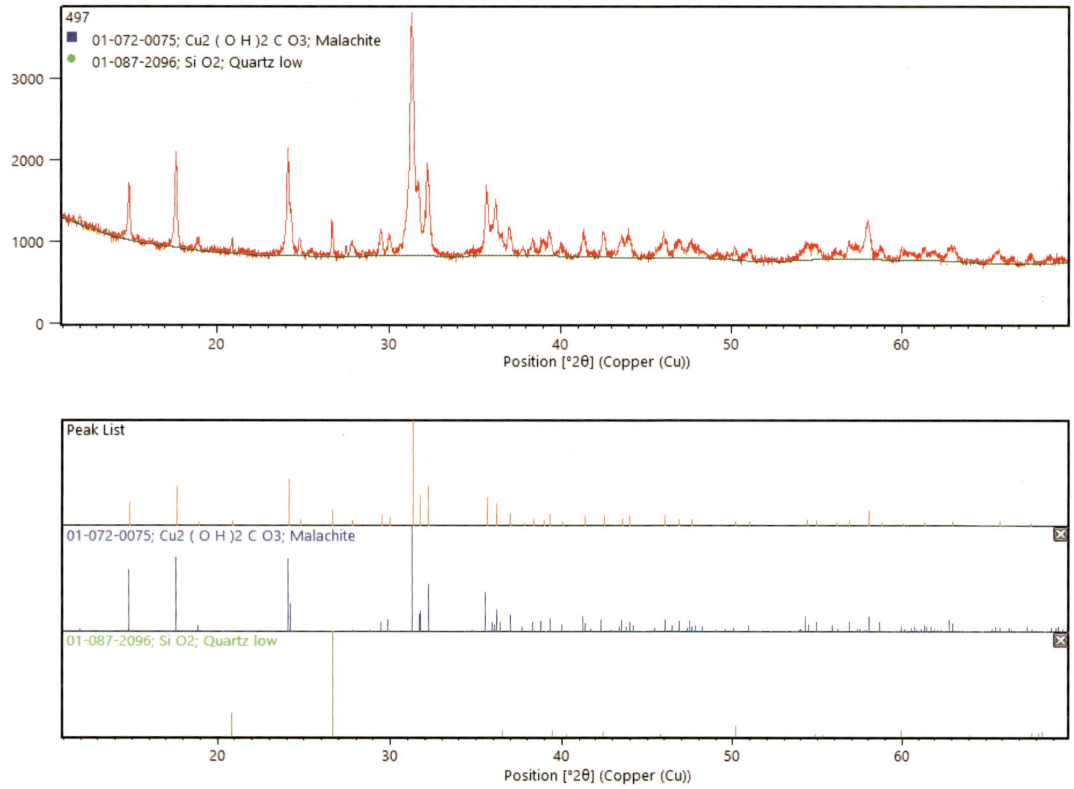

图 2-28　497 号圈足壶腐蚀产物 XRD 分析结果

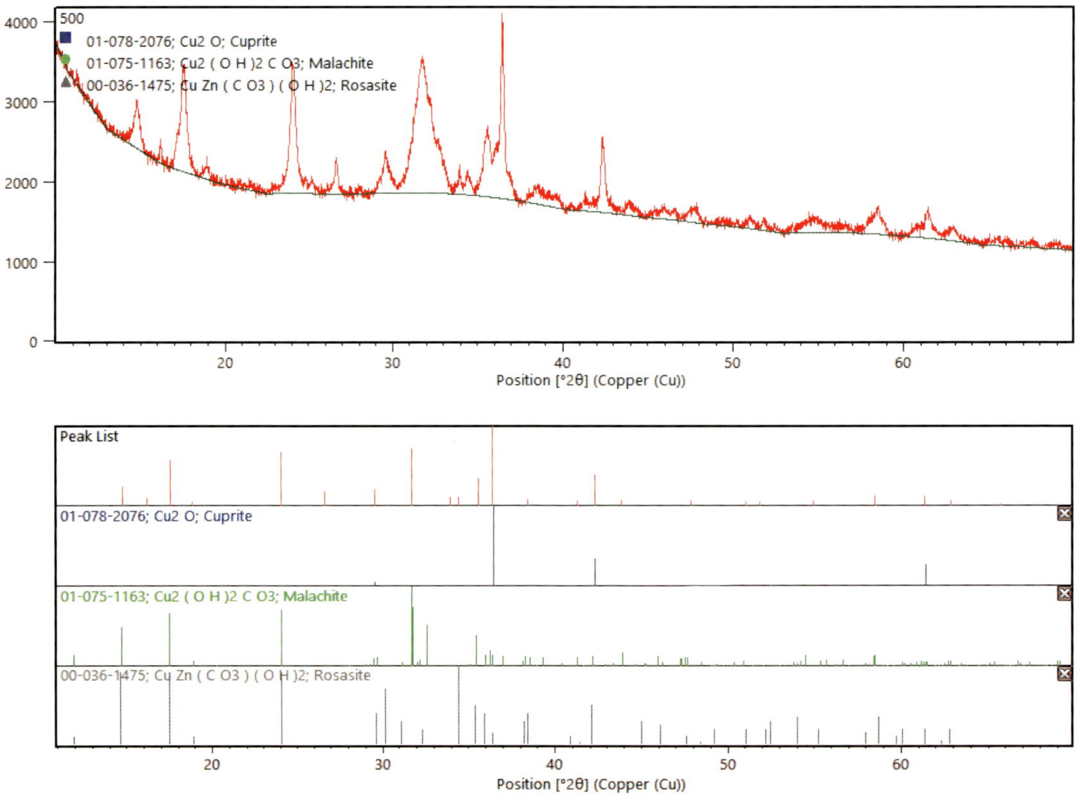

图 2_29　500 号方柄觚腐蚀产物 XRD 分析结果

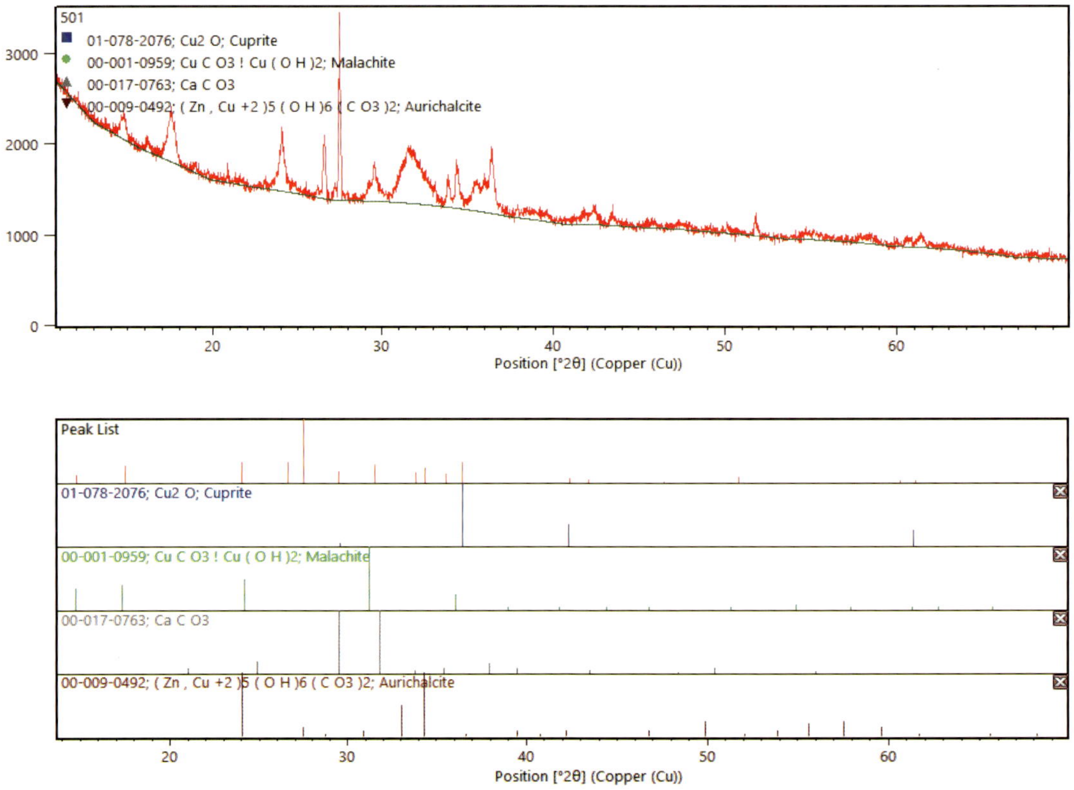

图 2-30　501 号方柄觚腐蚀产物 XRD 分析结果

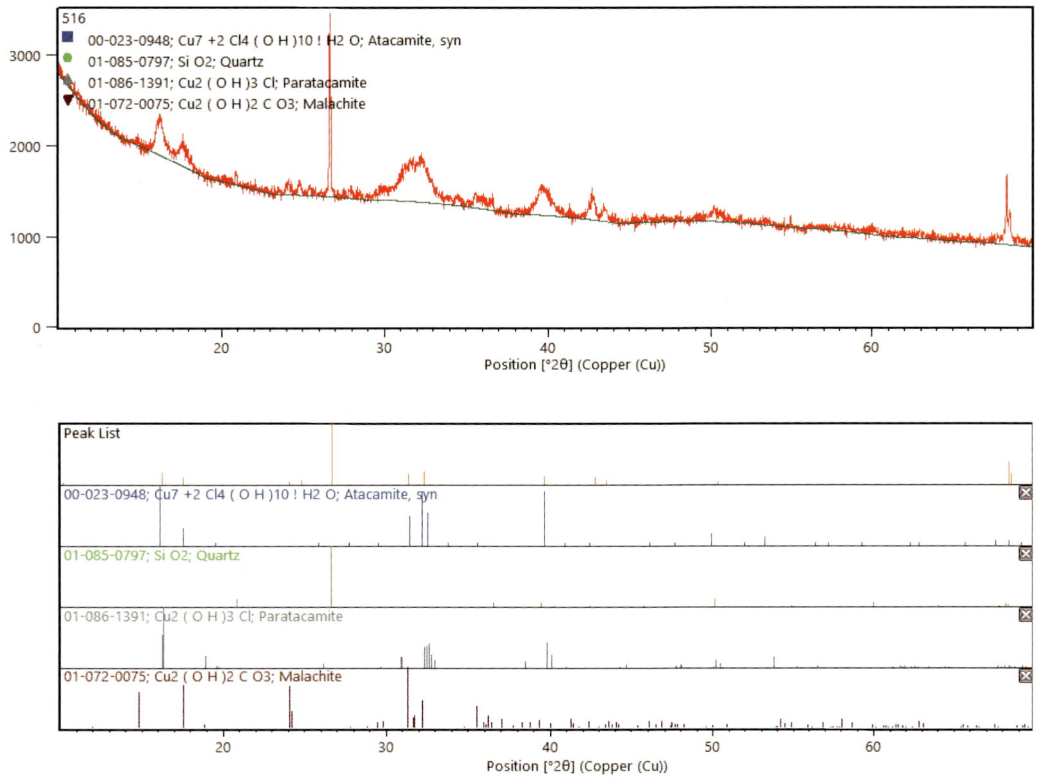

图 2-31　516 号铜器盖腐蚀产物 XRD 分析结果

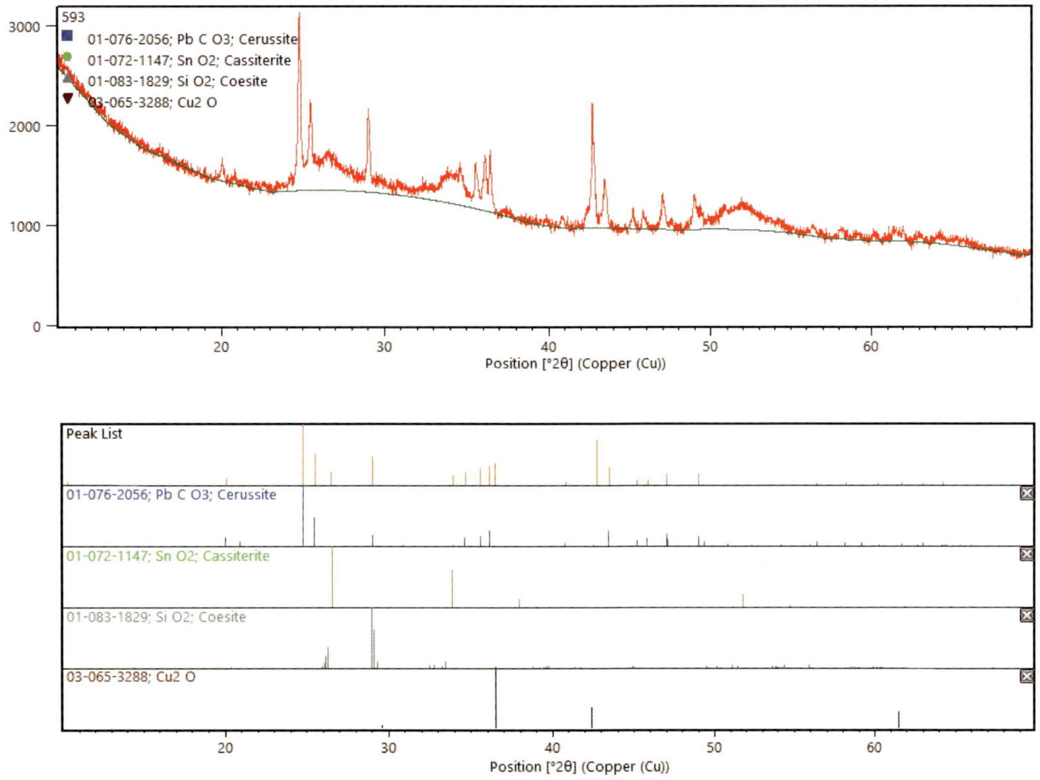

图 2-32　593 号铜敦腐蚀产物 XRD 分析结果

（四）结果讨论

1. 铜器的腐蚀与其合金成分、制作工艺、使用过程以及埋藏环境等因素之间有着密切的关系。由上文可知，33 件青铜器（主体）中包含的主要材质合金类型及数量为：铜－锡－铅三元合金 22 件，铜－铅二元合金 3 件，铜－锡－铅－锌多元合金 4 件，铜－锌二元合金 2 件，纯铜器物 2 件。其中有的是直接范铸而成，有的经过形制加工处理，再加上它们的使用经历和出土来源各不相同，这些铜器表面产生的腐蚀产物也多种多样。根据表 2-14 的统计，这批器物经分析检测发现的腐蚀产物有赤铜矿、孔雀石、蓝铜矿、氯化亚铜、氯铜矿、副氯铜矿、锌孔雀石、假孔雀石、辉铜矿、白铅矿、硫酸铅矿、锡石等。

2. 通过前文的分析可知，不同合金成分、加工工艺、埋藏环境下会产生多样的腐蚀产物。本次待保护修复的 33 件青铜器中，铜－锡－铅三元合金 22 件，加上 4 件铜－锡－铅－锌多元合金铜器，共有 26 件铜－锡－铅体系合金铜器。对这 26 件铜器采用超景深显微镜、偏光－金相显微镜、扫描电镜进行观察后发现，它们的表面结构和显微组织也存在多样性。学界通常从外观结构上将铅青铜腐蚀类型分为两种：Ⅰ型“平整表面”和Ⅱ型“粗糙表面”。Ⅰ型的主要特点是锈体未发生明显的体积膨胀，其表面致密且有光泽，可以减缓内部金属的进一步腐蚀。Ⅰ型腐蚀内部一般有分层现象，且界限明显，通常可归纳为非金属矿物层（该层均为金属腐蚀产物）、过渡层（该层为腐蚀产物与金属基体混合层）、合金层（该层还未腐蚀）三部分，非金属矿物层又可细分为若干小层。从表 2-15 中可以看出，126 号铜舟、232 号铜戈下部、无编号汉铜盆、715 号汉铜熏炉样品表面非金属矿物层可分为三层，最外层为绿色腐蚀产物孔雀石层，次外层为锡石和赤铜矿混合而成的橙色层，最里层为红色的赤铜矿层（图 2-33）。Ⅱ型“粗糙表面”的器物通常染有粉状锈蚀，特点是表面粗糙，可能由局部腐蚀或严重、激烈的均匀腐蚀造成。其锈体结构可分为三层：外层为多种铜的化合物，呈现不同色泽，中间层为红色的氧化亚铜，里层为富含氯和锡元素的近合金层。

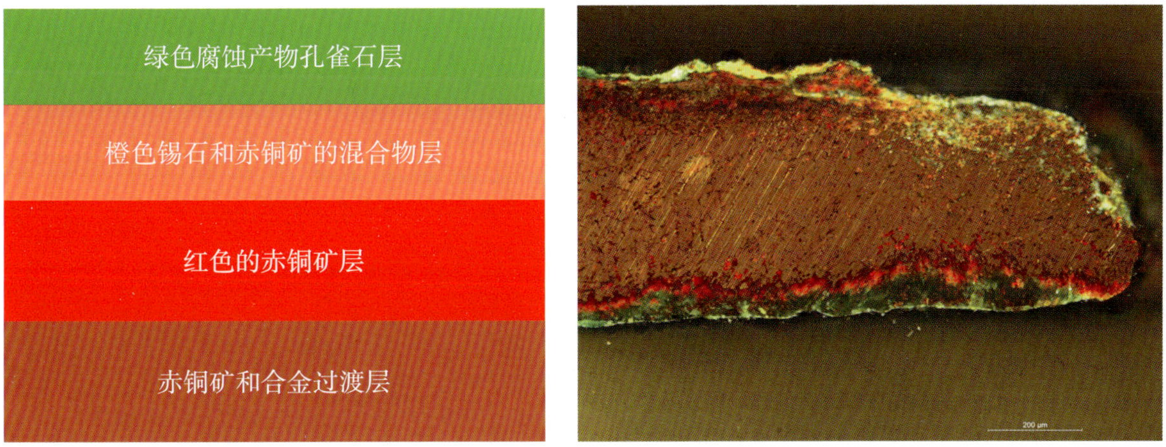

图 2-33　总号 232 号铜戈腐蚀层示意图

从表 2-15 的图片中可以发现，在 126 号铜舟、20 号铜觯样品腐蚀区域存在球状或斑点状红色沉积，结合表 2-7 扫描电镜 - 能谱分析结果，这些沉积物中铜含量很高，一般称为自由铜或红铜晶粒。自由铜的成因比较复杂，学界目前对此还存在争议，一般认为是青铜器经过漫长岁月后，内部电化学腐蚀的产物。自由铜在现代青铜材料中未曾发现，这也可以作为鉴定古代青铜器真伪的一项重要指标。自由铜多见于铜体内部，分散于腐蚀较为严重的部位，少见于铜器表面，以片状形式存在。通过表 2-15 观察 126 号铜舟和 20 号铜觯，两样品中 α + δ 共析体数量多、形态大，20 号铜觯基本以 α + δ 共析体为基体，反映其具有较高的含锡量，表 2-7 中的扫描电镜 - 能谱分析数据也证实了这一点。而且，自由铜出现区域均发生 α + δ 共析体优先腐蚀，且有腐蚀通道与表面锈蚀连接。研究表明，自由铜的形成需具备三个条件：第一，铜器中含锡量较高，组织中有 δ 相；第二，表面锈层与基体内部相连，有电解液进入内部的通道；第三，必须有一部分 δ 相被腐蚀，以产生铜离子。

偏光 - 金相显微镜暗场条件下可以看到 126 号铜舟样品表面覆盖一层白色锈蚀（表 2-15），扫描电镜 - 能谱分析结果（表 2-7）证实这一层为铅锈蚀层。铅与铜、锡间溶解度低，往往以游离态分布于铜、锡组成的合金组织中。相较于铜、锡，铅自由能高，易腐蚀，腐蚀后形成的铅离子以电解质形式沿晶界聚集和迁移，或在铸造缩孔处形成较大铅腐蚀颗粒，或迁移至铜体表面形成铅锈蚀层。锡氧化后变成不溶于水的二氧化锡，不易发生迁移，多在原位沉积并形成致密氧化膜，防止铜器进一步腐蚀。

（五）结论

1. 33 件青铜器表面共检测到腐蚀产物 16 种，包括铜的腐蚀产物、锡的腐蚀产物、铅的腐蚀产物以及锌的腐蚀产物。

2. 33 件青铜器中大部分器物的锈蚀比较稳定，与青铜器形成良好结合，在保护修复过程中应尽量予以保留；但有 16 件青铜器局部存在氯化亚铜、氯铜矿、副氯铜矿等氯的氧化物或碱式氧化物，这些腐蚀产物就是我们常说的有害锈，会给今后的保护工作带来很大难度，应根据青铜器今后的保存条件，在保护修复路线制定过程中重点关注与讨论，防止锈蚀扩散造成器物的连片腐蚀。

3. 腐蚀层存在分层现象，赤铜矿层多接近铜基体，孔雀石、蓝铜矿多贴附于外层。晶间腐蚀现象较为普遍，多以 δ 相优先腐蚀为主，但也存在 α 相优先腐蚀现象。部分高锡器物腐蚀严重区域出现红铜晶粒沉淀。

四、青铜器保护与修复

（一）技术路线

1. 保护修复流程图

技术路线是根据文物价值、文物保存现状、文物保护修复目标、文物保存环境等要素综合制定的项目实施流程。不同文物的保护修复技术路线存在一定差异，但基本路线相似。具体文物保护修复过程中，应结合基本技术路线，选取事宜方法与步骤，制定不同器物相应的技术路线。

文物保护修复会因保护修复人员的教育背景、实践经历不同而产生差异，科学、统一的保护理念是保护修复活动顺利完成的重要保障。项目组通过深入学习相关法规、标准，结合文物保护修复工作经验积累，始终将有效保护和不改变文物原状、全面认知文物价值、加强科学研究、最小干预、可再处理与可识别、使用成熟保护技术等文物保护理念和原则贯穿保护修复全过程。在此基础上，项目组制定了本次保护修复的基本技术路线，包括建档、信息提取、清理、矫形、连接、补配、做旧、缓蚀、封护、完善档案等步骤（图 2-34）。

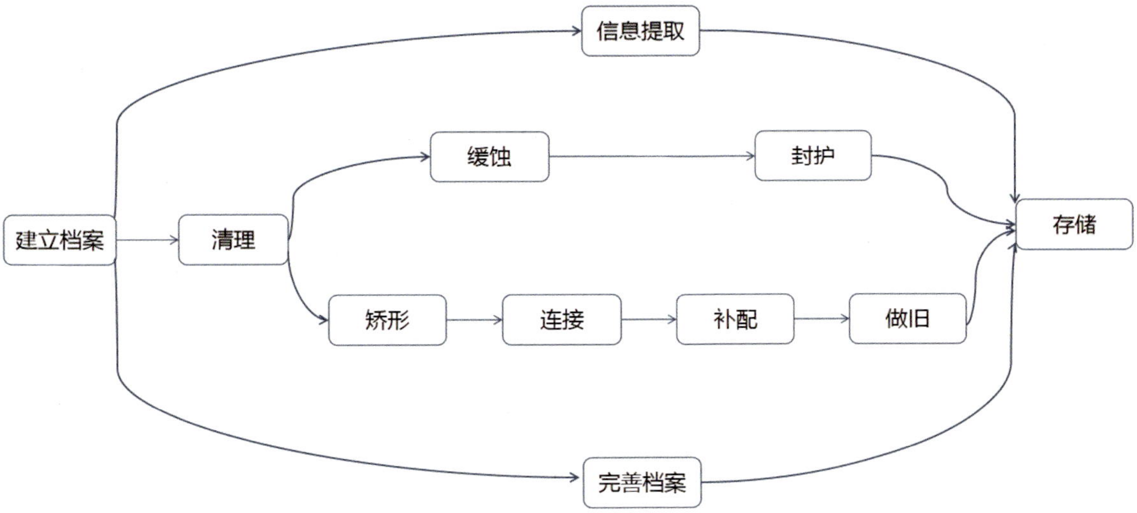

图 2-34 保护修复流程图

为每件文物建立档案是保护修复工作的第一步。信息提取和档案的完善贯穿整个青铜器保护修复过程。在文物清理工作完成后，需根据每件青铜器的病害程度和保护修复目标进行相应介入性保护和修复工作。青铜器介入性保护一般包括缓蚀和封护步骤；修复通常包含矫形、连接、补配、做旧诸环节。最后应根据青铜器的保存条件要求，选择合理的存储方式。

2. 保护修复材料、工具

（1）清理工具和材料：文物专用喷砂机、超声波清洗器、高压蒸汽清洗机、硬毛刷、手术刀、微型电磨机、超声波洁牙机、脱脂棉、棉棒、去离子水、EDTA、六偏磷酸钠、乙醇、丙酮、乙酸乙酯等。

（2）去除有害锈材料：柠檬酸、双氧水、碳酸钠、碳酸氢钠、酒石酸钾钠、氧化银、锌粉等。

（3）修复工具和材料：除常用修复工具外，还包括青铜器矫形器、激光焊接机、吊磨机、牙科钻、显微镜、环氧树脂、B-72、锡焊、松香、纯铜片、腻子、速成铜、矿物颜料、油泥、红白打样膏、砂纸等。

（4）缓蚀工具和材料：乙醇、BTA。

（5）封护工具和材料：B-72、丙酮、毛刷等。

（6）作色工具和材料：矿物颜料等。

（二）保护修复过程

1. 建立文物档案

文物保护修复的第一步便是为每件文物建立科学、规范、覆盖保护修复全过程的档案[①]，该档案如同文物“病历”，记录了文物的基本信息、保存现状、检测分析结果、保护修复日志、文物保护修复验收结果等所有信息。

文物保护修复档案基本信息的内容包括：文物名称、收藏单位、文物登录号、文物来源、文物时代、文物材质、文物级别、方案设计单位、保护修复单位、方案名称及编号、批准单位及文号、提取日期、提取经办人、返还日期、返还经办人、备注。

文物保存现状一般指文物修复前的原始状态和存在介质（环境）情况。修复前的原始状态记录采用文本描述、影像记录等多种方法，一般包含文物保护修复前的实际尺寸与重量、保护修复历史、存在病害情况以及修复前拍摄的多角度影像资料。

文物检测分析指利用现代仪器分析技术，采用无损或微损方法对文物微观或内部信息进行提取（图 2-35）。这些信息往往超越人眼或其他感官认知范围，必须借助科技手段才能获取。分析检测应记录样品编号、样品名称、样品形貌描述、检测目的、检测分析方法、检测结果等内容。

文物保护修复记录是对保护修复全过程的记录，一般由综述、修复日志、修复人员、影像资料四部分组成。综述是对修复过程的整体概述，简要介绍修复过程中采用的材料、工艺以及取样情况等。其中，材料记录包括修复过程中所使用的各种化学试剂、粘接剂、补配填充材料等，需详细记录材料的主要成分、使用配比等信息；工艺步骤指记录修复过程中分析检测、除锈、缓蚀、封护、补配、粘接、作色等过程，补配、粘接部位应有施工记录图或影像资料；取样是指在修复过程中，根据研究或其他需要适量采集样品的过程，取样应做好取样记录，表明取样用途及分析检测方法。保护修复完成后应记录完成日期、文物修复后的尺寸和重量。修复日志由具体

① 参照中华人民共和国文物保护行业标准《馆藏金属文物保护修复档案记录规范（WW/T 0010-2008）》。

保护修复人员根据实际情况填写，包括具体的修复日期、操作步骤、使用材料等详细信息。修复人员要在修复完成后签字确认，保证记录的准确性。修复过程中除文本记录外，应增加影像等数字记录手段，增加留存信息的多样性和全面性。

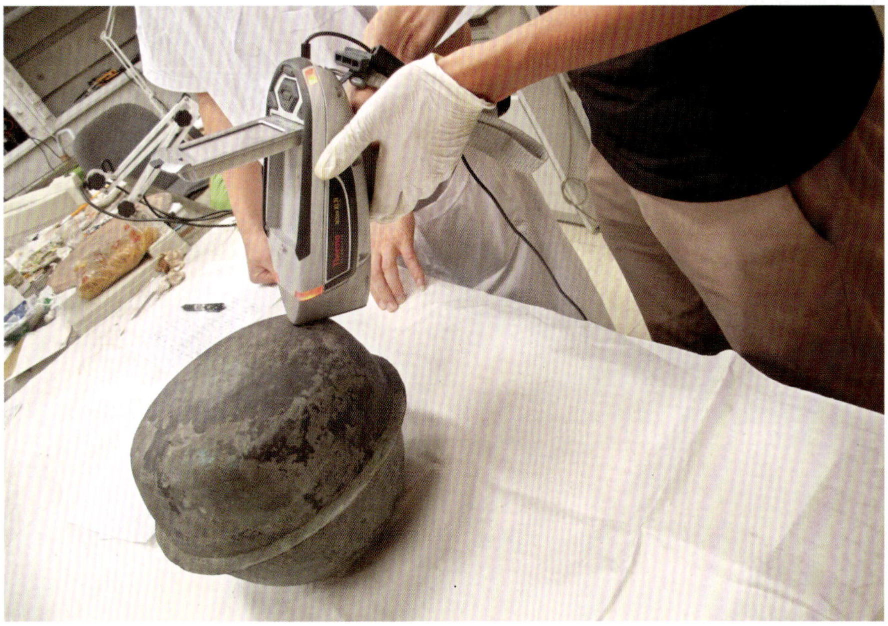

图 2-35　采用 X 射线荧光光谱仪无损检测青铜器合金元素组成

保护修复开始前，要详细了解文物的基本情况，对文物基本情况的了解程度决定了保护修复的效果与质量。项目组根据之前编制的保护修复方案中对每件文物的记录，结合相关文献或其他资料掌握文物的历史、考古背景信息，了解保护修复对象的价值后，又根据方案中对文物的综合评价结果以及制定的修复路线，制定了每件文物的具体修复步骤和进度计划。

2. 信息提取

保护修复步骤实施前，文物保护修复人员应与科技考古、美术考古、文物科技研究、文物保护科学等领域的专家广泛交流，进一步确认文物及其附着物所蕴含的价值信息，对存在价值的部分进行保留或取样研究，这一思想或方法应当贯穿整个文物保护修复过程。因此，也有人把对文物的保护修复称为“二次考古”或“实验室考古”。从理论上讲，文物保护修复过程往往伴随着相应文物信息的丢失，而科学合理的保护往往能将这种损失降到最低程度。所以，虽然在文物保护修复方案编制过程中已对文物进行了一定取样分析，但这往往是不够的，为了保障后期保护修复工作的全面性和科学性，以及为以后的研究提供更多有价值信息，保护修复步骤实施前及实施过程中，应全面做好文物信息的提取工作。

信息提取的对象可分为两大类：文物本体和附着物。青铜器本体信息提取主要以研究青铜器制作工艺为目标，通过表面打磨、刻划、粘接残留信息研究青铜器表面装饰工艺；通过微痕、内部透射等信息研究青铜器铸造工艺（图 2-36）；通过截面显微观察、成分信息研究青铜器材质和冶铸工艺；通过铅同位素、微量元素等信息研究青铜器矿料来源。青铜器附着物信息提取主要以研究青铜器腐蚀状况为目标，通过表面显微观察信息研究腐蚀产物形貌特征；通过内部透射信息研究铜器腐蚀状况；通过元素和物相信息研究腐蚀产物成分和构成；通过截面信息研究内部腐蚀结构和腐蚀机理；通过附着土壤物信息研究青铜器埋藏环境等。同时，对非青铜器腐蚀产物类附着物的分析可以了解青铜器埋藏时与其他物品的配置情况，为考古学研究提供重要信息。

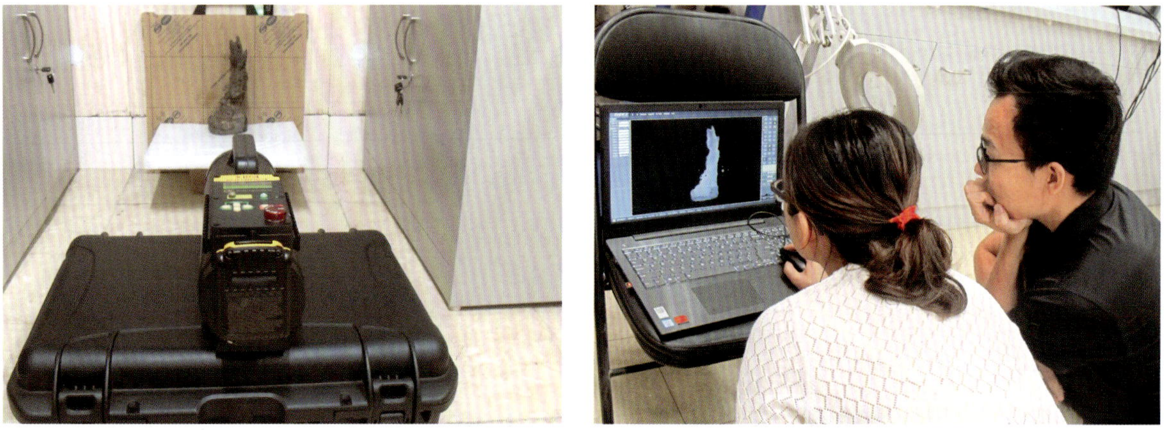

图 2-36　采用 X 射线透射获取文物内部结构和腐蚀信息

文物信息采集的方式可分为无损分析和微损分析两种。微损分析通常涉及文物取样。文物保护修复过程中可以根据规范适当取样，但取样时应严格遵循以下几点要求：

（1）保证文物安全，坚决禁止不当取样对文物造成破坏，取样点应优先选择已破损处，在不影响器物铭文、纹饰等关键信息的前提下，从隐蔽位置提取样品。

（2）取样量不宜过大，以满足最低实验需求为限。为确保实验分析的严谨性，样品量应保证能够达到两次实验用量。

（3）取样过程记录规范。取样时应做好准确记录，包括文字记录和影像记录；应建立取样记录表，内容包括取样位置、形貌描述、样品照片、取样目的、取样人等基本信息。

（4）保存规范。每个样品应单独存放，防止相互污染。盛装样品的器物应保证洁净、化学性质稳定。同时还应注意保存环境状况，尤其是金属类样品对温湿度较敏感，温度过高、湿度过大会造成样品进一步腐蚀，影响实验结果，因此可以将样品放入专门的恒温恒湿箱或干燥箱，也可加入一定数量的湿度调节剂，控制温湿度变化。

（5）合理使用。样品的取用应有明确目的，坚决杜绝随意取用样品、为了实验而实验的现象。

随着社会的不断进步，无论是文物保护还是科技研究，都向着精细化方向发展。文物科技内涵的深入挖掘和大数据的快速分析，离不开现代计算机、化学、物理学、生物学等学科技术的快速发展，通过多种跨领域、跨行业现代技术的综合运用，能够全面、科学地认知文物价值以及文物的客观保存状态，为文物保护决策和修复技术路线的制定提供关键支撑，同时这些信息也是考古研究、历史研究的重要资料。

3. 清理

由于长期埋藏于地下，与土壤环境中的各类因素如水、氧气、二氧化碳、可溶性盐、微生物等发生不同类型的反应，出土青铜器表面往往附着有大量土壤或腐蚀产物，这些物质在一定程度上反映了青铜器的原始埋藏环境，但也影响了青铜器表面纹饰或铭文的展示，同时，一些附着物中包含可溶性盐，在一定条件下容易引发青铜器的继续腐蚀。因此，为了青铜器的安全保存和展示效果，在科学、全面提取青铜器表面附着物信息的基础上，应当及时去除这些附着物。

青铜器表面附着物的清理过程不可逆，因此在清理前应充分做好信息提取工作，留好研究样品。不同腐蚀程度、不同类型的青铜器应相应选择不同的清理方法。一般来说，青铜器表面的土垢、硬结物、疏松锈蚀、有害锈蚀[①]、可溶性盐等均需去除，表面稳定、致密的锈蚀一般予以保留，清理过程中应严格遵守文物保护修复基本原

① 有害锈的去除在后文有专门介绍。

则，防止过度清理，做到保持文物原貌、尊重文物的历史真实性。

对青铜器表面附着物的清理是保护修复中的重要环节，体现着修复人员对文物保护修复原则的把握和工作经验。清理工作一般可分为物理清理和化学清理。物理清理主要通过物理摩擦、打磨或碰撞来实现，通常不引入与文物及文物表面附着物发生化学反应的物质；而化学清理则是通过化学试剂的使用，使各类附着物与其发生反应，从而达到软化附着物的效果，方便结合物理方法进一步清理文物，减少纯物理方法对文物造成的机械损伤。使用化学试剂时，应保证化学试剂对青铜器本体无损害或损害极小，对人员、环境安全无害等。尤其应当注意的是，采用化学试剂处理后，必须用纯净水或去离子水将文物清洗干净，必要时使用弱碱（针对酸性试剂）溶液清洗，再用纯净水清洗，然后用乙醇或丙酮脱水，送入烘干箱烘干。

在对器物进行全面清理前，应首先进行试探性预清理，以此评价清理方法的合理性。在确定所用方法对青铜器本体无影响且具有较好的清理效果后，再大范围使用。清理过程中应实时留意器物表面情况，注意观察器物表面微痕、特殊锈蚀、其他文物残留等信息，防止清理过程中造成重要考古信息的丢失。

该项目实施过程中主要采用的物理清理方法有手工清理、普通清洗、超声波清洗、蒸汽清洗、喷砂清理等；化学清理方法有多聚磷酸盐法、EDTA 法、硫脲 - 柠檬酸法等。当然物理和化学清理方法并不是完全相互独立的，修复人员在实际工作中经常根据器物性质、腐蚀状况、清理阶段交叉使用不同方法，遵循合理、科学、高效的原则，开展青铜器表面清理。

（1）手工清理

手工清理主要指采用手工和电动工具，通过刷、剔、磨、振等方法去除器物表面多余附着物。器物不同、附着物不同，选用的工具也不同，通常遵循先软后硬、先轻后重的原则。本项目中用到的手工和电动工具主要有棕毛刷、竹签、手术刀、角磨钻、洁牙机等。手工清理相对来说操作简单，易于控制，是在珍贵文物的清理工作中首先使用的基本试探方法，但手工清理方法效率偏低。清理过程中对于一些较硬附着物，可采用去离子水、乙醇等溶剂先软化后再手工清理的方法（图 2-37）。

图 2-37　采用手工清理方式清除青铜器表面附着物

（2）普通清洗

清洗主要指以去离子水、纯净水等作为介质，溶解去除器物表面附着物的方法。青铜器的清洗可分为刷洗、浸泡清洗、深洗等。刷洗指将水涂于器物表面，使用刷子等手工工具，在水溶解和刷子摩擦力的双重作用下清除器物表面附着物；浸泡清洗指将器物浸入水中，在水中通过刷、磨等方法清洗器物；深洗主要针对硬质附着物，通过冷热水交替浸泡器物的方法使附着物软化松动。

清洗完成后一定要将器物干燥，防止水分引发的器物腐蚀。并不是所有的器物都适合清洗，尤其是质地脆弱的青铜器，在使用浸泡清洗和深度清洗时一定要慎重。对于含铅量较高的青铜器，不建议使用深度清洗方式，因为铅不耐腐蚀，容易发生化学反应造成器物损坏。

（3）超声波清洗

超声波清洗是普通清洗的升级，指利用超声波发生器产生超声波，利用超声波产生的“空穴”爆破能量以及超声波对介质的搅拌力等，对器物表面的硬结物、锈蚀、可溶性盐等附着物造成“破坏”，从而达到清除目的。超声波清洗器有不同型号，适用于不同大小的器物。超声波清洗方法价格便宜、效率高，广泛应用于青铜器等文物的清洗工作中。面对较难清除的硬质附着物时，可以采用三聚磷酸钠等化学溶剂代替水作为介质，从而提高清洗效率。当然，采用化学试剂清洗完成后，一定要用纯净水或去离子水将器物表面的化学残留去除。

（4）蒸汽清洗

蒸汽清洗指通过高温、高压蒸汽冲击器物表面，达到溶解、熔融有害附着物和消杀有害生物的效果。由于蒸汽清洗机内的水分完全处于密封的气缸中，当温度升高时，缸内压强可增至 5bar，喷射出的蒸汽可达 180℃。当前蒸汽清洗机有三种模式可供选择：喷气、喷蒸汽和喷高压高温蒸汽。

蒸汽清洗方法操作方便、效率高、无污染，可以针对具体部位进行定点清洗。此次保护修复项目中，大量泥质硬结物的清洗采用了蒸汽清洗方法，但应当注意，蒸汽清洗不适合脆弱质地青铜器的表面清理（图 2-38、2-39）。

图 2-38　采用蒸汽清洗方法清洗铜镜表面

图 2-39 采用蒸汽清洗方法清洗铜熏炉表面

（5）喷砂清理

喷砂清理指喷砂机利用压缩空气将一定尺寸的砂粒喷射到器物表面，利用砂粒的冲击力和摩擦力逐渐剥离器物表面有害附着物，从而达到清理文物的目的。在喷砂过程中，选用的砂料、喷砂压力、喷射角度和距离决定了喷砂的效率和效果。通常砂料粗糙、压力大、角度大、距离近时清理效率高，但容易造成清理表面的粗糙。对于表面纹饰精细的青铜器，项目组使用核桃皮粉作为砂料进行喷砂清理（核桃皮粉颗粒小，形态圆润），喷砂时，喷枪距文物较远，与表面夹角一般小于 20° 。项目组通过控制相关参数，达到了较好的清理效果。

（6）多聚磷酸盐法

多聚磷酸盐法主要依据多聚磷酸盐与许多金属离子（如钙离子）具有较好的螯合能力，以此溶解器物表面有害硬质附着物，达到清理目的。常见的多聚磷酸盐有六偏磷酸钠和三聚磷酸钠，六偏磷酸钠较三聚磷酸钠具有更强的螯合能力，但三聚磷酸钠相对更为温和，对孔雀石、蓝铜矿等稳定锈蚀破坏力小。项目组优先使用三聚磷酸钠作为清洗青铜器的材料。根据附着物大小、质地软硬等特点，采用了三种操作方法：贴敷法、浸泡法和超声波法。试剂浓度一般控制在 1%—5%（图 2-40）。

图 2-40　浸泡过六偏磷酸钠溶液的脱脂棉贴敷于青铜器表面

（7）EDTA 法

EDTA 是一种重要的络合剂，学名乙二胺四乙酸，能与钙离子、镁离子、铜离子、铁离子发生螯合反应，生成易溶于水的螯合物。EDTA 在水中溶解度小，不溶于乙醇等溶剂，在实际清洗操作中，修复人员常选择 EDTA 二钠盐作为清洗材料。EDTA 二钠盐溶于水，不溶于乙醇和丙酮，清洗前首先配置浓度为 2%—5% 的 EDTA 二钠盐溶液，采用贴敷的方法软化青铜器表面硬结物，再采用机械方法进行清除。需要注意的是，EDTA 二钠盐对铜器本体具有一定腐蚀作用，应通过控制贴敷时间或间隔性反复贴敷达到清洗目的，清洗完成后应采用去离子水或纯净水反复清洗器表化学试剂残留，然后采用乙醇脱水，将器物送入烘干箱烘干。

（8）硫脲 - 柠檬酸法

项目组还采用了硫脲 - 柠檬酸法清理器表附着物，该方法主要针对表面纹饰精美、需要达到更好展示效果的青铜器。配置硫脲浓度为 5%、柠檬酸浓度为 5% 的溶剂，浸润脱脂棉后将其贴敷于待处理处，边贴敷边观察，锈蚀松动后及时采用物理方法进行清理。柠檬酸与二价铜离子有较好的反应能力，硫脲与一价铜离子能形成稳定的配合物，两者相互配合，增强了溶剂的去污能力。同时，硫脲对青铜基体具有一定缓蚀作用，可以减弱柠檬酸对青铜本体的腐蚀影响。

4. 去除有害锈

有害锈一般指能够造成青铜器循环反应的腐蚀产物，因多呈粉末状，又被称为

“粉状锈”，多具有“传染性”，是青铜器保护中的头号敌人。有害锈如不及时处理，极有可能造成青铜器大面积腐蚀病害的发生，最终破坏器物外形、纹饰，甚至使青铜器发生通体矿化现象，严重损毁青铜器。

有害锈的主要成分为氯化亚铜、氯铜矿、副氯铜矿等物质。学界对有害锈发生机理的研究开始较早，目前常用循环腐蚀和电化学两种理论来解释相关反应的发生。

循环腐蚀理论认为氯化物、水、氧气三个要素的存在是反应进行的基本条件。土壤中的氯离子渗入铜基体内部，与铜反应生产亚铜离子，氯化亚铜与水反应生成氧化亚铜和氯化氢，在氧气充足的条件下再生成碱式氯化铜和氯化氢。由于反应前后氯离子一直存在，所以此反应循环发生，直至青铜器完全腐蚀。

有害锈的组织结构特征与金属电化学腐蚀中的小孔腐蚀有着高度的相似性。一般认为，青铜器埋藏在土壤中，首先在表面形成一层致密的氧化膜（氧化亚铜），但由于土壤中氯离子较小，或青铜器存在铸造缺陷如孔洞或裂隙等情况，氯离子穿过氧化膜进入内部将铜溶解生成铜离子和亚铜离子。随着铜离子和亚铜离子的增多，正电荷过剩，铜离子开始向膜外迁移，而膜外的氯离子向膜内迁移，生成氯化氢继续溶解铜单质。向外迁移的铜离子在遇到碳酸氢根离子、硫酸根离子、氢氧根离子、氯离子等时，生成碱式氯化铜、碱式碳酸铜、碱式硫酸铜的腐蚀产物，并堆积于膜外，阻塞孔道，形成瘤状物。膜内氯化氢浓度升高，进一步溶解铜单质，直至氯离子富集。于是在实践中我们发现有害锈往往存在这种结构——最外层由各种绿色、蓝色锈蚀（碱式氯化铜、碱式碳酸铜、碱式硫酸铜）组成的瘤状物，中间有一层赤红色锈蚀层（氧化亚铜），最里层为白色锈蚀层（氯化亚铜）。

目前，有害锈中氯化物的鉴定主要采用硝酸银滴定法、离子色谱法、X 射线荧光光谱分析，以及直接采用 X 射线衍射仪、傅立叶红外光谱仪、拉曼光谱仪进行物相鉴定等方法。本项目中主要采用 X 射线荧光光谱仪判定腐蚀产物中是否有氯元素，并结合 X 射线衍射仪物相判定方法分析青铜器上是否存在有害锈。

本项目中少数器物表面出现浅绿色点状锈蚀，质地疏松呈粉末状，并且大部分锈蚀处为不规则凹坑状。通过对粉末状锈蚀物取样检测，发现锈蚀物中含有氯离子。项目组首先采用机械方法，利用手术刀和超声波洁牙机等工具剔除表面疏松粉状锈，尽可能完全去除后，用去离子水多次清洗并烘干器物。然后用无水乙醇调和锌粉呈糊状均匀涂抹于器物粉状锈蚀处，并在涂锌粉处每间隔 2 小时滴加少量无水乙醇，连续滴加 3—4 次后发现锌粉表面变硬。随后将器物放入潮湿的环境中进行稳定性检测，放置 48 小时后观察锈蚀处，若未发现新锈蚀物产生，说明该点蚀锈处于稳定状态，便可用手术刀剔除多余锌粉，然后对锈蚀处进行做旧处理（图 2-41）。

图 2-41　采用锌粉局部封闭法处理点状有害锈

氯化物的存在是青铜器粉状锈的根源，这批器物中部分器物表面有大面积浅绿色粉末状锈蚀物，通过去离子水初步清洗，大部分粉末状锈蚀物基本可以去除。为了达到深层次去除氯化物的目的，项目组采用超声波清洗器清洗除氯，最大程度地去除器物表面及深层的氯化物。具体操作方法为：将器物用蒸馏水清洗干净后，放入超声波清洗器中并添加蒸馏水浸泡，调整超声波清洗器频率，每次清洗 30 分钟并将器物取出观察，以免清洗过度。必要时对清洗后的蒸馏水进行氯离子检测，以了解除氯是否彻底。

考虑到环境等因素以及青铜器本身保存状况不是很稳定，因此部分器物必须进行缓蚀处理。目前国内外比较成熟的方法就是 BTA 缓蚀，具体方法是配制低浓度 BTA 乙醇溶液，采取喷涂或刷涂的方法进行缓蚀处理。经过 BTA 缓蚀后的青铜器，颜色会加重。缓蚀前需将器物进行完全干燥，以防止出现泛白现象。

对于有害锈较为严重的，采用浸泡倍半碳酸钠溶液的方法（图 2-42），将器物中的氯化物逐渐置换为稳定的碱式碳酸铜，使氯离子从青铜器转移到溶液中，最终清除氯离子。将铜器浸入浓度为 5% 的倍半碳酸钠溶液中浸泡，溶液温度保持在 70℃左右，浸泡 24 小时，去除表层的粉状锈，然后将器物用蒸馏水浸泡冲洗，去除器表残留药液。

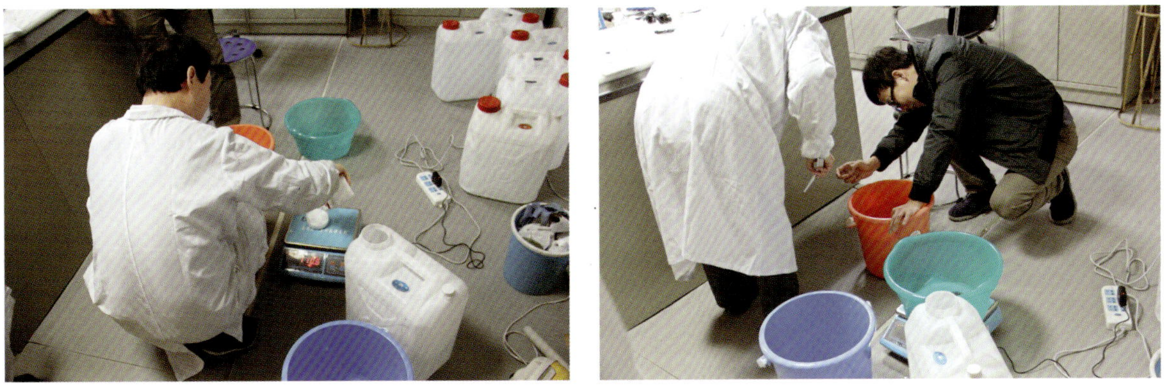

图 2-42　配置倍半碳酸钠溶液

目前来看，无论采用化学方法还是物理方法，很难彻底将青铜器内部的氯化物清除干净，一旦氧气和水分达到其生长的条件，粉状锈就会再次“冒”出来。因此在缓蚀工作完成后，还需对器物进行稳定性检测（图 2-43）。将器物置入恒温恒湿箱内，将温度调整到 30℃，相对湿度调整到 80%，放置一段时间（约半个月），观察是否有粉状锈的锈点出现。如果出现，则证明以前的工作还不够彻底，需要重复除锈、除氯、缓蚀步骤。

图 2-43　高湿环境下的稳定性检测及新产生的有害锈

5. 矫形

出土青铜器大都长期埋于地下，受外力作用出现不同程度的形变、断裂，为保证器物结构的稳定并满足展示、欣赏的需要，部分器物需进行矫形处理，以改善器物保存样貌，同时为可能进行的连接、补配等修复环节做准备。青铜合金形变一般包括三种情况：弹性形变、塑性形变以及前两种形变的综合形变。弹性形变指合金受到外力后发生变形，外力消失后恢复到先前状态；塑性形变指在外力作用下发生变形，外力消失后变形部位仍然保持现状；综合形变指受外力后发生变形，外力撤销后能一定程度恢复，但不能完全恢复到原状。古代青铜器的形变属于塑性形变。矫形是指对发生形变的青铜器施加一定外力，使变形部位恢复原状。

不是所有青铜器都适合矫形，对于一些胎体矿化严重的器物，应谨慎使用矫形处理手段。矫形一般适用于金属性较好的青铜器。本项目中采用的矫形方法主要有矫形器法（图 2-44）、顶撑法等。矫形器为不同型号的圆环形器具，圆周布满可作为顶点的螺丝支撑，通过旋转支撑可以增加相应位置的受力。通过多个支撑相互配合，可达到对相应部位施力整形的目的。可以根据器物大小选择相应型号的矫形器，使用过程中也可配合 U 形钳、F 形钳等工具，共同对器物做整形处理（图 2-45）。顶撑法是采用一根较内径略长的木棍，深入器物内部后逐渐施加压力，达到从内向外产生作用力的效果，使器物内凹部位在外力作用下逐渐还原（图 2-46）。矫形过程中一般会发生弹性形变和塑性形变，因此矫形过程中应适当增加矫形力度，令器物恢复程度大于原状，同时该矫形力度需保持一段时间，使器物状态稳定。

图 2-44　采用矫形器法矫形

图 2-45　采用自制矫形模具配合 U 形器矫形

图 2-46　采用顶撑法矫形

6. 连接

断裂是青铜器中常见的一种病害，影响了器物结构的稳定和展示的完整性。连接是通过一定方式将断裂部分拼合在一起，使器物完整。连接通常分为焊接和粘接两种方式。焊接包括传统的锡焊法以及现代焊接中常用的氩弧焊和激光焊，指利用高温条件，使断裂部位与焊料形成新的合金层，从而达到连接目的；粘接一般指采用环氧树脂材料，通过其黏性将断裂部分粘合在一起。

修复过程中连接断裂的青铜器时选择焊接还是粘接，一般需根据铜质腐蚀程度、断裂部位和器物大小而定。铜质金属性好、需连接部分较大时一般选用焊接，因焊接强度大，焊接过程中可以通过高温调整连接点角度，容错性强。但焊接对技术要求较高，存在一定的安全隐患，操作时应注意用电和个人安全，新手修复人员不建议单独开展焊接操作。铜质金属性较差的小件器物连接时一般选用粘接方式。随着材料科学的进步，目前环氧树脂类粘接剂的强度越来越大，耐老化性增强，粘接操作相对简单，容易上手。

项目实施过程中，项目组首先对断裂青铜器进行拼对，为每块残片定位。然后使用锉刀轻轻打磨断裂面，观察青铜器断裂处的金属性，并结合器物大小选择合适的连接方法。本项目主要采用了两种连接方法：粘接法和氩弧焊法，大部分断裂器物采用粘接法，小部分器物如青铜剑等采用了氩弧焊法（图 2-47）。

图 2-47　氩弧焊法焊接

以粘接法为例进行说明。对于矿化严重、受力较小的残片，项目组在拼对定位后，对连接面进行打磨、清理，用锉刀锉出连接口，连接口可为三角形、梯形等形状。然后使用热熔胶枪将需要连接的两部分临时固定（图 2-48），使用环氧树脂类胶渗

图 2-48　热熔胶临时固定粘接部分

透加固。胶中可配入相应色调颜料和腻子粉，为接下来的打磨、做旧步骤做准备（图2-49）。粘接过程中，为增加连接强度，部分器物可采用加芯子法。如剑、戈一类器物，连接面较小而器身较大，连接处受力大，可在连接处两侧对应位置利用电钻开孔，使用金属芯分别插入两孔中，将两断裂部分插接在一起后，再溜胶渗透加固。

图 2-49　胶中配入适量腻子粉和颜料

7. 补配

补配是使用一定材料和工艺将存在缺失的器物修补完整的一种修复手段。很多青铜器因历史、自然或人为原因存在不同程度的缺失，影响了观众对文物的认知和欣赏。为全面展示青铜文物的历史、科学、艺术价值，需对存在残缺的部分青铜文物做补全处理。补配是青铜器修复中难度较大的修复步骤，体现了修复人员的技术水平。

当然，补配应严格遵守文物保护修复的基本原则，尤其需要做到不改变文物原貌和不臆造。补配需在充分研究的基础上进行，补配对象需有明确、科学的参考。修复人员不能根据个人主观臆断肆意创造补配形态。在不确定补配位置缺失原貌时应保持原状，以免误导大众认知。

传统的补配方法有铜皮打制法、翻模铸造法、塑形补配法。铜皮打制法历史悠久，是传统青铜修复中的常见手艺，指利用铜片较好的延展性特点，根据缺失部位的形状打制出补配部位形状，再使用錾刻工具在补配部位表面錾刻出缺失纹饰。翻模铸造法，顾名思义是先翻模后铸造，即以石膏或树脂为翻模材料，以与器物缺失部位相似的部位为翻模对象，翻制缺失部位型腔，通过浇注铅锡合金、环氧树脂等制作不同材质的补配模型，再通过焊接或粘接技术使补配模型与原器物相连接。塑形补配类似翻模铸造，部分器物因无法翻模，需先采用雕塑泥等材料雕塑缺失部位形状，再利用翻模法制作型范，浇注残缺部位。当然，也可用腻子等可硬化材料代替雕塑泥，直接将雕塑完成后的产品作为补配部位。当前，随着数字技术的飞速发展，3D 打印技术广泛应用于文物缺失部位的制作，即通过使用 3D 扫描和虚拟拟合技术，确定缺失部位的 3D 几何尺寸数据，再通过 3D 打印机打印不同材质的文物缺失部位。

本次保护修复项目中主要采用了铅锡翻模铸造（图 2-50）和直接塑形补配的方法（图 2-51）。

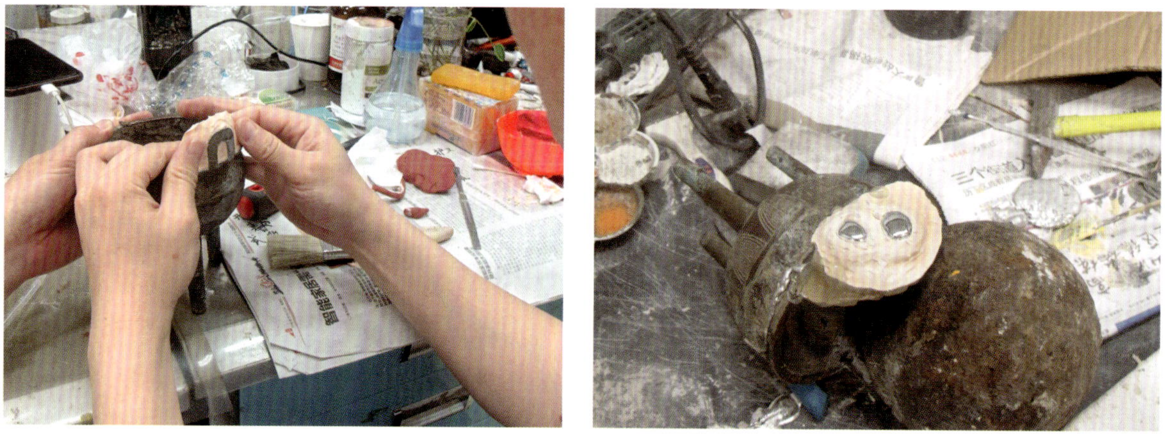

图 2-50　采用铅锡翻模铸造法补配

图 2-51　采用直接塑形法补配

8. 做旧

做旧是青铜器修复步骤中的最后一个环节，主要是对焊接、粘接、补配等过程中产生的新痕迹进行修饰，是青铜器整体一致性的必然要求和修复过程中的画龙点睛之笔，通常采用画、喷、涂、点、抹及化学腐蚀等技术方法。传世或发掘出土青铜器大多表面覆盖有多种颜色和形态的腐蚀产物，而这些不同锈蚀多是埋藏环境和青铜器材质工艺的差异造成的。常见的锈蚀有“黑漆古”“贴骨锈”“水银沁”“疙瘩锈”“绿漆古”等。做旧工作非常考验修复人员的眼力和色彩调配水平，是修复人员技艺水平的综合体现。

做旧前应仔细观察需做旧器物的锈层结构、色彩组成、锈的形态等，这是做旧的第一步，反映了修复人员的观察能力。过去修复界有一种说法叫“远观一致，近看有别”，是人们对博物馆领域修复做旧工作的要求。但现在随着保护修复理念的发展，很多人认为修复做旧需要做精细，做到普通观众无论远观还是近看均不能发现修复做旧痕迹，但专家或借助仪器又能识别。本项目也遵循这一原则，尽量实现修复做旧无破绽，仅在观众无法看到的隐蔽区域留下做旧痕迹，满足相关人员的科研或工作需要。

青铜器做旧包括传统做旧和化学做旧两种方法。传统做旧法以虫胶或其他环氧树脂类胶作为粘接剂，以各种矿物颜料及土壤、砂粒作为着色剂，运用传统的喷、涂、点、抹、画等技法，使被处理区域与周边色泽、层次匹配且协调，使整件器物浑然一体（图 2-52）。化学做旧法指采用各类化学试剂，如硫化钾、醋酸铜、氯化铵等化学药品，通过浸泡、埋藏等手段，使铜器表面产生与古代青铜器表面相似的腐蚀

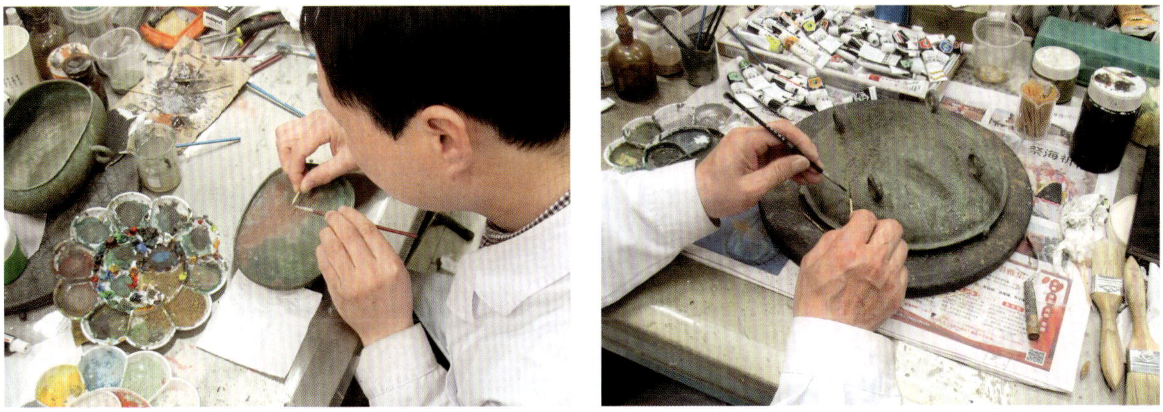

图 2-52　采用传统做旧法做旧

现象，以此让新铜器产生古色古香的效果。从对文物保护修复原则的遵守以及做旧效果来看，化学做旧法更适合对仿制文物的整体做旧处理。本项目主要采用了传统做旧方法。

9. 缓蚀

青铜器腐蚀指青铜合金与气体、液体或其他物质反应而发生损耗的现象，其实质是金属失去电子变成阳离子，发生氧化、还原反应的过程。腐蚀可改变文物性状，造成文物破坏，严重时会导致文物矿化损毁。缓蚀则是通过缓蚀剂阻止或延缓腐蚀发生的过程，是青铜器保护修复过程中的重要环节。

在美国材料与试验协会发表的《关于腐蚀和腐蚀试验术语的标准定义》中，缓蚀剂是一种以适当的浓度和形式存在于环境（介质）中时，可以防止或减缓腐蚀的化学物质或几种化学物质的混合物。通过在青铜器表面涂抹或渗透相应的缓蚀剂，能够显著降低青铜器的腐蚀速率，达到保护青铜器的目的。缓蚀剂有多种不同分类方法，根据缓蚀剂化学成分可分为无机缓蚀剂、有机缓蚀剂和聚合物类缓蚀剂；根据缓蚀剂在介质中对金属电化学腐蚀不同过程的影响可分为阳极型缓蚀剂、阴极型缓蚀剂和混合型缓蚀剂。阳极型缓蚀剂主要抑制金属电化学腐蚀中的阳极反应，多为无机强氧化剂，通过与金属阳极区域反应生成保护膜，阻碍电化学腐蚀的进行；阴极型缓蚀剂与阳极型缓蚀剂原理相似，只是与阴极区域反应生成保护膜；混合型缓蚀剂多为具有表面活性的有机缓释剂，分子中通常会包含两种不同极性基团，因此它们既能在阳极区域成膜也能在阴极区域成膜，从而阻止腐蚀介质（如水或氧气）向金属表面扩散。

青铜文物保护过程中缓蚀剂的选择应考虑青铜文物的特性，遵循文物保护的基本原则，即在筛选缓蚀剂时不但要考虑缓蚀效果，还应保证遵守“不改变文物原状”“可再处理”“最小干预”等原则。一般来说，缓蚀剂均具有一定毒性，随着人们环保意识的增强，环境友好型缓蚀剂成为首选。另外，缓蚀剂选择过程中应充分考虑文物的材质特征和今后的存放条件，这些因素也影响着缓蚀剂的缓蚀效果，因此在使用前应做好试剂评估实验。可以采用失重法评估所选试剂的缓蚀效果，即通过精确称量刷涂了不同缓蚀剂的青铜器试样在浸入腐蚀介质前后的重量差来确定一定条件下不同缓蚀剂的缓蚀效果。

目前青铜器保护中常用的缓蚀剂大多为有机唑系缓蚀剂，如苯并三氮唑（BTA）及衍生物等。本项目中所采用的缓蚀剂为BTA乙醇溶液。BTA为吸附膜型有机缓蚀剂，分子中有两种极性相反的基团，通过与青铜器表面的铜离子反应，形成络合物吸附于青铜器表面。当青铜器表面为清洁或活性状态时，BTA能够形成良好的吸附膜，故青铜器在缓释前应进行清理和清洗，去除表面油污等污染物和腐蚀产物。

项目组在进行缓蚀处理时，首先配置浓度为3%左右的BTA乙醇溶液，然后采用浸泡和刷涂两种方式使青铜器表面形成吸附膜。为保证缓蚀效果，一般缓蚀操作重复进行两次。BTA缓蚀后的青铜器表面容易残留白色的BTA晶体，应使用乙醇轻轻拭去。

10. 封护

青铜器腐蚀速率受环境因素（如湿度、温度、酸性气体、微生物等）影响严重，因此平稳、适宜、洁净的保存环境是延缓青铜器腐蚀的重要手段。然而受限于当前国内技术和经济条件，大多数博物馆环境控制水平较弱，此外一些室外大型青铜文物环境更无法调控。在这种情况下，青铜器从自身角度加强防护成为重要的考虑内容，青铜器表面封护便是较常采用的防护工艺。

封护指为防止或减缓环境（介质）对金属文物造成的损害，在其表面涂覆天然或合成材料，以防止或减缓器物腐蚀的过程[①]。涂覆的材料一般称为封护剂，它可以在青铜器表面形成一层致密的防护膜，将青铜器与介质（环境）隔绝开来，阻止水分或其他污染性气体与青铜器接触，从物理层面阻隔腐蚀反应的发生。封护剂与青铜器表面通过物理作用或分子间的作用力结合在一起，未发生化学反应，对青铜器产生的危害小，并且在一定条件下能够进行可逆去除。部分封护剂不但能够阻隔青铜器外部的腐蚀介质，还能起到加固作用，尤其是对于一些质地脆弱的青铜器，封护剂可以增强文物结构的稳固性。

青铜文物不同于工业或日常生活中使用的金属器物，对于青铜文物封护材料的选择，应充分考虑其文物属性，并将文物保护基本原则贯穿材料筛选的全过程，最

① 参见中华人民共和国文物保护行业标准《馆藏金属文物保护修复方案编写规范（WW/T 0009-2007）》。

小干预和可再处理已成为封护材料筛选的共识。随着科学技术的进步和保护理念的发展，目前业内人士在多年文物保护实践的基础上，认为青铜文物封护材料的筛选应满足四项要求：第一，良好的耐腐蚀性、耐老化性以及附着性和耐磨性；第二，工艺应当简单易操作；第三，材料环境友好，流程安全可控；第四，封护膜可再处理，不改变文物颜色、性状。

人们选择表面涂层材料来实现文物保护已有100多年的历史，经历了从天然树脂到人工合成高分子材料、从单层涂层到多层复合材料的演变历程。青铜器表面涂层常用的材料有微晶石蜡、虫白蜡、丙烯酸树脂、聚氨酯材料、有机硅材料、氟碳材料、派拉纶材料等。对封护材料性能的评价一般从机械性能和防腐蚀性能两个方面进行。机械性能评价包括涂层厚度、硬度、光泽度、附着力检测；防腐蚀性能评价包括耐水性、耐温性、耐中性盐雾、耐荧光紫外、耐室外暴晒检测等。

考虑到邹平市博物馆的保存环境实际，项目组在保护修复过程中对存在有害锈的青铜器，在缓蚀基础上继续做封护处理。封护前，按前面所述，首先做好青铜器表面的清理和缓蚀工作，确保青铜器表面洁净，无疏松、孔洞附着物，然后采用去离子水将青铜器表面残留油污或其他有机残留物去除干净，使用鼓风机或干燥箱做干燥处理，干燥完成后，进行封护操作。选用丙烯酸树脂类材料中的Paraloid B-72树脂作为封护剂，Paraloid B-72树脂简称B-72，是文物保护修复中使用最多的一种丙烯酸树脂，它是丙烯酸甲酯与甲基丙烯酸乙酯共聚物，为一种白色玻璃状固体结构，玻璃化温度为40℃，不溶于水，溶于丙酮、甲苯、二甲苯、乙酸乙酯等溶液。项目组采用浓度为5%的B-72乙酸乙酯溶液作为封护液，使用毛刷或喷枪将封护液均匀覆盖在青铜器表面，一般涂覆两次，中间间隔12—24小时。封护涂覆过程中应保证青铜器所在环境的清洁，防止粉尘等对封护层的污染，影响封护效果。封护完成后于常温下静置干燥，一段时间后进行观察，如果封护层没有改变青铜器表面颜色、性状等特征，并且无开裂、堆积、剥离等现象，不影响文物的欣赏与展览，则说明封护成功（图2-53）。

图 2-53　青铜器表面封护

11. 存储

馆藏青铜器保存环境是影响青铜器保护的关键因素，平稳、适宜、洁净的保存环境能够显著降低青铜器腐蚀速率，从而延缓青铜文物劣化，达到安全保存的目的。我国古代青铜器多为铜、锡、铅及其他微量元素组成的合金，如果保存环境潮湿且存在较多有害气体，如二氧化硫、硫化氢、臭氧、氮氧化物等常见大气污染物，在协同作用下，极易造成青铜器的腐蚀。另外，一些存在氯化物等有害锈蚀的青铜器，在高湿、高温环境下，有害锈会呈现爆发式生长，导致青铜器严重腐蚀或通体矿化。因此，良好的保存环境是青铜器长久保存的关键。

影响馆藏青铜器保存的环境因素主要有湿度、温度、二氧化硫、氮氧化物、臭氧、粉尘颗粒、有机酸和甲醛等。

湿度是表示空气干湿程度的物理量，即表示空气中含有多少水汽的物理量。湿度可分为绝对湿度和相对湿度，绝对湿度表示单位体积空气内所含水汽的量。一定温度下，空气饱和状态下的含水量称为最高湿度，最高湿度随温度的变化而变化。文物保护中常用相对湿度描述环境干湿度，符号为 RH。相对湿度是指一定温度下绝对湿度与最高湿度（饱和水蒸气状态）之间的比值，相对湿度超过 100% 时，空气中的水蒸气会出现凝结。湿度在氯化物造成的青铜器病害发生和发展过程中作用明显，实验表明，若其他条件良好，青铜器在相对湿度低于 35% 的情况下，可以保持自身的相对稳定；在相对湿度达到 98%、78%、58% 时，氯化亚铜分别只需要 2 小时、4 小时、24 小时便会急速反应生成粉状锈。另外，水还是许多化学反应物的载体，空气中的许多物质溶解于水中形成电解液，导致青铜合金发生原电池反应，出现腐蚀现象。

温度是表示物体冷热程度的物理量。温度不会对青铜本体造成直接影响，但温度升高会改变相对湿度及青铜器表面干湿度，使得环境中的有害因素在溶液中溶解度增大，最终加速有害因素与青铜合金的反应速率，造成青铜器腐蚀。

二氧化硫是最主要的大气污染物之一，无色，易溶于水，具有刺激性气味。潮湿环境下二氧化硫气体会在青铜器表面形成酸性电解溶液，溶解表面致密的氧化膜（赤铜矿），形成微电池反应，进一步腐蚀铜合金基体，形成溶解度较小的绿色腐蚀产物碱式硫酸铜。

氮氧化物也是大气中的主要污染物之一，包括一氧化氮和二氧化氮等。一氧化氮在一定条件下可形成二氧化氮，二氧化氮在强光照下可以生成臭氧等强氧化剂和硝酸，对铜体造成严重腐蚀。同时，在二氧化氮条件下，氧化亚铜有转变为硝酸铜的倾向。

臭氧是一种强氧化剂，具有极强的氧化作用。臭氧对铜合金有很强的腐蚀作用，可生成氧化铜。若二氧化硫、氮氧化物、臭氧同时存在，将发生协同效应，增强对青铜合金的腐蚀能力。

粉尘颗粒是室内外常见的污染物之一，无论是对文物安全还是人体健康均具有较大危害。如粉尘中携带的盐离子可腐蚀青铜器，腐蚀物和粉尘颗粒沉积于青铜器表面，还会使青铜器颜色暗淡，严重影响青铜器的外观等。

另外，保存环境中的有机酸和甲醛等也会对铜器产生严重腐蚀，腐蚀速率受温度和湿度的影响较大。

因此，适宜、洁净、稳定的保存环境是青铜器长久保存的必要条件。青铜器保存过程中应严格控制硫化物、氮氧化物、有机酸等污染物的浓度，各类污染物的具体数值参数可参见《博物馆藏品保存环境试行规范》。相对湿度一般推荐为15%—40%，具体数值应结合青铜器的锈蚀情况而定，如无有害锈，即使相对湿度达55%，青铜器仍然比较稳定；如果存在有害锈，应将相对湿度控制在35%以下。如果文物为含有青铜的复合材质，还应充分参考其他材质的性能控制相对湿度。

·第三章　保护修复与研究案例

本章以项目中汉代铜熏炉、绿釉大陶盘、薄壁青铜盆、铜胎画珐琅摆件、带盖铜舟五组器物为研究对象，从不同角度介绍相关研究工作和保护修复实践经验。部分案例已发表，现全部集中于此，作为项目成果的一部分，供广大读者鉴阅指正。

案例一　馆藏汉代熏炉表面附着物初步分析

2017 年，邹平市博物馆委托山东博物馆文物保护部对其馆藏的一件汉代铜熏炉进行保护修复。这件铜熏炉文物总号 715，通体被红棕色附着物覆盖，并伴有蓝绿色锈蚀。整个器物高 12.4cm，腹径 9.7cm，重 294.6g。炉盖有残缺，足部变形严重（图 3-1）。

熏炉又称熏，是焚香用具。这件熏炉炉盖呈博山形，饰以镂空云纹，所以又称博山炉。博山炉是熏炉中的一种特殊形制，兴起于西汉中期，承载了当时流行的神仙方士思想，是我国文化和艺术史上具有代表性的物质遗产。

修复人员在对该铜熏炉进行保护修复前，利用现代仪器分析技术对铜熏炉腐蚀产物的微观形貌、组织结构、物相成分以及熏炉的材质、工艺进行分析，探讨其腐蚀特征和机理，为保护修复的实施提供了依据。此外，修复人员在分析过程中于熏炉表面发现了彩绘工艺痕迹，这在铜质器物表面十分少见，丰富了古代青铜器表面装饰工艺研究材料，具有重要意义。

图 3-1　汉铜熏炉

1. 样品及检测分析方法

（1）显微观察

利用浩视 KH-8700 型三维数字超景深显微镜，对铜熏炉表面进行显微观察，以确定熏炉表面覆盖物的组织结构及腐蚀产物形态。

（2）元素分析

利用手术刀小心提取具有不同典型形态、颜色特征的腐蚀产物或表面覆盖物，在体式显微镜下，去除样品中的干扰杂质，利用浩视 KH-8700 型三维数字超景深显微镜观察样品形貌，利用帕纳科 Epslion 1 型 X 射线荧光光谱仪分析样品元素成分。在熏炉表面选择一隐蔽部位，用砂纸打磨除去锈蚀，使熏炉露出铜质基体，利用 X 射线荧光光谱仪分析熏炉基体材质的合金成分。

（3）物相分析

将上述样品放在无背景硅片上，滴一滴酒精让样品均匀分散，利用帕纳科

X’Pert3 Powder 型 X 射线衍射仪进行物相分析。对于无法取样的部分，直接利用衍射仪进行原位分析。

2. 检测分析结果

（1）覆盖物组织结构

利用三维数字显微镜，根据覆盖物组织结构及形貌、颜色特征，修复人员将熏炉外表面覆盖物分为两类：Ⅰ类以炉盖外层覆盖物为代表，从内至外依次为熏炉基体—红黑色锈蚀—浅绿色锈蚀—彩绘层—点块状蓝绿色锈蚀；Ⅱ类以炉身外层覆盖物为代表，从内至外依次为熏炉基体—红黑色锈蚀—深绿色锈蚀—彩绘层—点块状蓝绿色锈蚀。通过显微观察，红黑色锈蚀紧贴于基体表面，浅绿色锈蚀呈膏泥状，深绿色锈蚀结晶良好且具有珐琅质，点块状蓝绿色锈蚀散布于器物表面，棕黄色彩绘层均匀覆盖在器物表面（图 3-2）。

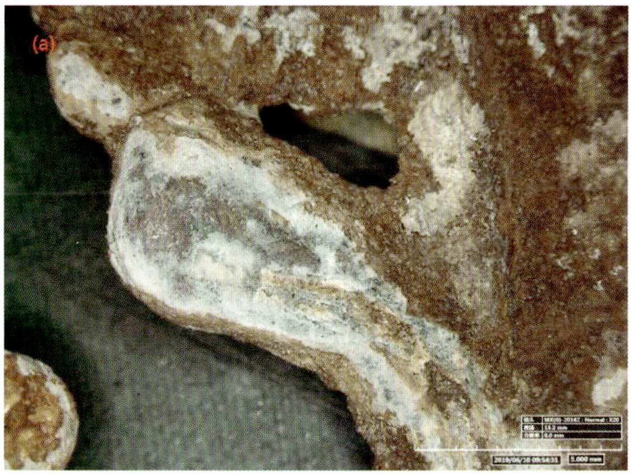

a. 红黑色锈蚀

b. 浅绿色锈蚀

c. 深绿色锈蚀

d. 蓝绿色锈蚀

e. 彩绘颜料

图 3-2　样品显微图像

（2）覆盖物元素分析

利用X射线荧光光谱仪分析样品所含部分元素的质量百分比，因仪器限制，C、H、O、Na元素未能检测，又因红黑色锈蚀层薄、量少，与基体接触紧密，故未取样检测。样品的检测结果如表3-1。

表 3-1　X 射线荧光光谱分析结果（wt%）

样品	Cu	Sn	Pb	Fe	Hg	Si	Al	Ca	P	Cl	As	S
熏炉基体	84.1	3.5	6.9	0.6	0.1	0.9	0.4	0.4	0.4	0.4	0.4	0.0
浅绿色锈蚀	30.4	5.7	45.7	3.8	0.4	3.4	0.0	3.0	1.1	4.7	0.0	0.0
深绿色锈蚀	79.1	0.3	6.4	8.1	0.1	2.7	0.6	1.1	0.5	0.5	0.1	0.0
蓝绿色锈蚀	83.0	0.1	4.0	6.3	0.0	2.9	0.7	1.0	0.6	0.6	0.2	0.0
彩绘颜料	44.0	2.3	10.8	22.7	2.7	7.5	0.0	3.4	1.5	2.6	1.0	0.4

（3）覆盖物物相分析

根据样品X射线衍射谱图（图3-3），利用X’Pert High Scorer分析物相，可知红黑色锈蚀的主要成分是赤铜矿、黑铜矿、孔雀石等，浅绿色锈蚀的主要成分是白铅矿、孔雀石等，深绿色锈蚀的主要成分是孔雀石，蓝绿色锈蚀的主要成分是孔雀石、蓝铜矿等，彩绘层的主要成分是赭石、朱砂等。

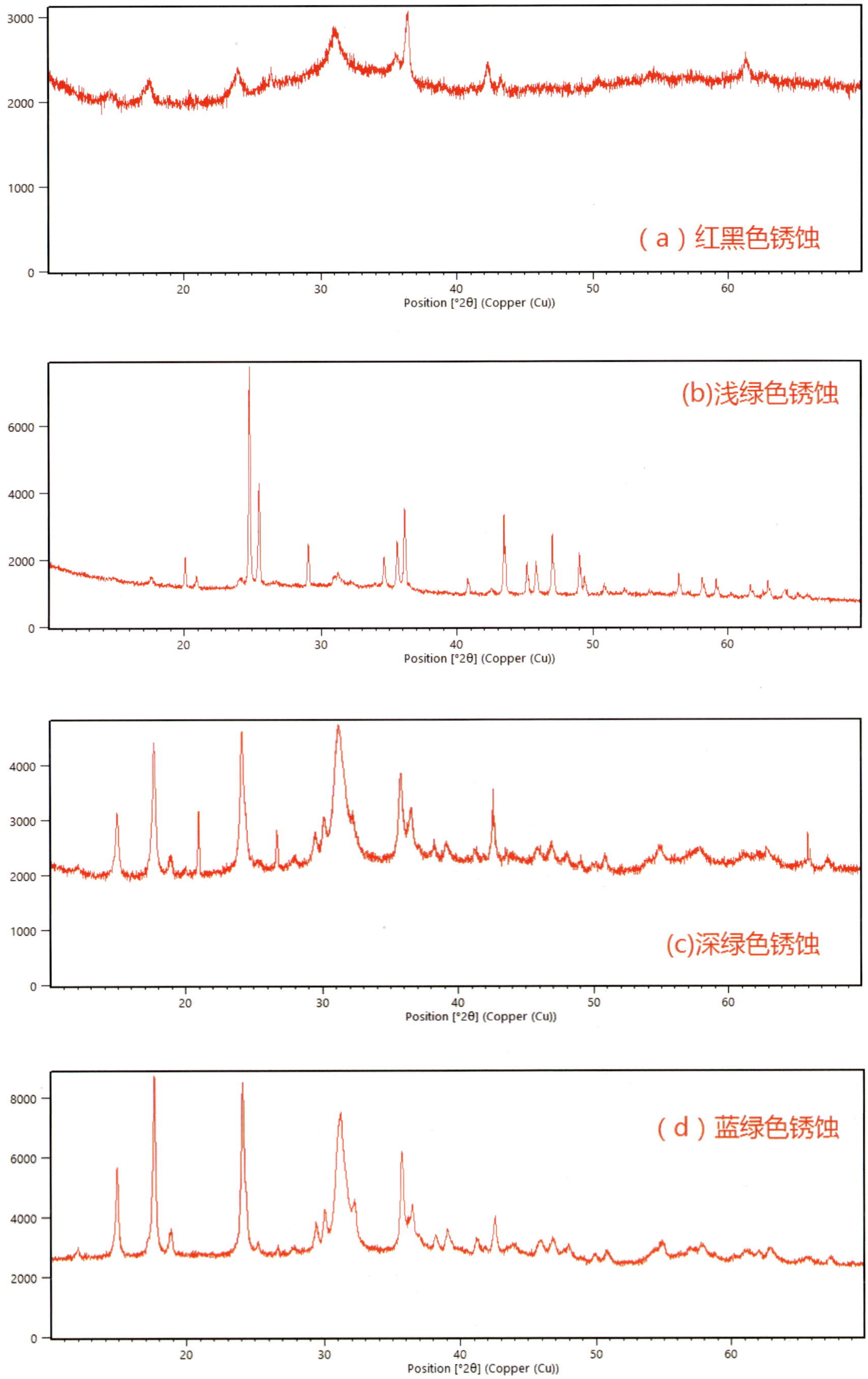

3000
2000
1000
0
(a) 红黑色锈蚀
20
30
40
50
60
Position [°2θ] (Copper (Cu))
6000
4000
2000
0
(b)浅绿色锈蚀
20
30
40
50
60
Position [°2θ] (Copper (Cu))
4000
3000
2000
1000
0
(c)深绿色锈蚀
20
30
40
50
60
Position [°2θ] (Copper (Cu))
8000
6000
4000
2000
0
(d) 蓝绿色锈蚀
20
30
40
50
60
Position [°2θ] (Copper (Cu))

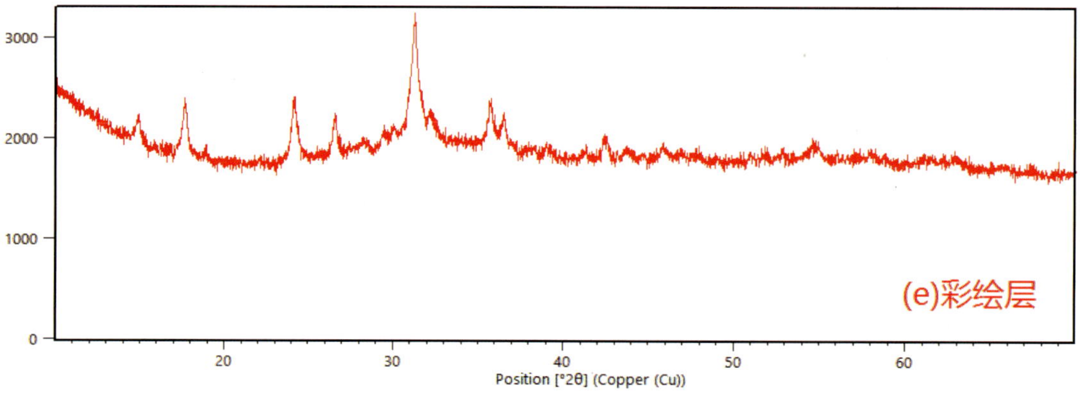

图 3-3　样品衍射谱图

3. 结果讨论

（1）腐蚀层结构分析

从 X 射线荧光光谱分析结果来看，铜熏炉材质为铜 - 铅 - 锡三元合金。铅在室温下不溶于铜、锡，铜、锡以固溶体和化合物的形式结合，铅则以离散状态存在。铜器铸造过程中，铅的存在降低了合金的熔点，增加了溶液的冲型能力，但从电化学序列来看，铅在合金中相较铜、锡更容易优先腐蚀。

整体来看，铜熏炉表面包括彩绘层在内共有四层附着物，可以分为两类，这两类的区别主要在于第二层锈蚀的不同。从实验结果来看，第一层锈蚀薄而致密，呈红黑色，结合物相分析结果推测，该锈蚀的主要物相为赤铜矿和黑铜矿。第二层有两种锈蚀，Ⅰ类中呈浅绿色膏泥状锈蚀的 X 射线荧光光谱分析结果显示，其与基体相比铅含量增加明显，铜含量显著降低，锡含量略有增加，结合物相分析结果来看，该锈蚀的主要物相为白铅矿、孔雀石等，同时含有锡、硅、铁、磷、氯等元素组成的物质；Ⅱ类中呈深绿色珐琅状锈蚀的 X 射线荧光光谱分析结果显示，其与基体相比铜、铅含量变化不大，锡含量降低明显，根据物相分析结果推测，该锈蚀的主要物相为孔雀石，同时含有锡、硅、铁、磷、氯等元素组成的物质。第三层呈棕黄色，质地均匀，X 射线荧光光谱分析结果显示含有铁、汞、铜、铅、硅等元素，根据物相分析结果可知该层的物相主要为赭石、朱砂等，推测该层为人工彩绘层。第四层为点块状蓝绿色锈蚀，零星分散于彩绘层表面，X 射线荧光光谱分析结果显示其主要成分为铜元素，根据物相分析结果，推测该层物相主要为孔雀石、蓝铜矿等。

（2）腐蚀机理探讨

截至目前，各国学者对青铜器腐蚀产物的组织结构、物相成分、生成机理做了大量研究，研究表明：青铜器的腐蚀产物和生成机理与青铜器合金成分、加工工艺、使用情况、埋藏环境等因素密切相关。从整体来看，这件熏炉腐蚀产物具有一致性，但因浇铸工艺水平造成的不同位置铸造缺陷和合金元素偏析导致的成分不均匀性，以及埋藏环境的偶然因素，使得熏炉表面出现不同的腐蚀过程，腐蚀产物结构及成分表现出一定的差异化，最终使熏炉表面产生两种类型的腐蚀组织。通过 X 射线荧光光谱仪所得分析数据（表 3-1）可知，该熏炉基体及锈蚀产物中各元素含量存在明显差异，推测合金在腐蚀过程中发生离子迁移，铜、铅等金属阳离子从基体内向外迁移，并与环境中的阴离子发生选择性反应，从而在基体外形成不同层次的腐蚀产物堆积。

赤铜矿一般呈暗红色，不溶于水，属立方晶系。青铜器无论是埋藏于地下还是暴露在空气中都会生成赤铜矿，且大多数赤铜矿贴附于青铜基体之上。因为赤铜矿层的生成与青铜基体的取相间存在取向生长关系，在腐蚀过程中，赤铜矿保持了基体金相的枝晶结构，所以生有赤铜矿的青铜器表面基本保持了器物腐蚀以前的形貌。虽然赤铜矿层能够降低合金的氧化速度，但是这层氧化膜能够导电，这在整个合金腐蚀中发挥了巨大作用，使包括铜离子、铅离子等在内的阳离子能够继续通过赤铜矿层迁移到外部，与环境中的阴离子发生反应，生成孔雀石、白铅矿、蓝铜矿等物质。铜器受热后容易在赤铜矿的表面生成黑铜矿。孔雀石与蓝铜矿互为同分异构体，是青铜锈蚀中的常见产物。蓝铜矿与孔雀石在一定条件下可以相互转化，当处在潮湿又缺少二氧化碳的环境中时，蓝铜矿可能变为孔雀石。

根据 X 射线荧光光谱分析分析结果，氯、磷等元素在熏炉表面附着物中的含量比基体中明显偏高，推测氯、磷元素来自土壤，通过阴离子迁移进入腐蚀层。物相分析手段未检测出含氯、磷物质，不能确定该熏炉表面是否存在氯铜矿或副氯铜矿等有害锈，需进一步借助拉曼光谱仪、扫描电镜等仪器进行分析。

（3）青铜器表面彩绘

我国古代青铜器表面有多种多样的装饰工艺，如包金银、镶嵌宝石、鎏金银、错金银铜、乌铜走银、彩绘等。彩绘作为青铜器表面装饰工艺的一种，出现较早、时间跨度较长，但一直未能大范围流行。商周时期，部分青铜器纹饰中已经出现以填充红、黑颜料为装饰的现象，这种彩绘装饰一直流行到东汉时期，考古工作者在秦汉时期的遗存中常发现彩绘青铜器，如秦始皇陵的彩绘铜车马、山西出土的雁鱼铜灯、大同出土的彩绘铜洗，以及两汉时期各种样式的彩绘铜镜等。青铜器表面的彩绘纹饰通过绚丽的色彩增强了青铜器的艺术观赏性，同时，彩绘层也可以掩盖青铜器在铸造过程中出现的瑕疵，如砂眼、修补痕迹等，降低了对青铜器表面打磨抛光诸繁琐工艺的要求。

这件汉代铜熏炉表面的彩绘颜料主要由赭石、朱砂及其他黏土材料混合而成，并采用有机胶作为粘接材料，使矿物颜料贴附于青铜器表面，形成一层色彩鲜艳的彩绘层。粘接剂的具体成分还需进一步分析。

4. 结论

通过利用三维数字显微镜、X 射线荧光光谱仪、X 射线衍射仪对邹平市博物馆所藏汉代铜质彩绘熏炉的基体及表面附着物进行科技检测分析，得出以下结论：

（1）熏炉材质为铜 - 铅 - 锡三元合金，表面涂抹彩绘颜料。彩绘在我国古代青铜器表面装工艺中并不多见。通过检测分析，推测该彩绘颜料的主要物相成分为赭石、朱砂等矿物。

（2）熏炉表面腐蚀均匀，腐蚀产物可分为两种类型，均具有四层结构。腐蚀产物主要为白铅矿、蓝铜矿、孔雀石、赤铜矿、黑铜矿等。

（3）熏炉颜料层下发生腐蚀，使颜料层吸附力减弱，容易发生脱落，在保护修复过程中应当进行加固处理，确保颜料层结构稳定。

案例二　汉代绿釉大陶盘的保护修复

山东省邹平市博物馆藏有两件汉代绿釉大陶盘，这两件陶盘出土于邹平市邹魏电解铝厂汉代墓地，破碎较为严重。盘 1 文物总号 701，破碎为 12 块（图 3-4a）；盘 2 文物总号 702，破碎为 21 块（图 3-4b）。两盘形制相同，大小相当，纹饰相似，经拼合后测量，盘 1 最大直径为 38.4cm，高 3.5cm，重 2050.0g；盘 2 最大直径为 40.6cm，高 2.1cm，重 2475.0g。两件陶盘皆红胎绿釉，釉料脱落严重，盘面均被五组弦纹分为四部分，波浪纹间或填于其中。为增强这两件绿釉陶盘结构的稳固性和实现展示的完整性，2019 年邹平市博物馆委托山东博物馆对其实施保护修复。为做好这两件绿釉陶盘的保护修复工作，项目组首先对文物的工艺和病害特征进行评估，在此基础上，利用传统和现代工艺材料，按照最小干预、不改变文物原状、可再处理等文物保护修复基本原则的要求，实施保护与修复工作。同时，在修复过程中，重视对文物修复过程的记录和修复效果的评估，建立了完善的文物保护修复档案。

a. 盘 1

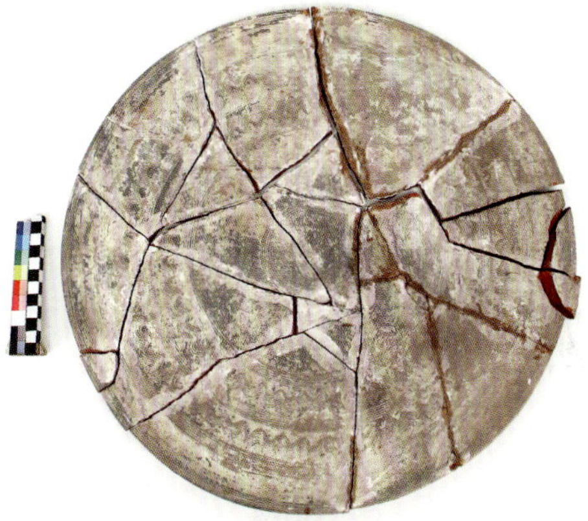

b. 盘 2

图 3-4　保护修复前的汉代绿釉大陶盘

1. 工艺与病害分析

这两件汉代绿釉大陶盘属低温铅釉陶，中国古代的铅釉陶最早出现于汉代，根据现有出土资料，汉代早期铅釉陶数量较少，汉代末期逐渐增多，经过魏晋南北朝的中间过渡，唐代时期铅釉陶发展达到鼎盛，我们熟知的“唐三彩”便是其中的典型代表。低温铅釉陶的胎体中硅元素含量最高，其次为铝和铁等元素；表面釉层以普通黏土为原料，以铅的氧化物为基本助溶剂，降低釉体熔融温度，以铜或铁等金属元素的氧化物为着色剂，在 700℃—900℃低温下烧制而成，增加了陶器表面的光泽和色彩。为了做好这两件绿釉陶盘的保护修复工作，项目组首先对其工艺和病害情况进行分析评估。利用肉眼和超景深显微镜观察可以发现，陶盘胎体呈红色，表面绿釉剥落明显。利用扫描电镜 - 能谱仪（荷兰飞纳 Phenom XL 型能谱版扫描电镜）对绿色釉体进行分析，结果显示 Pb 元素占 42.5%，O 元素占 33.9%，Si 元素占 9.8%，

Sn 元素占 3.4%，Cu 元素占 2.75%，Al 元素占 2.5%，Ca 元素占 1.2%，因此可知绿釉的主体成分为 $PbO-SiO_2-Al_2O_3$ 体系，属于铅釉。在工艺分析的基础上，项目组对这两件釉陶盘进行整体病害评估，发现其主要病害有表面附着物、断裂、残缺、釉面脱落等（图 3-5）。器物出土后表面覆盖有土垢及其他硬结物，未做细致清理，同时可见简单的修复痕迹，包括粘接、补配等，因材料老化等原因，粘接、补配处再次断裂掉落，在进行保护修复前，需对附着在器物上的石膏、胶质物等进行去除。断裂主要是埋藏过程中受到外力作用而发生的。陶盘存在部分残缺，之前采用石膏进行过简单补配。釉面脱落主要是由于釉面成形温度较低，性质欠稳定，容易发生腐蚀等病害情况。

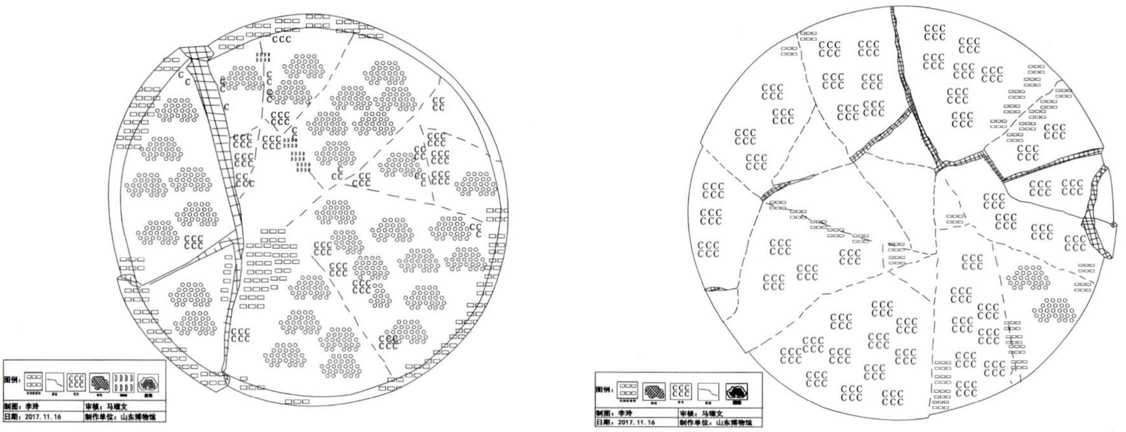

a. 盘 1　　　　b. 盘 2

图 3-5　汉代绿釉大陶盘主要病害

2. 保护修复过程

绿釉陶盘的保护修复工作主要按照文物信息采集、修复实施、档案整理的修复技术路线进行。修复人员在修复前首先建立保护修复档案，档案内容包括文物的基本信息、影像信息、科技信息、价值评估和保存环境信息。档案建立完成后，开始进入保护修复实施阶段，该阶段主要包括清洗、拼对、粘接、补配、刻画、做旧等环节（图 3-6）。整个修复过程中，修复人员实时进行相关资料的整理保存，做好档案记录工作，修复档案包含了保护修复过程中的所有信息。

（1）清洗

釉陶盘表面有灰尘、泥土、硬结物等污染物附着，故先用毛刷、竹签进行适当清理。部分硬结物附着较紧密，可以用乙醇或去离子水适当软化，再用毛刷或竹签清理，对于仍然无法去除的硬质附着物，可采用洁牙机适当清理。陶盘上可以清晰地看到前人的修补痕迹，前人应该对这两件陶盘做过粘接和补配处理，根据残留痕迹和修复时间可以判断粘接使用的是虫胶，补配采用的是石膏，这些残留修复痕迹需要去除。虫胶的去除方法是使用脱脂棉蘸乙醇覆盖胶体处进行软化，待胶体软化松动后用竹签、手术刀小心剔除。

（2）拼对

釉陶盘清理完成后开始拼接，盘 1 碎为 12 块，盘 2 碎为 21 块，都存在部分缺失，拼接难度偏大。这一步骤十分考验修复人员的耐力，修复人员需按照釉盘碎块的形状估计出其在釉盘上的大概位置，再根据茬口慢慢拼合，直至最后拼接出完整器物形状。

（3）粘接

拼接完成后开始进行粘接操作。此次修复主要使用环氧树脂胶，采用先局部后整体的粘接方式进行粘接。首先利用胶带、热熔胶、皮筋、502 胶水等对残片进行预拼合，临时粘接加固，确认拼合无误后，选用 3A、海克斯塔等环氧树脂胶进行渗透加固处理。

（4）补配

粘接完成后，需对残缺处以及连接缝隙进行补配处理。补配材料采用环氧树脂胶、填料、颜料根据器物底色调和而成，涂抹于残缺部位。补配位置部分固化后，采用雕刻刀等工具进行修整，完全固化后，采用砂纸按目数由低到高的顺序进行打磨抛光。

（5）刻画

部分补配处需补刻花纹。先用勾线笔按照器物纹样规律在补配处勾出线条，再用刻刀刻画出纹样。这一步比较考验修复人员的美术功底，若功底较差，也可采用透明描图纸在完整纹饰处进行描摹，然后在残缺处照图纸摹刻的方式。无论采用哪种方式，都应注意不能臆造纹饰。

（6）做旧

修复人员根据釉陶盘表面色彩特征，采用矿物颜料，通过涂、抹、点、弹等技法上色做旧，使补配处颜色与文物本身色彩相衔接，达到浑然一体、修旧如旧的修复效果。

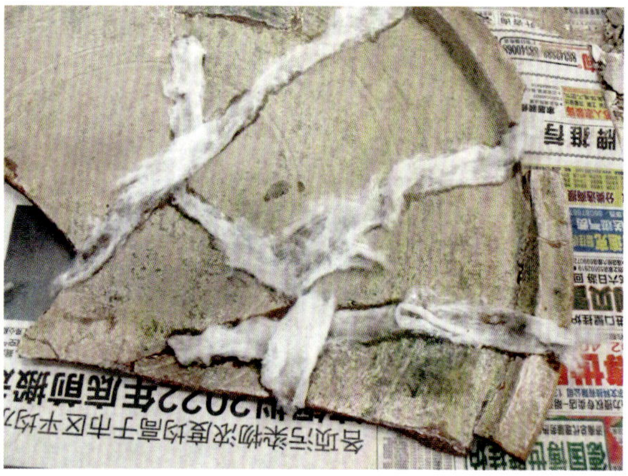

a. 清洗

b. 粘接

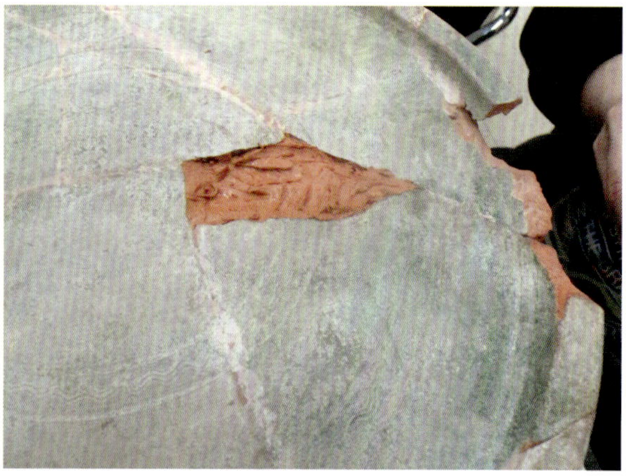

c. 补配

d. 刻画

e. 盘 1 修复后

f. 盘 2 修复后

图 3-6　修复过程和修复效果

3. 结语

文物保护修复是一门技术也是一门艺术，更是一门科学。在保护修复过程中我们应当时刻秉持实事求是、科学研究的理念，在相应文物保护修复原则的指导下进行保护修复操作。早期文物修复使用的材料因时间原因逐渐老化，使文物结构的稳定性面临更大的风险，这提醒我们在平时的文物保管、保护过程中，注意对此类文物的检查与评估，及早发现问题，及早利用新材料和新技术改善文物的保存状态。

案例三　邹平馆藏汉代薄壁青铜盆的初步科学分析

2017 年，邹平市博物馆委托山东博物馆对其所藏病害较为严重的汉代薄壁青铜盆进行保护修复。该青铜盆无编号，通高约 8.3cm，口径约 23.4cm，沿厚约 0.2cm，重 2877.0g，器壁较薄，通体被蓝绿色锈蚀覆盖，表面零星分布有土垢、红色附着物等，底部有断裂、残破、变形等病害（图 3-7）。青铜盆出土于邹平市鹤伴五路西段施工工地，与其同时出土的还有大量不同年代的铜器，该处可能为明清时期的铜器窖藏，目前该工地的具体考古发掘信息还未公布。在对该青铜盆进行保护修复前，为加强对文物的科技认知，项目组利用现代仪器分析技术，对薄壁青铜盆进行了初步检测，分析其材质工艺和腐蚀特征，为研究汉代冶金技术及薄壁青铜盆的保护修复提供科学数据。

图 3-7　保护修复前的薄壁青铜盆

1. 实验样品

从残破处提取一小块残片，残片大小以满足实验最低要求为限，将该样品编号为 CP1。利用超景深显微镜观察器物表面的显微特征，使用手术刀从器物表面小心刮取 4 种代表性腐蚀物（附着物）作为样品进一步分析，样品形貌特征及实验编号如图 3-8。

a. 样品实验编号 FZW1，呈白绿色纤维状，夹杂大量沙土。

b. 样品实验编号 FZW2，呈绿色葡萄串状，伴有白色膏泥状产物。

c. 样品实验编号 FZW3，深蓝色，质地紧密，有釉质光泽。

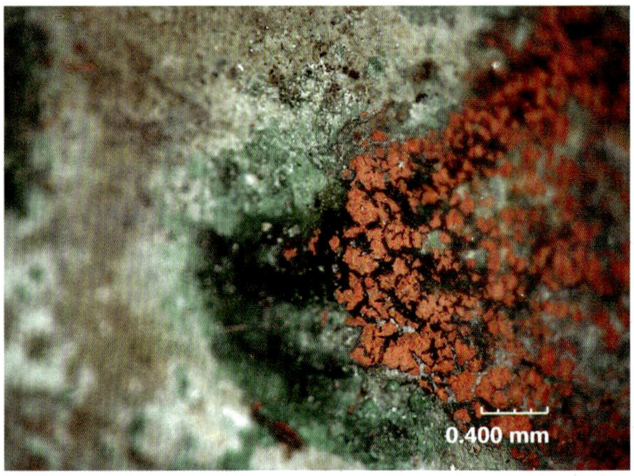

d. 样品实验编号 FZW4，呈棕红色离散状，附着于锈层表面。

图 3-8　器物表面腐蚀产物（附着物）形貌特征及实验编号

2. 实验方法和条件

样品 CP1 采用环氧树脂包埋处理，经打磨、抛光后，采用扫描电镜 - 能谱仪进行微观形貌观察与元素成分分析，利用偏光 - 金相显微镜观察截面显微组织结构。然后采用氨水、双氧水 1∶1 混合液侵蚀样品，继续观察样品的金相组织特征。扫描

电镜 - 能谱仪型号为荷兰飞纳 Phenom XL 型能谱版扫描电镜，测试电压为 15kV。偏光 - 金相显微镜型号为德国徕卡 DM6000。

分别将样品 FZW1、FZW2、FZW3、FZW4 放入玛瑙研钵中进行适当研磨，然后使用 X 射线荧光光谱仪进行元素定性分析，仪器型号为帕纳科 Epslion 1。再将四种样品依次放在单晶硅片上，滴加酒精，用钢针将其分散均匀，待酒精挥发后，使用 X 射线衍射仪分析样品物相组成。X 射线衍射仪型号为帕纳科 X' Pert3 Powder，测试条件为电压 40kV、电流 40mA、铜靶。

3. **检测分析结果**

（1）CP1 扫面电镜 - 能谱分析

利用扫描电镜对 CP1 截面进行显微观察，发现其组织均匀，仅见单相组织（图 3-9）。利用能谱仪对该单一组织做局部成分检测（未测 C、O 元素），结果见表 3-2，2 区组织成分以 Cu、Sn 元素为主，比例约为 9∶1，该单一相组织为 α 固溶体。

经能谱分析，显微照片中亮白色、岛屿状分散颗粒铅含量达 80% 以上，为铅颗粒。铅与铜、锡互溶有限，难以形成合金，一般以游离态分布于合金之中。

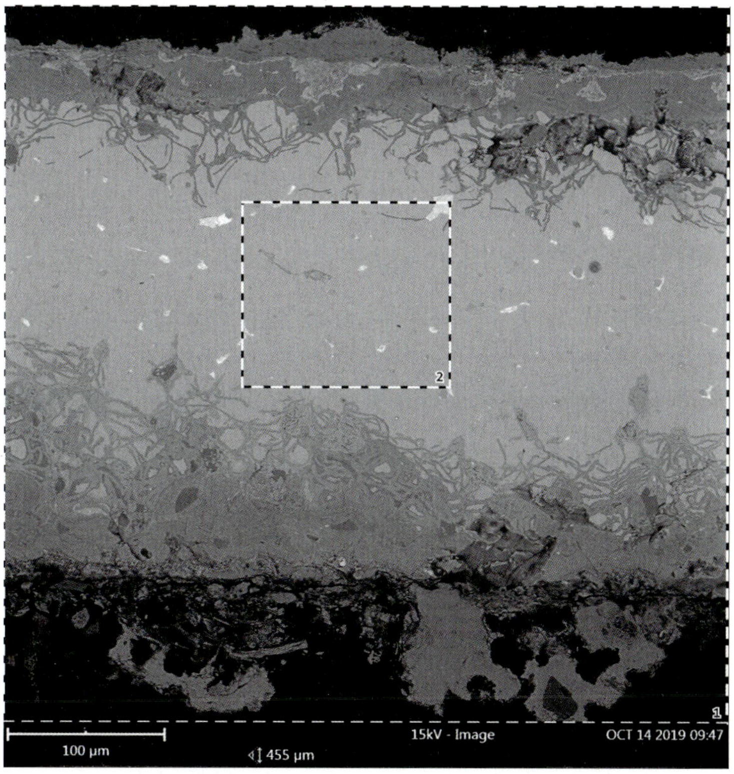

图 3-9　扫描电镜下 CP1 的微观形貌和成分分析

表 3-2 CP1 截面微区成分分析结果

测试位置	元素（wt%）					
	Cu	Sn	Pb	Si	Cl	Al
1 区	70.06	15.79	9.98	2.83	0.68	0.66
2 区	90.6	9.4	–	–	–	–

注：能谱仪对图 3-9 中标注的 1、2 两区域做定性半定量元素分析，仅测量原子序数高于硼（B）的元素，未测碳（C）、氧（O）元素。

（2）CP1 金相显微分析

对包埋磨抛处理后的 CP1 样品进行显微观察（图 3-10），可见样品腐蚀严重，腐蚀沿裂隙从表面向铜基体内部深入，铜基体内部出现大量红色锈蚀，锈蚀较为均匀平整，紧贴铜基体，红色锈蚀中隐约可见铜组织结构形态。腐蚀分层明显，紧贴铜基体一层为红色锈蚀，推测为氧化铜矿和锡石混合物；外面一层为绿色锈蚀，推测为孔雀石。

采用氨水、双氧水混合液（比例 1∶1）侵蚀 CP1 样品后，对侵蚀后部位进行金相组织观察，发现金相组织呈均匀化，无枝晶偏析，基体组织为 α 固溶体，未见 δ 相，晶内有较多滑移带，黑色细小铅粒弥散分布其间，为热处理加冷加工组织（图 3-11）。

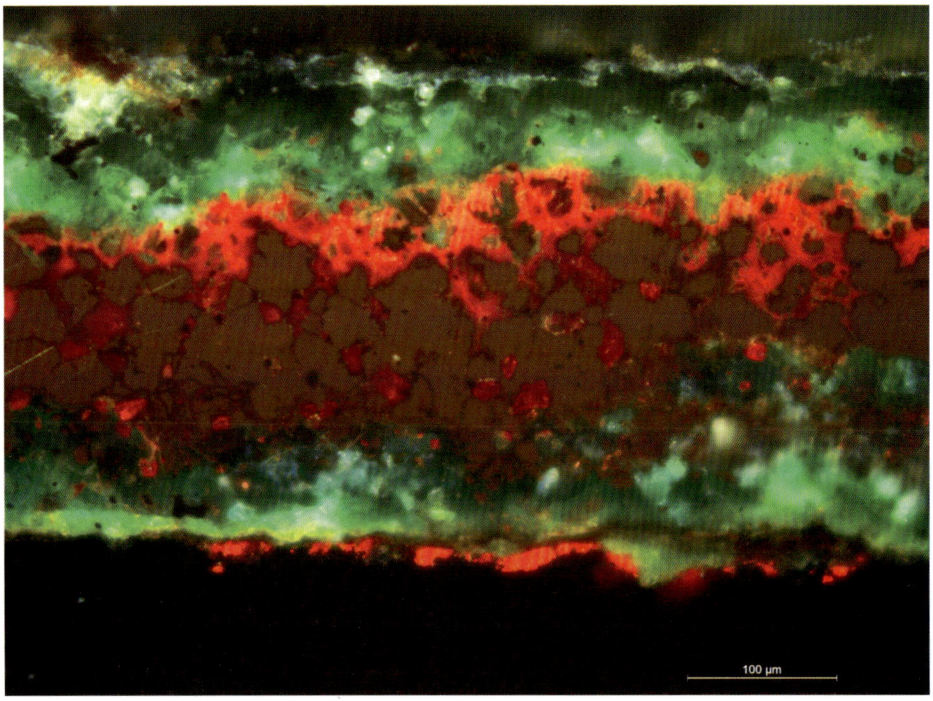

图 3-10　侵蚀前 CP1 显微组织结构

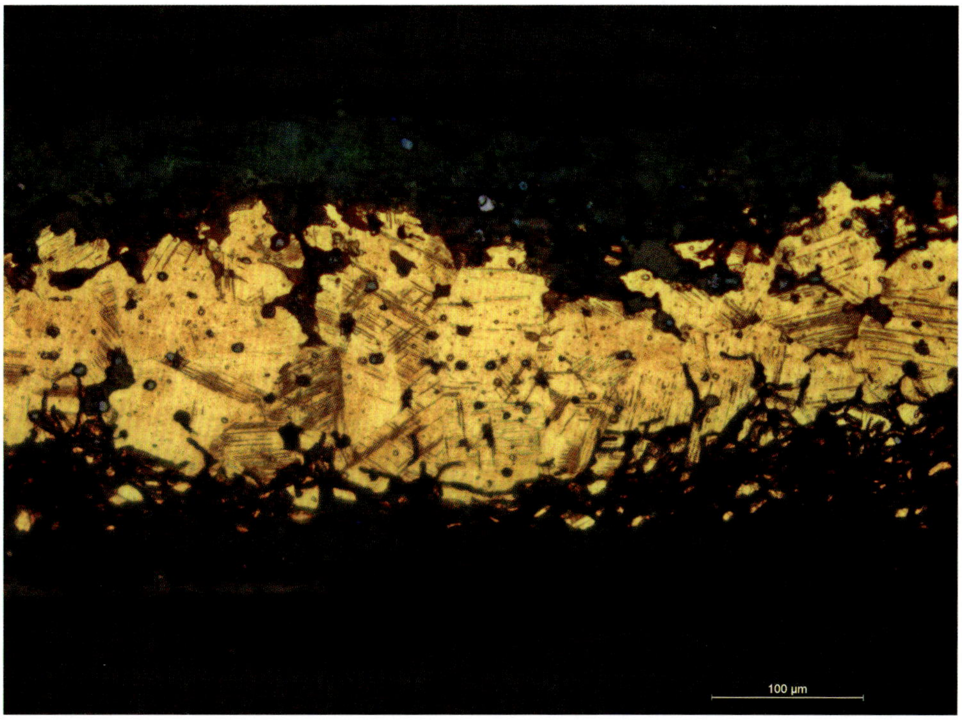

图 3-11 侵蚀后 CP1 金相组织结构

（3）腐蚀产物（附着物）元素定性及物相分析

利用 X 射线荧光光谱仪（XRF）定性分析腐蚀产物（附着物）的元素组成，并结合元素分析结果，利用 X 射线衍射仪（XRD）检测分析腐蚀产物（附着物）的物相组成，结果见表 3-3。

表 3-3 腐蚀产物（附着物）元素成分及物相分析结果

样品编号	颜色	XRF 元素分析结果	XRD 物相分析结果
FZW1	绿色	Cu、Sn、Pb、Si、Fe 等	孔雀石、石英等
FZW2	绿色	Cu、Sn、Pb、Fe 等	孔雀石、石英等
FZW3	蓝绿色	Cu、Sn、Pb、Fe、Ca 等	蓝铜矿、孔雀石、锡石、石英等
FZW4	棕红色	Cu、Sn、Pb、Fe、Cl、Ca、S、Hg、Si 等	朱砂、赭土、孔雀石等

4. 讨论

（1）合金成分

由表 3-2 可知，图 3-9 中 1 区内，Cu 含量为 70.06%，Sn 含量为 15.79%，Pb 含量为 9.98%；2 区中仅测到 Cu、Sn 两种元素，含量分别为 90.6% 和 9.4%。推测

该薄壁青铜盆基体材质为 Cu-Sn-Pb 三元合金。2 区内未测到 Pb 元素，可能是因为该铜盆本身 Pb 元素含量较低，腐蚀后 Pb 离子又向外迁移，最终导致 2 区内未测到 Pb 元素。1 区内 Pb 元素含量过高主要是因为样品腐蚀严重，被腐蚀后的 Cu、Sn、Pb 以离子形式向外迁移，但因 Pb 原子序数大、质量大，离子迁移慢，Cu、Sn 原子序数小、质量相对较小，其离子容易迁移到周围环境之中，造成流失，最终导致 1 区内 Pb 元素含量的升高。

薄壁青铜盆器壁较薄，成型过程中对金属溶液的流动性有较高要求，一定量的铅加入到锡青铜中可提高溶液流动性，增强充填铸型能力，对铸件表面纹饰清晰度及尺寸精度有直接影响。铅熔点较低，约 327℃，在凝固过程最后阶段以富铅溶液填补在枝晶空隙中，使枝晶间的显微缩孔体积大大减小，从而提高铸件质量。

（2）金相组织

CP1 样品截面金相组织中枝晶消失，仅见 α 固溶体，晶界腐蚀不明显（图 3-11）。这一组织特征在一定程度上与现代“均匀化退火”样品组织类似。现代铸件“均匀化退火”亦称“扩散退火”，是将铸件加热到该合金固相线温度以下的某一较高温度，长时间保温，然后缓慢冷却下来，使合金中的元素发生固态扩散，以此减轻化学成分的不均匀性。古代青铜器中，有些样品具有“均匀化退火”组织特征，一般认为与该铸件在使用过程中长时间与火接触或祭祀中的焚器活动有关，而并非有意识地对铸件进行“均匀化退火”①。CP1 晶内存在少量滑移带，一般认为滑移带与外力作用有关，通过滑移带数量和组织形变情况来看，外力作用量较小，这些滑移带可能与使用活动有关，而非有意进行的冷锻处理。

（3）腐蚀及附着物

样品腐蚀结构分层明显，橙红色为赤铜矿和锡石的混合物层，绿色为孔雀石层，但两侧锈蚀结构不同。从图 3-10 中可以看出，基体上层分橙红色、绿色两层，基体下层只有一层绿色锈蚀层（红色为朱砂等附着物），这可能与器物在使用过程中受热面不同有关，具体原因有待进一步分析。

---

① 孙淑云、韩汝玢、李秀辉：《中国古代金属材料显微组织图谱·有色金属卷》，科学出版社 2011 年版，第 26~27 页。

整体来看，样品腐蚀严重，从表面到中心出现不同程度矿化，导致器物酥脆。为防止修复过程中发生断裂等二次文物破坏现象，应在修复前使用 B-72 丙酮溶液做加固处理[①]。利用 XRD 对三类腐蚀产物样品进行物相分析，未发现含氯铜盐，但在 XRF 分析中存在 Cl 元素，可能是由于 Cl 元素含量较少未达到 XRD 检测最低标准而未被检出。因此，为防止 Cl 离子参与进一步腐蚀，在器物修复完成后应进行整体缓蚀、封护处理[②]。

器物最外层附着的棕红色物质，经检测分析为朱砂、赭土混合物，从图 3-10 中可以看出该附着物全部贴附于最外层绿色锈蚀层上，因此推断该附着物非器物上的涂抹物，而是在保存过程中接触其他物品所致。

5. 结论

（1）该薄壁青铜盆基体材质为 Cu-Sn-Pb 三元合金，从金相显微分析结果来看，仅见 α 固溶体，器物经过热处理，组织呈现均匀化，晶界不明显，存在少量滑移带，可能为使用造成的痕迹。

（2）该青铜盆腐蚀严重，从表面沿裂隙向中心腐蚀，腐蚀表面平整，层次清晰，腐蚀产物主要有孔雀石、蓝铜矿、锡石、赤铜矿等。基体两侧锈蚀结构不同，可能是器物在使用过程中受热面不同所导致。

（3）器物酥脆，为防止修复过程中发生断裂等二次文物破坏现象，在保护修复前应首先进行加固处理。此外，腐蚀产物成分中存在 Cl 元素，有进一步诱发腐蚀的风险，修复完成后应做整体缓蚀、封护处理。

案例四　馆藏铜胎画珐琅保护与修复

珐琅器一般指采用珐琅釉作为表面装饰材料的器物。珐琅釉主要是一种低温烧成的以硼酸为助溶剂的硒酸盐玻璃料，通过加入不同的金属氧化物，呈现出不同颜色和色阶效果。珐琅器按胎体材质的不同，可分为金胎珐琅、银胎珐琅、铜胎珐琅、

---

① 山西博物馆：《山西博物院藏部分青铜器保护修复研究》，科学出版社 2016 年版，第 88 页。

② 国家文物局博物馆与社会文物司：《博物馆青铜文物保护技术手册》，文物出版社 2014 年版，第 94~110 页。

瓷胎珐琅、陶胎珐琅、玻璃胎珐琅等，其中以铜胎珐琅和瓷胎珐琅较为常见。

铜胎珐琅按胎制工艺又可分为掐丝珐琅、錾胎珐琅、画珐琅等。画珐琅起源于法国，于16世纪传入中国，受到清代康、雍、乾三位皇帝的喜爱和重视。由于得到当朝皇帝的大力支持，珐琅制品在康、雍、乾时期达到鼎盛，后又逐渐衰落。画珐琅一般以红铜为胎，首先以铅钾釉作底，入窑烧结，再由顶级画师以不同颜色的釉料绘制图案，按照从高温到低温的顺序反复烧造而成。烧结过程必须谨慎小心，稍有不慎，极易釉崩器毁。珐琅器按器物性质可分为陈设器、实用器、祭祀宗教用器等。从器物大小推测，这套待保护修复的画珐琅为陈设把玩之器。从器物纹样及釉料色彩判断，这套器物的烧造年代为晚清民国时期。

画珐琅不但工艺复杂，更是清康、雍、乾三代在昌盛国力下由皇帝主导的、在宫廷打造的、不惜代价、不计成本的顶级艺术，是康、雍、乾对自己辉煌统治的肯定，是其文治武功在艺术上的物化表现，是进入国家典藏的重器。但是相较于瓷胎画珐琅来说，学界对铜胎画珐琅进行的学术研究较少，资料相对稀缺，与其文化地位还不太匹配。邹平市博物馆所藏的这套铜胎画珐琅器文物总号85，包括桌、椅、几案、酒壶、灯盏、盘等小型器具，造型纤细典雅，色彩艳丽。其中，桌面边长29.3cm，桌高10.6cm；椅背高10.8cm，椅面长8.3cm，椅面宽6.7cm；几案长7.6cm，宽3.4cm，高2.0cm；酒壶高9.3cm；灯盏高17.0cm；大盘口径7.6cm，沿高1.5cm；中盘口径6.0cm，沿高1.4cm；小盘口径5.2cm，沿高0.8cm。据邹平市文物管理所原所长王臻回忆，该套文物为1956—1957年前后由群众捐赠。这套器物形制少见，纹饰精美。该套器物的保护研究，对于进一步探索铜胎画珐琅的工艺、传播以及文化属性具有重要意义。

1. 铜胎画珐琅工艺科技分析与研究

（1）科技分析目的及样品选择

铜胎画珐琅工艺由两部分组成，一部分是铜胎骨架的制作，另一部分是画珐琅的烧制。因此，科技分析的目的，一是了解铜胎骨架的合金成分、制作和连接工艺，二是对表面画珐琅工艺进行分析，包括釉料的表面形态、底釉及各色釉料的成分等。通过借助现代仪器分析技术，能够较为全面地了解该套铜胎画珐琅器的制作工艺，为后续铜胎画珐琅器的保护修复研究提供数据参考。

此次分析以无损分析为主，可在器物残破、断裂部位提取少量样品，样品数量以满足最低实验要求为标准。

（2）分析方法及条件

利用X射线探伤仪对其中11件画珐琅器拍摄X光照片。仪器型号为美国GOLDEN XRS4型便携式X射线探伤仪和韩国ATLAIM PIXX1717型无线平板X射线探测器（图3-12）。

图3-12　拍摄X光片

利用超景深显微镜对器物表面釉料形态进行观察。超景深显微镜型号为浩视KH-8700型三维数字超景深显微镜（图3-13）。

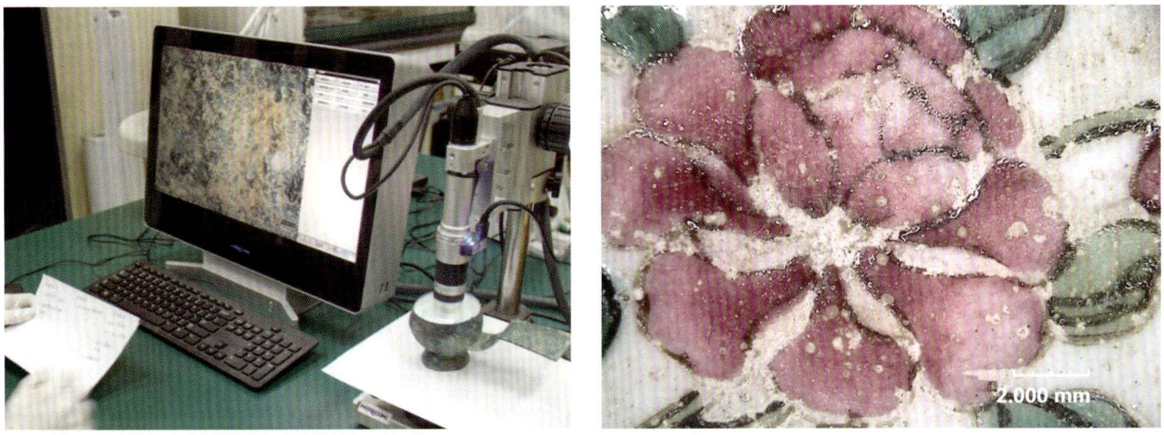

图3-13　显微形貌观察

利用扫描电镜-能谱仪对器物样品进行显微观察和元素成分分析。扫描电镜型号为荷兰飞纳Phenom XL型能谱版扫描电镜，测试电压15kV（图3-14）。

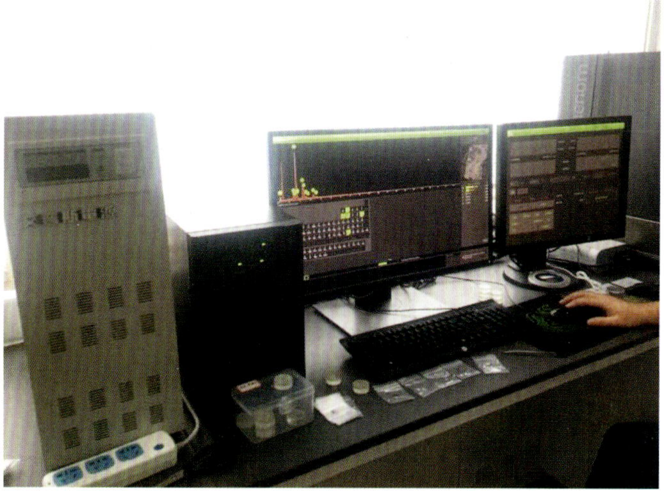

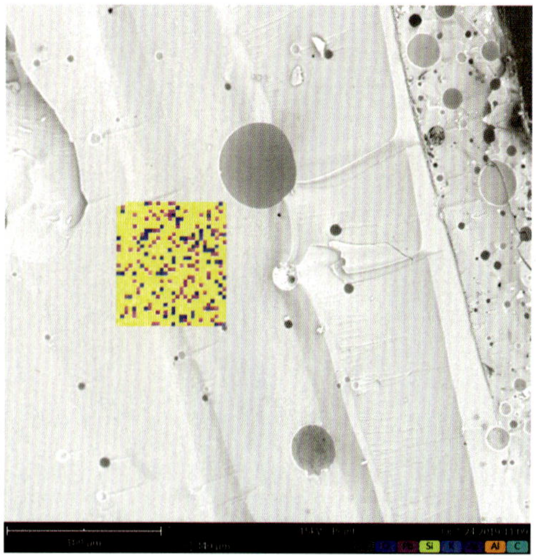

图 3-14 采用扫描电镜 - 能谱仪进行元素成分分析

（3）分析研究结果

铜胎材质为 Cu-Zn-Pb 三元合金，Cu 含量较高，材质延展性较好，Zn、Pb 的添加可以适当增加合金的强度。

铜胎形制为锤揲、焊接而成，即先将铜皮卷曲或锤揲成铜胎组件，再采用焊接的方法将各部分连接在一起。

制成铜胎后，在铜胎表面涂底釉，有的器物或部位涂一层底釉，颜色有白色、浅绿色等；有的器物或部位涂两层底釉，在白色底釉上再涂一层紫色底釉。烧制凝结后，再在底釉上采用棕色釉料勾出图案轮廓，然后填色釉，再次烧制凝结。

底釉及部分色釉基体为 SiO_2-PbO-K_2O-Al_2O_3 体系，白色底釉、浅绿色底釉、黄色色釉中含有 As 元素，推测采用砷酸铅作为乳浊液，从而产生乳浊效果。釉料中的 Fe、Cu、Zn 等元素产生的金属氧化物具有着色效果，为釉料的着色剂。

2. 文物病害评估

根据部分铜胎画珐琅器的 X 射线探伤及超景深显微观察结果，这 20 件铜胎画珐琅器存在的病害主要有灰渍、褪色、变形、残缺、脱釉等，具体如下：

（1）灰渍

由于时间久远、保存不当，这套器物中大部分器物表面有一层较为致密的灰渍（图 3-15）。

图 3-15　画珐琅器表面灰渍

（2）褪色

部分器物因被水浸泡等原因，表面的釉色脱落或釉料颜色变浅，有的已无法辨认图案原始色彩（图 3-16）。

图 3-16　画珐琅器表面釉料褪色

（3）变形

因外力挤压作用，部分画珐琅器铜胎变形严重（图 3-17）。

图 3-17　画珐琅器铜胎发生变形

（4）残缺

部分画珐琅器铜胎残缺严重（图 3-18）。

图 3-18　画珐琅器残缺严重

（5）开裂

部分器物因挤压、磕碰等外力作用出现严重变形现象，致使贴附在器物表面的珐琅釉开裂（图 3-19）。

图 3-19　画珐琅器釉面开裂

（6）脱釉

部分器物因挤压、磕碰等外力作用出现严重变形现象，致使贴附在器物表面的珐琅釉脱落（图 3-20）。

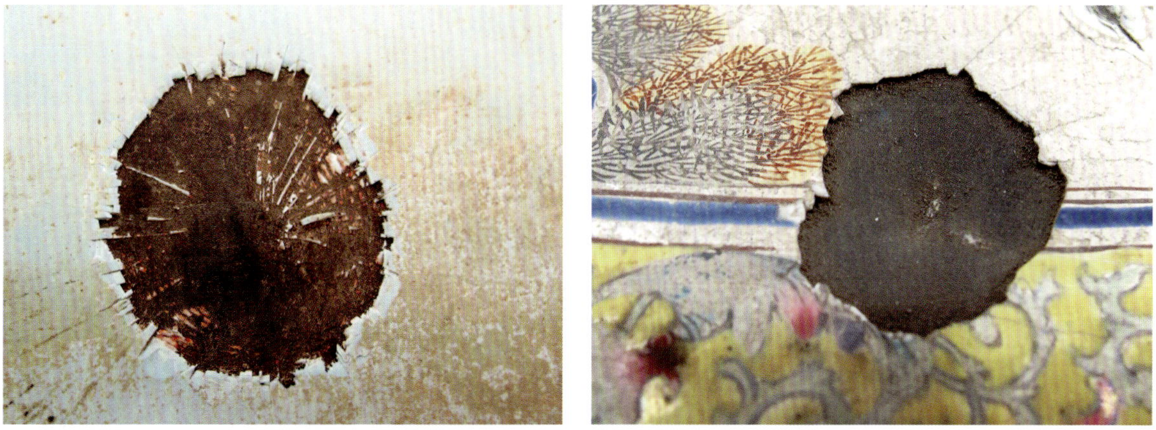

图 3-20　画珐琅器表面脱釉

3. 保护修复技术路线

修复人员根据这套铜胎画珐琅器的价值分析、工艺分析、病害评估结果及修复目标等要素，制定保护修复技术路线如下（图 3-21）。

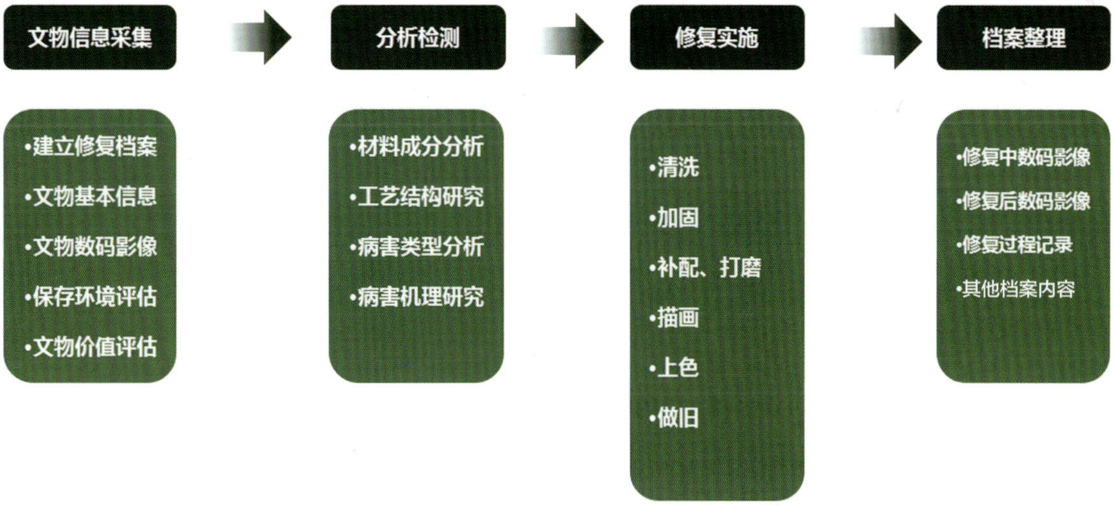

图 3-21　保护修复流程图

4. 保护修复材料、工具

清理工具和材料：蒸汽清洗机、超声波清洗器、文物专用喷砂机、超声波清洗仪、毛刷、手术刀、微型电磨机、超声波洁牙机、脱脂棉、棉棒、去离子水、丙酮、乙醇等。

修复工具和材料：热熔胶枪、微型雕刻机、鼓风干燥箱、牙科钻、显微镜、热熔胶、B-72、海克斯塔 NYL-1 型环氧树脂、A+B 树脂补土、瓷粉、油泥、红白打样膏、砂纸等。

封护工具和材料：B-72、丙酮、毛刷等。

做釉工具和材料：喷笔喷泵、毛笔、网刷、丙烯颜料、矿物质颜料、文物修复微晶蜡、水性陶瓷修复釉等。

5. 保护修复步骤

（1）清洗

清洗主要指对珐琅器表面的灰渍进行去除。器物表面的灰尘、泥土相对较容易去除，可采用脱脂棉蘸去离子水擦除。比较难去除的，采用脱脂棉蘸乙醇或丙酮溶液去除（图 3-22）。

图 3-22　清理表面污垢

（2）加固

珐琅器清洗完成后，进入下一个修复步骤。铜胎画珐琅材质由两部分组成，即铜胎和瓷釉。部分器物因外力冲击发生变形、脱釉现象，为防止贴附于铜胎表面的瓷釉继续脱落，在清洗后应首先对器物表面出现瓷釉残缺或破碎处进行加固处理。加固后，再进行补配、描画、上釉等修复工作。因画珐琅瓷釉极为脆弱，为防止发生二次损坏，修复过程中不能对带珐琅釉的铜胎进行矫形处理。

加固的具体操作方法是，配制浓度为 8% 的 B-72 丙酮溶液试剂，用软毛刷、棉签或牙签将试剂刷涂于珐琅釉的破碎或茬口处，防止瓷釉继续脱落（图 3-23）。

图 3-23　对脆弱表面做加固处理

（3）补配

部分珐琅器物残缺、变形严重，因纹饰缺少参照，根据修复原则中的“最小干预”原则，大部分器物未做补配处理，保持器物原状，仅对残缺较小的少量器物进行补配处理。首先按照残缺部位的大小，使用环氧树脂加填料等填充在器物的残缺部位。待补配部位部分固化后，采用雕刻刀等工具进行修整；完全固化后，采用砂纸按目数由低到高的顺序进行打磨抛光。打磨时选用 320 目、600 目、800 目的两用白砂纸由粗到细进行三次精磨，将补配部位打磨至表面光洁且与文物原有部位无缝衔接（图 3-24）。

图 3-24　对残缺部位进行补配

（4）描线

根据已有纹样走势，用勾线笔勾出补配部位的花纹线条，然后用丙烯颜料上色填充（图 3-25）。

图 3-25　缺失纹饰描线

（5）上釉

为增强视觉效果，增加修复面的瓷质光泽，需在补配处用无色透明釉覆盖，并进行做旧处理（图 3-26）。

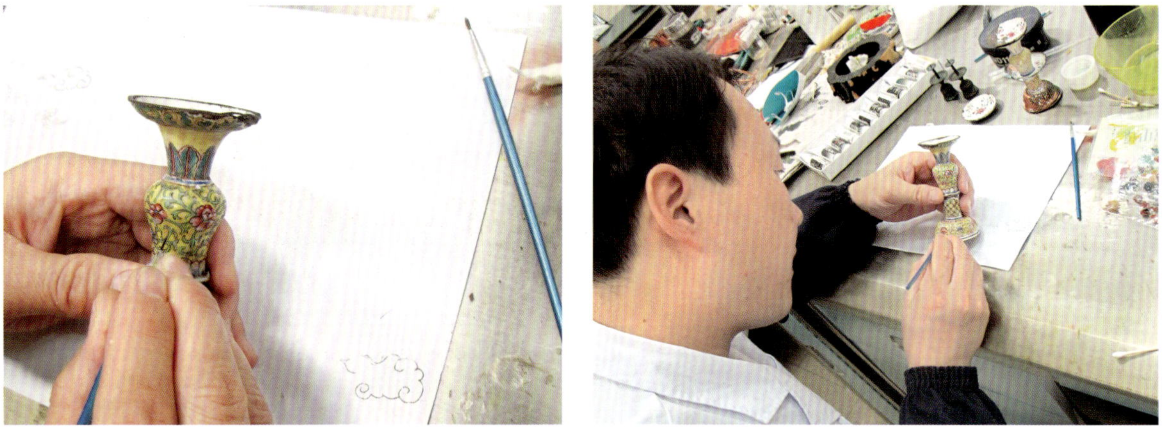

图 3-26　缺釉部位补釉

（6）完善档案

完善保护修复档案后，需将该套珐琅器和保护修复档案的副本一并移交给所藏单位，同时对保护处理后的文物进行观察，做好跟踪记录。

案例五　汉代铜质博山炉的保护修复与研究

2017 年邹平市博物馆委托山东博物馆对其馆藏一批青铜器进行保护修复。这批青铜器中有一件汉代铜质博山炉，文物总号 715，高 12.4cm，腹径 9.7cm，外表面通体覆盖有红棕色附着物（图 3-27），并伴有蓝绿色锈斑，器物内壁覆盖有蓝绿色锈蚀层（图 3-28），器盖呈镂空博山形，部分位置出现断裂、变形现象。该博山炉出土于邹平鹤伴五路西段施工工地，器物分炉盖、炉身和炉柄三部分，炉身、炉柄插接为一体，连接处因外力作用发生变形。博山形象是汉代以来兴起的神仙方道思想的物化体现，反映了当时社会流行的思想意识形态。这件器物对于了解汉代熏炉的流行以及当时的社会文化具有重要意义。

图 3-27　铜质博山炉外表面附着物

图 3-28　炉内壁蓝绿色腐蚀层

汉代铜质博山炉的保护修复工作始终坚持最大限度保护文物价值、延续文物寿命、保持文物原貌、科学分析研究的文物保护理念，在保护修复步骤实施前，修复人员首先对博山炉的制作工艺以及病害情况进行了科学分析，为整个保护修复的实施提供科学依据，同时也有利于增强对文物的价值认知。在检测分析的基础上，修复人员运用成熟的传统和现代工艺、材料对文物进行保护修复，确保这件铜质博山炉结构的稳定和展示的完整。

1. **检测分析**

（1）实验目的及样品

检测分析的主要目的是加强对这件汉代铜质博山炉制作工艺与病害成因的科学认知。工艺研究主要包括分析器物材质、铸造工艺以及表面处理技术。病害研究主要包括分析器物表面的腐蚀产物组织结构以及物相组成。

此次检测以无损分析为主，需要取样的，样品提取量以满足实验要求的最小剂量为限，并且确保提取样品位置在已断裂或残缺处，不影响器物铭文、纹饰等重要文物信息。

从炉盖断裂处取下一小块残片，编号为 CP1。从器物表面红棕色附着层上取少量样品，编号为 FZW1。根据超景深显微镜对博山炉表面腐蚀产物的观察结果，提取具有典型形貌、颜色特征的腐蚀产物。

（2）实验方法及实验条件

①将 CP1 样品进行环氧树脂包埋处理，打磨、抛光后，采用氨水、双氧水 1∶1 混合液侵蚀，利用偏光－金相显微镜观察截面金相，偏光－金相显微镜型号为德国徕卡 DM6000。金相观察结束后，将样品 CP1 重新打磨、抛光，采用扫描电镜－能谱仪，选择非腐蚀或少腐蚀区域做元素成分分析。扫描电镜－能谱仪型号为荷兰飞纳 Phenom XL 型能谱版扫描电镜，测试电压为 15kV。

②采用超景深显微镜对器物表面腐蚀产物进行形貌观察，仪器型号为浩视 KH-8700 型三维数字超景深显微镜。同时对典型腐蚀产物分类取样，样品量确保能满足物相分析需求。

③利用玛瑙钵将样品 FZW1 以及②中提取的典型腐蚀产物研磨成 300 目以上粉末，对样品元素成分进行分析。仪器选用帕纳科 Epslion 1 型 X 射线荧光光谱仪。

④将样品 FZW1 以及②中提取的典型腐蚀产物分别放在单晶硅片上，滴加酒精，利用探针将其分散均匀，放入样品台上测试，分析样品物相成分。物相分析所用 X 射线衍射仪型号为帕纳科 X’Pert3 Powder，测试条件为电压 40kV、电流 40mA、铜靶。

⑤采用 X 射线探伤仪拍摄器物的 X 光照片，观察连接结构。仪器型号为美国 GOLDEN XRS4 型便携式 X 射线探伤仪，以及韩国 ATLAIM PIXX1717 型无线平板 X 射线探测器。

2. 结果与讨论

（1）制作工艺

CP1 截面能谱分析结果见表 3-4。CP1 截面金相组织照片见图 3-29、3-30。博山炉表面附着物 FZW1 的 X 射线荧光光谱分析结果见表 3-5，X 射线衍射仪的物相分析结果见图 3-31。X 射线探伤仪拍摄的博山炉 X 光照片见图 3-32。

表 3-4　CP1 截面基体的元素组成（wt%）

样品编号	Cu	Sn	Pb	Fe	Hg	Si	Al	Ca	P	Cl	As	S
CP1	89.36	2.04	8.37	—	—	—	—	—	—	—	—	—

表 3-5　FZW1 元素组成（wt%）

样品编号	Cu	Sn	Pb	Fe	Hg	Si	Al	Ca	P	Cl	As	S
FZW1	44.0	2.3	10.8	22.7	2.7	7.5	0.0	3.4	1.5	2.6	1.0	0.4

图 3-29　CP1 截面侵蚀前金相照片

图 3-30　CP1 截面侵蚀后金相照片

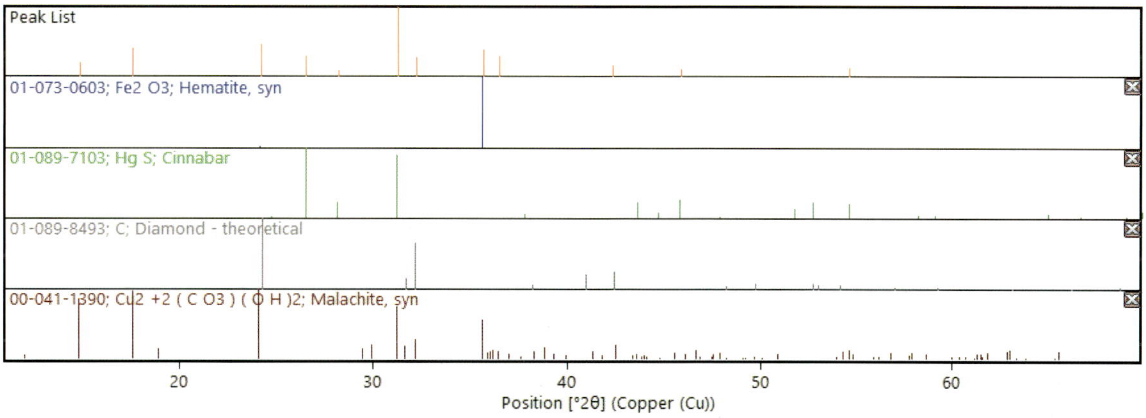

图 3-31　FZW1 物相组成

图 3-32 博山炉 X 光照片

由表 3-4 中的数据可以看出，这件铜质博山炉的基体材料为铜－铅－锡三元合金，能谱仪未能检测出其他杂质元素，表明材料纯度较高，说明当时已经具备了较高的金属冶炼提纯水平。从 CP1 的金相组织照片来看，合金基体以 α 固溶体为主，枝晶偏析明显，枝晶间可见 α+δ 共析体，铅以岛屿状离散分布于合金中。根据金相特征可知，此博山炉系铸造而成。根据肉眼观察结合 X 光片（图 3-32）可知，博山炉由器盖、器身、器柄分别铸造后组合而成，未见明显范线痕迹，可能采用失蜡法铸造而成。

表 3-5 为博山炉表面附着物 FZW1 的元素组成，结合图 3-31 FZW1 的物相分析结果，可知博山炉表面可能附着有一彩绘层，推测彩绘层主要由赭石、朱砂及其他黏土材料混合构成，并且采用有机胶作为粘接材料，使矿物颜料贴附于青铜器表面，形成一层色彩鲜艳的装饰。

（2）病害分析

超景深显微镜对器物表面腐蚀产物的形貌观察结果见图 3-33，将典型腐蚀产物分为 a、b、c、d 四种。对 a、b、c、d 四种腐蚀产物的 X 射线荧光光谱分析结果见表 3-6，X 射线衍射仪的物相分析结果见图 3-34。

图 3-33　博山炉表面腐蚀产物观察

表 3-6　博山炉表面四种腐蚀产物元素组成（wt%）

样品编号	Cu	Sn	Pb	Fe	Hg	Si	Al	Ca	P	Cl	As	S
a	84.1	3.5	6.9	0.6	0.1	0.9	0.4	0.4	0.4	0.4	0.4	0.0
b	30.4	5.7	45.7	3.8	0.4	3.4	0.0	3.0	1.1	4.7	0.0	0.0
c	79.1	0.3	6.4	8.1	0.1	2.7	0.6	1.1	0.5	0.5	0.1	0.0
d	83.0	0.1	4.0	6.3	0.0	2.9	0.7	1.0	0.6	0.6	0.2	0.0

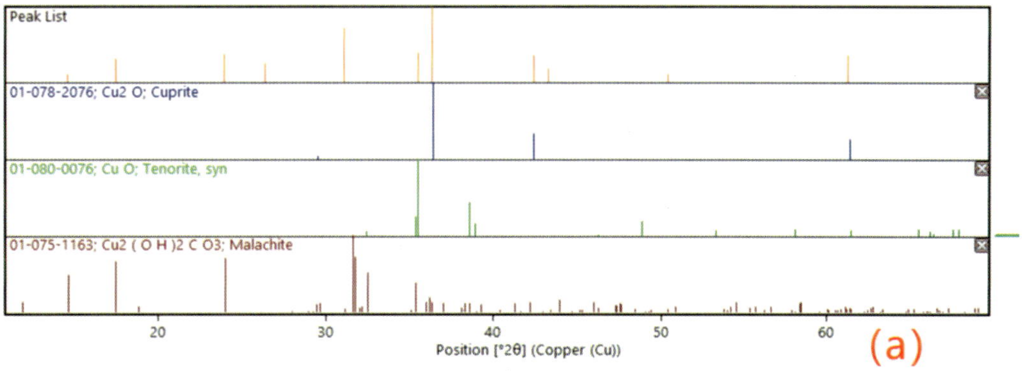

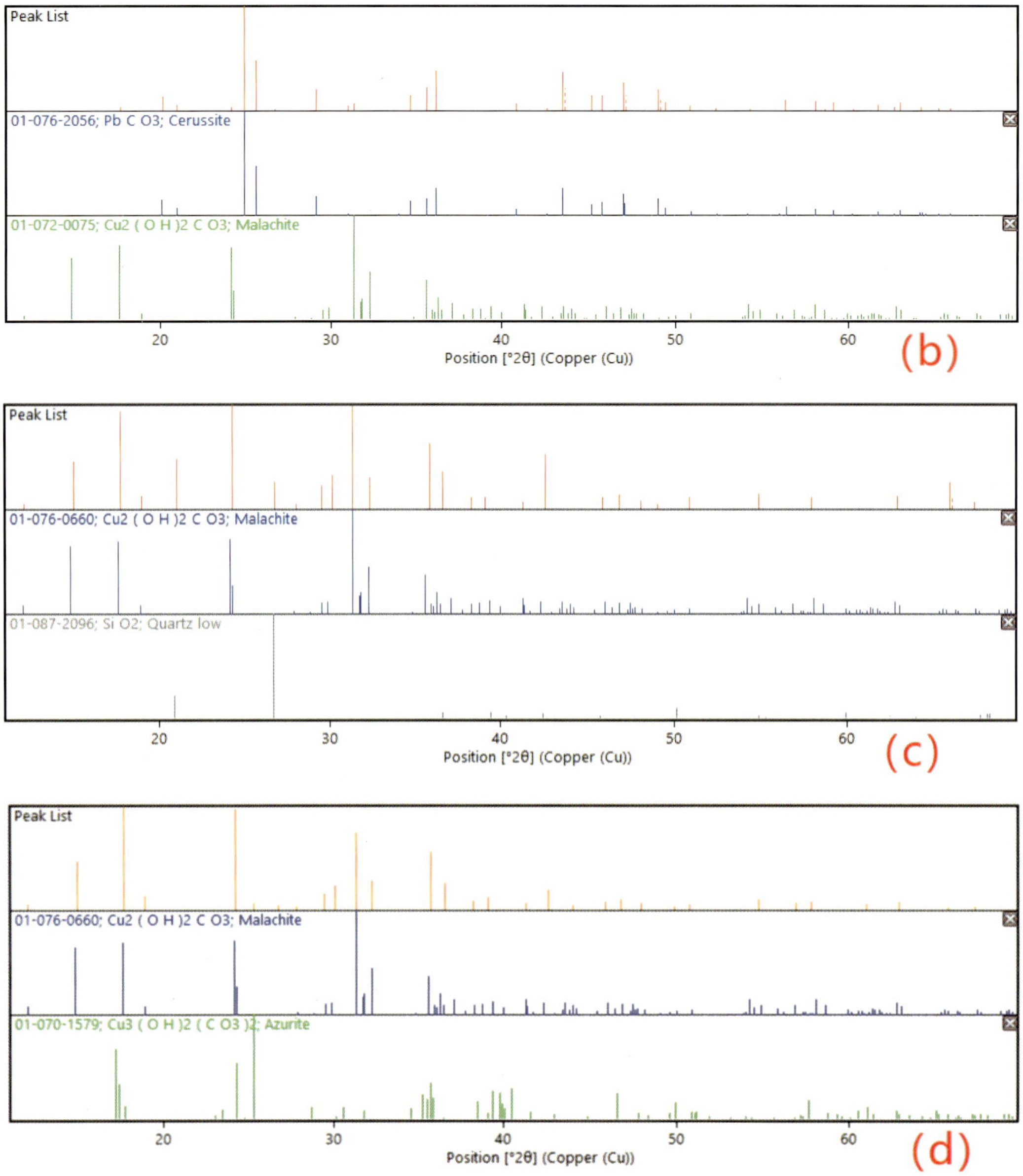

图 3-34　博山炉表面四种腐蚀产物物相组成

通过超景深显微镜观察（图 3-33），可以发现器物表面具有 a、b、c、d 四种腐蚀产物：a 为红黑色锈蚀，紧贴于基体表面；b 为浅绿色锈蚀，呈膏泥状；c 为深绿色锈蚀，结晶良好，具有珐琅质；d 为点块状蓝绿色锈蚀，散布于器物表面。四种腐蚀产物的元素组成结果见表 3-6，可知腐蚀产物主要含有 Cu、Pb、Sn、Si、Ca、Cl、P 等元素。根据四种腐蚀产物的物相分析结果（图 3-34），a 红黑色锈蚀的主要成分是赤铜矿、黑铜矿、孔雀石等，b 浅绿色锈蚀的主要成分是白铅矿、孔雀石等，c 深绿色锈蚀的主要成分是孔雀石，d 蓝绿色锈蚀的主要成分是孔雀石、蓝铜矿等。其中，b 浅绿色膏泥状腐蚀产物类似粉状有害锈，但物相分析中未发现含氯物质，此种腐蚀产物主要为白铅矿与孔雀石等的混合物。

3. 修复过程

整个保护修复过程严格遵守文物保护修复的基本原则，包括不改变文物原状、最小干预、可再处理、安全性与兼容性等。根据博山炉的工艺研究和病害分析结果以及藏品单位的保存情况，制定针对性的修复技术路线，包括建立修复档案、清理、矫形、补配连接、做旧、封护、完善档案等。

（1）建立修复档案

修复档案是了解文物基本信息、追查保护修复过程的重要资料，在对每件文物进行保护修复前都应认真建立保护修复档案。档案主要包括文物基本信息描述、文物科技信息提取、修复过程记录、修复效果评估等。文物基本信息包括编号、名称、来源、尺寸、重量、保存环境、价值评估、病害描述等；科技信息主要有修复前后的数码影像、材质工艺、病害分析等；修复过程记录指记录器物修复的详细经过，包括修复采用的工艺、材料和方法；修复效果指对整个修复过程及修复效果的评价。

（2）清理

通过工艺和病害分析可知，这件博山炉表面可能附着有一层彩绘，腐蚀产物成分以孔雀石、蓝铜矿、白铅矿为主，未发现含氯有害锈，因此清理工作主要以清除土垢等附着物为主。青铜锈蚀因较为稳定，故不做处理。为防止在清理过程中破坏彩绘层，主要采用物理法清理，清理工具选择棕毛刷、竹签、洁牙机等。

（3）矫形

该博山炉有两处发生变形，一处在炉盖边缘，一处在炉身、炉柄连接处。通过金相观察可知炉盖铜质较好，可以进行物理矫形，炉身、炉柄处需打开后重新插连。矫形工具主要采用 U 形固定夹，垫以随形木块和脱脂棉，采取逐步施加压力的方法缓慢矫正器物形状。

（4）补配连接

炉盖边缘有部分缺失，用蜡片根据其他相似部位翻制出缺失部位外范，随后根据缺失部位周围的颜色，用原子灰掺和少量矿物颜料调制出颜色适当的填充料，涂抹于蜡片做成的外范内，待干结。干结后，用环氧树脂胶将断裂处连接、加固，最后将补配、连接处打磨抛光。

（5）做旧

为增强展示效果，对补配、连接处进行做旧处理，使整个器物色泽一致。做旧材料选用各色矿物颜料、502 胶水、黄土等，采用涂、抹、点、弹等技法，确保修复部位的色泽及质感同周围一致。

（6）封护

为防止博山炉表面的彩绘颜料脱落，同时考虑到邹平市博物馆现有文物保存环境控制能力，对博山炉表面进行封护处理。封护剂选用浓度为 2.5% 的 B-72 丙酮溶液，采用毛刷蘸取封护剂进行多次涂刷，以此加固彩绘颜料，同时隔绝空气中的氧气、水分、二氧化硫等有害物质。至此，对该博山炉的保护修复过程结束，修复后效果如图 3-35。

图 3-35　保护修复后的博山炉

（7）完善档案

保护修复完成后，对保护修复档案进行完善，包括修复日志、修复影像整理、修复效果评价等。

4. 结语

（1）博山炉基体材质为铜－铅－锡三元合金，炉身、炉柄分别铸造后插接为一体，器物表面饰有赭石、朱砂等物质混合而成的彩绘层。在青铜器表面彩绘、髹漆这种表面装饰工艺自商周时期便开始出现，东汉的遗存中亦有发现。该工艺虽然延续时间长，但一直没有成为表面装饰工艺的主流，这主要与其色彩容易脱落、不方便保存有关，所以此类器物多为明器。同时，通过金相观察可知，该器物未经热处理，没有使用痕迹。

（2）博山炉表面的腐蚀产物分层结构明显，锈蚀成分主要有赤铜矿、孔雀石、蓝铜矿、白铅矿等，多为性质稳定的青铜锈蚀。

（3）在整个保护修复过程中，修复人员始终坚持科学研究、最小干预、保持文物原状、可再处理等原则，通过科学分析，加强对文物的价值认知。在此基础上，根据博山炉工艺和病害特征，以及现有保存条件和展览教育需求，实施切实有效且合理的保护与修复工作。

案例六　邹平博物馆藏带盖铜舟的保护与修复

铜舟，文物总号 126，基体材质为铜，收藏单位是邹平市博物馆，档案记录为苑城乡大省村出土 。该铜舟在进行修复提取前，保存于邹平市博物馆的文物库房中，由于缺乏文物保护条件和设备，邹平市博物馆此前没有对该器物进行有效的保护。文物库房不具备温湿度控制系统，不能保证文物相对温湿度在标准范围之内（温度 -5℃—30℃，相对湿度 15%—80%），湿度的较大波动容易通过表面土垢侵蚀铜舟基体，铜舟表面局部点腐蚀已呈现扩大态势，非常不利于铜舟的长久保存。

文物修复前基本信息：舟体上口长 16.7cm，上口宽 10.7cm，底部长 9.0cm，底部宽 5.5cm，舟体高 7.6cm，舟体侧钮高 2.9cm，舟体侧钮宽 2.2cm，舟体侧钮厚 0.7cm，舟盖长 17.3cm，舟盖宽 11.5cm，舟盖背部钮宽 2.3cm，舟盖背部钮高 2.0cm，舟盖背部钮厚 0.7cm，通高 10.1cm；重 666.9 g（图 3-36）。

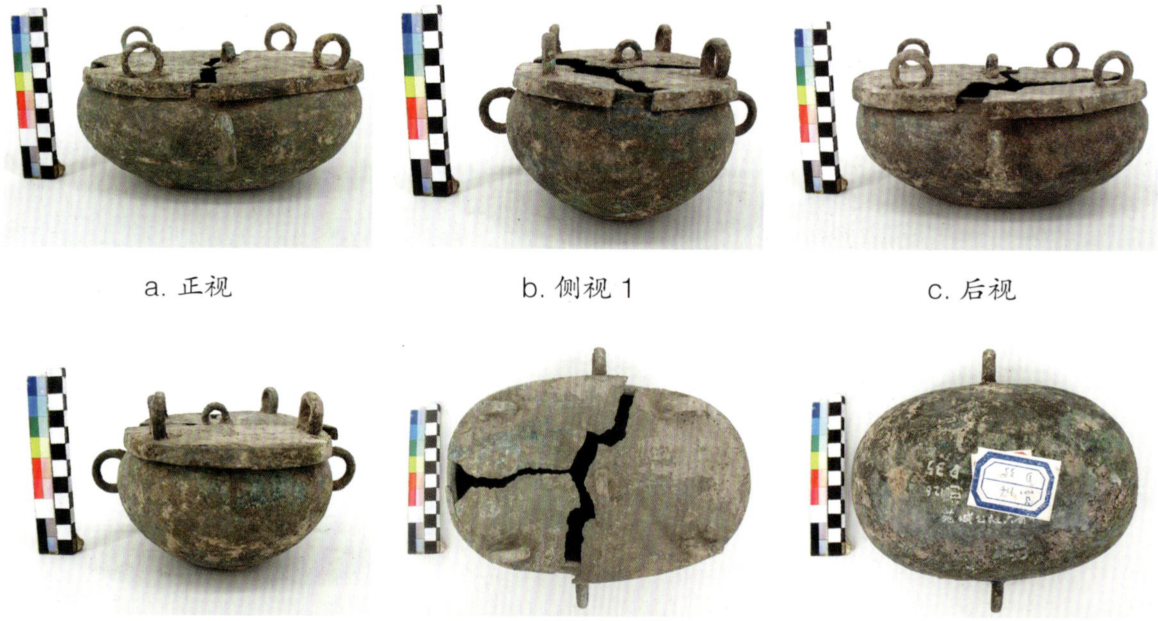

a. 正视　b. 侧视 1　c. 后视

d. 侧视 2　e. 俯视　f. 仰视

图 3-36　铜舟修复前照片

此件铜舟分舟身和舟盖两部分，修复人员通过观察铜舟表面锈蚀，利用体视显微镜仔细观察断截面和裂隙处，并结合器物的 X 光照片（图 3-37），对该铜舟的病害情况已较为了解：舟身保存相对较好，口沿以下约 2.5cm 处有一圈疑似蟠虺纹饰被表面硬结物覆盖，口沿处有裂隙，腹内壁有大量土垢附着，腹外部存在点状腐蚀；舟盖破损严重，残断为三块且有变形，盖沿处有裂隙并有少许缺失，表面有硬结物附着，盖钮周围附着有较多土垢（图 3-38）。

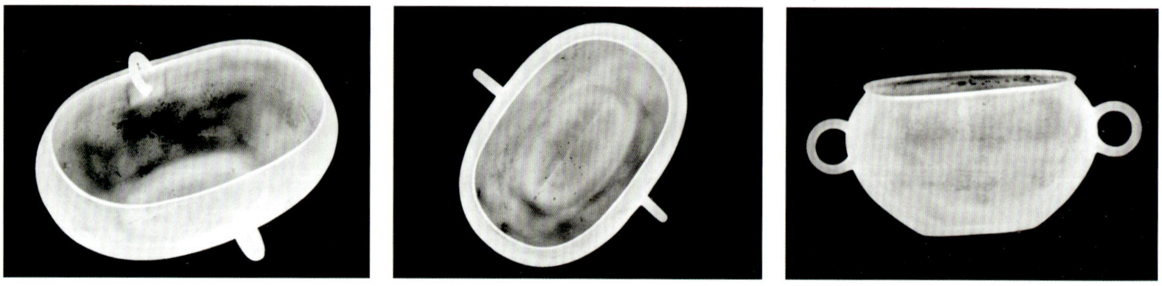

a. 斜视　b. 俯视　c. 侧视

图 3-37　铜舟 X 光照片

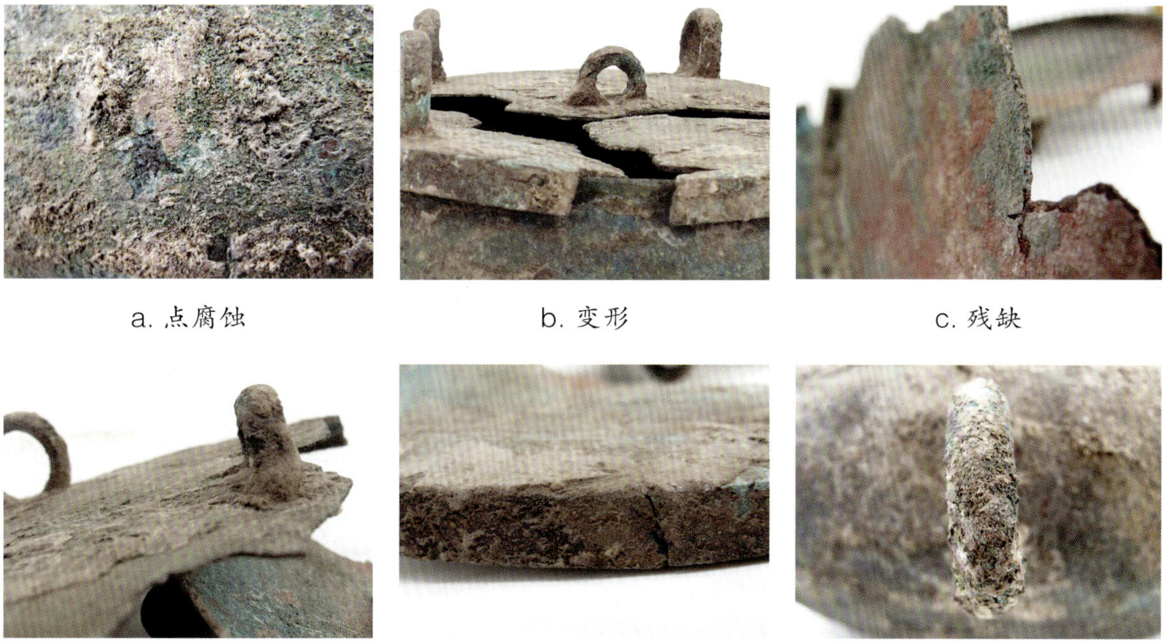

a. 点腐蚀　　b. 变形　　c. 残缺

d. 土垢　　e. 裂隙　　f. 表面硬结物

图 3-38　铜舟病害照片

根据铜舟自身特点和病害情况，修复人员采集完铜舟基础信息后对铜舟锈蚀及附着土质进行取样留存并登记在册、绘制病害图，讨论制定修复路线后，开始实施修复步骤。

1. 清理

在舟体及舟盖的不同位置分别选取 $1cm^2$ 的试验块，用棉棒蘸乙醇和去离子水的混合溶液对试验块进行湿润软化，待半干时用竹刀或手术刀等将酥松的土垢慢慢去除。经过试验，此方法可以较轻松去除表面土垢，后逐步由小区域慢慢扩大，完成对器物表面土垢的全面清理。

土垢清理完毕后，用手术刀探试表面硬结物以及锈蚀的硬度，依据锈层硬度和厚度选择文博专用喷砂机对舟身及舟盖进行整体清理，喷砂强度和距离要控制好。通过清理，整个铜舟所呈现的效果较好，表面锈蚀多为稳定锈蚀。

使用超声波洁牙机对舟腹外部的点腐蚀和口沿下部的硬结物进行精细清理。考虑到点腐蚀周围有瘤状物且有分层表现，使用超声波洁牙机时尽量从小频率振幅开始逐渐增大。清理过的锈坑尽快用浓度为 2.5% 的 BTA 乙醇溶液进行缓蚀处理，以减少外界环境对锈坑开放后的侵蚀（图 3-39）。

用微雕手磨机对断截面茬口进行清理。在清理时注意手法的选择，避免采取平磨直削的方式，尽量选择较尖细的磨头，加大转速后利用尖头的一点进行画圈式打磨。此种方法虽然清理起来比较费时，但是可以在有效清理茬口的同时减少对本体的损耗，避免缝隙的扩大，防止断片连接时的错位，为接下来的高质量连接创造前提条件（图 3-40）。

图 3-39　硬结物清理

图 3-40　茬口清理

2. 整形

舟盖残断茬口处有较多弯曲变形，证明铜盖基体在断开时有延展性存在，修复人员通过对这一细节的捕捉以及对清理茬口时的感知，判断此件铜舟的铜质较为理想，遂采取扭压、顶撑等方式并结合矫形器进行整形。矫形后大部分变形部位已校正回原位，但由于舟盖相对较薄且铜质较好，取走矫形器后还有一定回弹，这也是在矫形工作中经常遇见的问题。此时如果强硬采取过往矫正方式，容易使器物产生内伤或留下裂隙，于是修复人员将小幅矫形和下一步的连接统筹考虑、同步进行（图 3-41）。

a. 矫形器矫形

b. 夹具矫形

图 3-41　矫形

3. **连接**

在舟盖口沿处设计 2.0cm 左右暗销进行连接、加固、矫形，设计完成后在矫形器配合下，用热熔胶、牙签等按拼对顺序连接舟盖碎片，在此期间边连接边矫形，直到所有碎片被连接为平整的整体。然后在残缺部位用红蜡片塑型并固定好，用调制好的双组份环氧树脂胶对裂隙及断面连接处进行渗透处理。针对间隙较大处和残缺处，用环氧树脂胶加碳酸钙粉末按比例调制后进行填充处理，静置 72 小时待干（图 3-42）。

a. 设计暗销

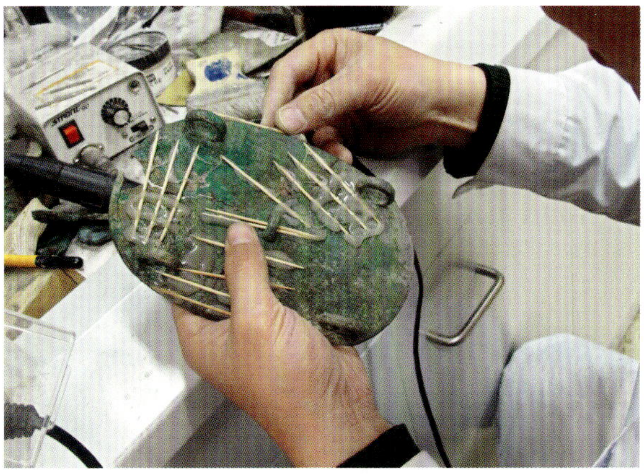

b. 临时连接

c. 渗胶处理

d. 填充处理

图 3-42　连接、补配

4. **随形**

用微雕手磨机对粘接处的环氧树脂胶和填充材料进行打磨、随形处理，打磨时避免把舟盖放置在桌面，尽量手持舟盖进行操作，这样可以减少打磨时机器对舟盖本体的震动，起到缓冲作用，以免震动过大影响到连接部位的牢固度，同时可以使随形角度更加灵活，增添打磨趣味。最后用不同型号的砂纸进行精细打磨，精细打磨时先观察铜舟本体的打磨工艺，根据原工艺的磨痕深度和摩擦走向选择合适目数的砂纸和打磨手法，最大程度使补配部位与原器物协调一致。

5. 做旧

对粘接、补配的部位，先用丙烯颜料调制并刷涂一层底色待干，然后按原器物锈蚀的色泽及颗粒大小，用虫胶溶液、脱盐颗粒、矿物色等调制好大小合适的颗粒做一层效果，再用虫胶、矿物色调准颜色后用小毛笔蹦弹一层，弹蹦时注意控制力度，避免干预过大。做旧部位的颜色尽量过渡自然，与周边区域有色差时需进行反复调试，直到色泽无限接近。最后需在颜色层外面做一层类似硬结物旧色进行整体调整，使补配部位颜色与原器物颜色在视觉上协调一致（图 3-43）。

a. 弹色

b. 点锈

c. 做旧

图 3-43　做旧

6. 封护

根据以往的封护经验并参考行业内不同封护材料的优缺点，修复人员选取较通用的 B-72 丙酮溶液（浓度为 2.5%）均匀刷涂在器物表面，刷涂一遍后观察器物表面色泽变化，如有需要再次进行封护，也可调整封护剂浓度，直到效果满意为止。切忌在封护过程中用毛刷进行反复刷涂，以免做旧层返色，影响做旧效果。如有条件，可以用喷枪进行喷涂。封护时也要防止封护过度，导致器物表面形成炫光层影响观赏和后期展陈效果，必要时可添加消光剂，这样既可以保护本体，也能消除炫光带来的弊端。封护完成后需将器物放入通风橱中进行通风处理（图 3-44）。

a. 舟身封护

b. 舟盖封护

图 3-44　封护

通过以上修复步骤，这件邹平市博物馆所藏青铜舟的本体修复工作基本完成，接下来需对铜舟修复后的信息进行收集。修复后具体尺寸为：舟体上口长 16.7cm，上口宽 10.7cm，底部长 9.0cm，底部宽 5.5cm，舟体高 7.6cm，舟体侧钮高 2.9cm，舟体侧钮宽 2.2cm，舟体侧钮厚 0.7cm，舟盖长 17.3cm，舟盖宽 11.5cm，舟盖背部钮宽 2.3cm，舟盖背部钮高 2.0cm，舟盖背部钮厚 0.7cm，通高 10.1cm；重 647.0 g。采集完基础信息后，依照《馆藏金属文物保护修复记录规范（GB/T 30687-2014）》要求，完善修复档案并加以留存。

7. 结语

带盖铜舟经修复后，舟身表面硬结物、土垢都已去除，口沿下方的一圈纹饰隐约可见，口沿处裂隙完成渗胶加固，腹内壁原有水线清晰可见，腹外部点腐蚀也已清理干净并经缓蚀、封护处理，有效隔绝了外界有害物质对舟体的继续侵害；舟盖裂隙、残断、缺失处都已连接、补配完成，并进行了随色处理。最后的修复效果良好。修复人员在修复过程中运用科学方法对文物保存现状做出准确评估，采用成熟的方法与材料进行保护修复，使文物的原貌展示出来，达到了既揭示文物信息又延缓文物寿命的基本目标，为后期的文物存储及展览陈列打下了坚实基础（图 3-45）。

a. 正视

b. 侧视 1

c. 后视

d. 侧视 2

e. 俯视

f. 仰视

图 3-45　铜舟修复后照片

·第四章　文物修复效果

图 4-1　李氏镜（总号 18）

汉代，青阳乡刘家出土，直径 14.1cm，缘厚 0.5cm，钮高 1.0cm。

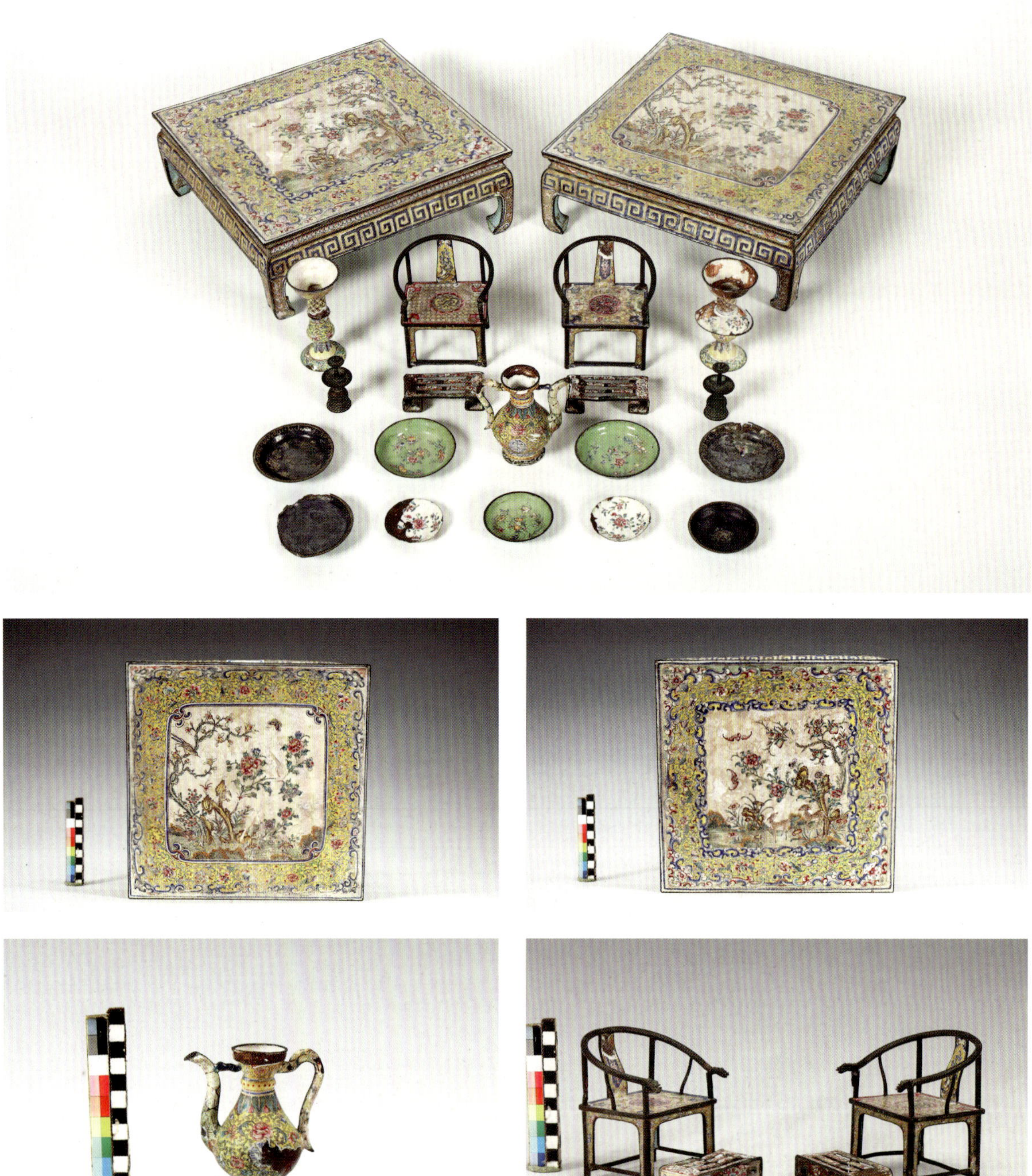

图 4-2　铜胎画珐琅摆件（总号 85）

晚清民国，捐赠，包括桌、椅、几案、酒壶、灯盏、盘等小型器具，造型纤细典雅、色彩艳丽。桌面边长 29.3cm，桌高 10.6cm；椅背高 10.8cm，椅面长 8.3cm，椅面宽 6.7cm；几案长 7.6cm，宽 3.4cm，高 2.0cm；酒壶高 9.3cm；灯盏高 17.0cm；大盘口径 7.6cm，沿高 1.5cm；中盘口径 6.0cm，沿高 1.4cm；小盘口径 5.2cm，沿高 0.8cm。

图 4-3　日光镜（总号 105）

西汉，黄山北坡党校出土，直径 13.5cm。

图 4-4　双鱼镜（总号 109）

清，土产公司拣选，直径 14.1cm，钮高 0.8cm。

图 4-5　铜舟（总号 126）

春秋，苑城乡大省村出土，舟体上口长 16.7cm，宽 10.7cm，高 7.6cm。

图 4-6　铜敦（总号 127）

春秋，苑城乡大省村出土，直径 26.6cm，通高 9.5cm。

图 4-7　铜戈（总号 131）

东周，苑城乡大省村出土，总长 23.0cm，援长 15.8cm。

图 4-8　宣德炉（总号 132）

明，邹平土产公司拣选，通高 5.6cm，口径 10.5cm，腹径 12.4cm。

图 4-9　铜舟（总号 164）

春秋，土产公司拣选，舟口长 14.6cm，宽 11.4cm，通高 6.7cm。

图 4-10　铜戈（总号 177）

商，乐礼公社礼叁村村民捐献，长 11.8cm。

图 4-11　铜戈（总号 178）

春秋，黄山公社南范村村民捐献，长 18.5cm，援长 11.5cm。

图 4-12　铜镜（总号 179）

汉，苑城乡董家村苑城文化站捐献，直径 13.7cm。

图 4-13 铜剑（总号 185）

战国，明集乡大张村出土，长 47.5cm。

图 4-14　铜戈（总号 232）

战国，西董乡大杨村村民捐献，长 28.3cm，援长 18.6cm。

图 4-15　陶壶（总号 275）

汉，旧藏，口径 12.9cm，底径 7.1cm，通高 29.1cm。

图 4-16 陶壶（总号 280）

东汉，旧藏，口径 14.2cm，底径 14.3cm，腹径 18.4cm，通高 24.4cm。

图 4-17　陶罐（总号 282）

汉，旧藏，口径 12.7cm，底径 7.2cm，腹径 24.5cm，通高 25.8cm。

图 4-18 陶壶（总号 337）

汉，长山镇鲍家遗址出土，口径 14.3cm，通高 30.0cm。

图 4-19　铜造像（总号 380）

明，土产公司拣选，高 26.5cm，正面宽 12.1cm，侧面宽 7.7cm。

图 4-20　圆鼎（总号 486）

宋元，黄山三路西首路北出土，口径 11.5cm，通高 14.9cm。

图 4-21　双耳铜瓶（总号 493）

宋，黄山三路西首路北出土，通高 21.9cm。

图 4-22 双耳铜瓶（总号 495）

宋元，黄山三路西首路北出土，通高 25.1cm。

图 4-23　双耳瓶（总号 496）

宋，黄山三路西首路北出土，通高 25.9cm。

图 4-24　圈足壶（总号 497）

宋，黄山三路西首路北出土，通高 24.9cm。

图 4-25　方柄觚（总号 500）

宋元，黄山三路西首路北出土，通高 26.1cm，口沿长 14.5cm。

图 4-26　方柄觚（总号 502）

宋元明，黄山三路西首路北出土，通高 33.0 cm。

图 4-27　投壶（总号 507）

明，黄山三路西首路北出土，通高 35.2cm。

图 4-28　四耳釜（总号 514）

汉，黄山三路西首路北出土，上口直径 39.7cm，沿高 21.5cm。

图 4-29　铜器盖（总号 516）

周，黄山三路西首路北出土，通高 6.7cm，口直径 18.1cm。

图 4-30　球形锅（总号 524）

汉，黄山三路西首路北出土，通高 20.7cm，最大直径 25.9cm。

图 4-31　铜盘（总号 526）

东周，黄山三路西首路北出土，通高 6.8cm，口径 37.9cm。

图 4-32 吊锅（总号 527）

汉，黄山三路西首路北出土，口径 21.3cm，最宽 22.8cm，沿高 8.4cm，腹径 19.8cm。

图 4-33　铜敦（总号 593）

春秋，孙镇东安村小清河工地出土，通高 14.1cm，最大直径 22.0cm。

图 4-34　绿釉大陶盘（总号 702）

汉，邹魏电解铝厂汉代墓地出土，口径 40.6cm，高 2.1cm。

图 4-35　汉铜熏炉（总号 715）

汉，鹤伴五路西段施工工地出土，通高 12.4cm，口径 8.1cm。

图 4-36　铜觯（20 号）

宋元，黄山三路西首路北出土，通高 17.0 cm。

图 4-37　黄山三路出土晚期仿古铜器组合

·第五章 结 语

文物是历史留给我们的珍贵的不可再生资源，加强对文物的保护利用和对文化遗产的保护传承，功在当代，利在千秋。2021年11月11日，在中国共产党成立100周年之际，党的十九届六中全会审议通过《中共中央关于党的百年奋斗重大成就和历史经验的决议》，强调推动中华优秀传统文化创造性转化、创新性发展，增强全社会文物保护意识，加大文化遗产保护力度。这充分反映了文物保护事业在党和国家战略发展中的重要地位，极大地增强了文物、考古工作者干事创业的信心与动力，有力促进了文物保护事业的高速发展。回顾山东博物馆文物保护修复发展之路，可以说经历了从传统修复阶段，到文物保护理念影响下的保护修复阶段，再到如今多种技术手段综合运用的研究性保护修复阶段的发展历程，这也是我国文物保护事业百年发展和实践的一个缩影。不同阶段社会发展状况不同、科技条件不同，必然导致保护理念和具体技术路线的差异，但可以看出，整个过程正向着科学化、规范化、多元化方向发展，这也是当今科学技术发展的一个时代特征。邹平市博物馆藏文物保护修复项目正是山东博物馆文物保护修复发展到第三阶段的一个实践案例，该项目系综合运用多种技术手段开展的研究性保护修复，具有一定的代表性。

邹平市博物馆馆藏文物800余件（套），其中国家一级文物1件（套），二级文物15件（套），三级文物86件（套），本次邹平市博物馆藏文物保护修复项目共保护修复馆藏文物40件（套），文物所属年代从距今约3000年前的商代一直到清末民国时期，文物材质以铜质为主，同时包含少量陶器和铜胎画珐琅器。2017年8月，山东博物馆与邹平市博物馆签署合作协议，共同对这40件（套）馆藏文物开展保护修复。协议签订后，双方共同成立方案编制小组，在文物信息整理与价值评估、病害状况分析、科技检测等基础上，编制了保护修复方案。保护修复方案通过专家论证后，该项目正式实施。项目组在实施过程中始终秉持文物保护修复基本理念和原则，将有效保护和不改变文物原状、全面认知文物价值、加强科学研究、最小干预、可再处理与可识别、使用成熟保护技术等理念贯穿文物保护修复全过程。经过 2 年多的时间，在保护专家、修复人员、摄影师、分析检测师等专业技术人员的通力合作下，2019 年 12 月，该项目正式结项。邹平市博物馆藏文物保护修复项目是山东博物馆和邹平市博物馆在新时代文物保护理念和技术支持下开展的一项有益合作。由于文物的差异性和实践经验的积累，项目组在保护修复过程中也有一些新的思考，现做简单总结和展望如下。

一、保护修复过程总结

文物价值认知是衡量文物保护修复水平的重要标准。在文物保护修复工作中，文物是保护修复的最终对象，保护修复是具体手段，保护修复的目的是让文物本身和它所承载的信息能够尽可能完整地保存和传承。文物保护修复不只是保护文物本体，更重要的是保护其所携带的信息。离开其承载或者关联的信息，文物的价值属性将大打折扣。因此在文物保护修复过程中，对文物的价值认知应放在第一位。文物价值认知的过程也是文物信息提取的过程，信息提取完整、科学、全面后方可全面评估、分析文物的价值。一般认为文物具有历史、艺术、科学、文化价值，文物价值评估中除包含这四项要素外，还应将文物的病害程度统筹考虑进去，结合文物完残等情况综合评估其价值。全面提取信息、科学评估文物价值，可以明确文物保护修复的边界。“最小干预”原则的主要出发点就是防止文物保护修复过程中造成文物所携带珍贵信息的丢失。比如一些青铜器表面附着物中有丝织品痕迹，而这些痕迹又是肉眼无法清晰观察到的，往往会被随意清除，导致文物的关联信息丢失，造成保护修复事故。信息提取、价值评估工作做得越仔细，这种事故发生的概率便会越低。在本次项目中，项目组特别重视对微观信息的提取、分析和保留、保护，如吊锅表面附着的朱砂、汉铜熏炉表面附着的赭石和朱砂颜料，因为量小且颜色与土垢相近，很容易被当作病害去除，正是由于多种科技手段的介入，项目组对这些信息做到了精准提取和精细保存。另外，科学合理的文物价值评估有助于合理估算保护投入程度，虽然现阶段我国社会经济取得了前所未有的成就，但我国仍处于社会主义初级阶段的国情没有改变，根据文物价值和病害紧急程度合理安排保护成本投入，是文物保护和社会经济可持续发展的重要保证。

传统工艺与现代科技融合发展。多种科学技术手段的综合运用是文物保护修复发展到当前阶段的典型特征，但这不代表要忽略传统工艺的重要价值。传统工艺与现代科技的融合可以看成是利用科学技术辩证看待传统工艺的问题，是传统工艺的科学化过程。很多文物修复传统技艺是我国重要的非物质文化遗产，是一个时代的文化符号，也确实解决了很多文物的保存问题，需要保护好、传承好。但传统工艺更多是经验性的，缺少科学理论实证，无法说清它好在哪里、不好在哪里，应用在文物保护方面时需十分慎重，所以对待传统的修复技艺应当科学取舍。在本次项目中，项目组在青铜器修复方面既采用了传统的焊接、铜皮补配等方法，又使用了环氧树脂等粘接材料，材料的使用严格遵守文物保护修复诸理念和原则要求。

科学研究贯穿保护修复全过程。有人将保护修复过程比喻为“二次考古”或“实验室考古”，保护修复的过程实际也是对文物再次检查、审视的过程，这个过程相较于田野考古更加细致，容易导致新信息或新问题的发现。修复过程中掉落的残片或从残破处提取的碎片是非常重要的资源，可以作为科学分析的样品，因此将科学研究贯穿于保护修复全过程十分必要。本次项目实施主要分两条线路、两个团队，一条以保护修复为主，一条以科技分析研究为主，两个团队在工艺分析、病害成因、材料筛选等方面相互合作，项目进行过程中申报省级科研课题 1 项、实用新型专利 1 项，发表论文 4 篇。

项目管理系统化和规范化。文物保护项目往往涉及范围广、时间跨度大、质量要求高，因此应充分做好项目质量管理工作。从项目伊始便需要建立明确的管理体系，包括项目章程、项目目标、项目范围、责任分工、时间进度、质量监督、安全检查等，通过明确职责、规范流程，确保项目顺利进行。此外，项目实施过程中应当重视对档案的规范记录。文物属于不可再生资源，具有唯一性，因此保护修复过程中应重视对各类过程的记录，包括文字记录和数码影像记录，这些记录将作为文物关联信息一起被保存进档案中，而且在出现问题时，可以翻查过程记录，找出补救措施。为确保项目质量，在保护修复过程中，项目组除定期召开项目质量自评估会外，还不定期引入第三方质量评价组织，从第三方的角度审视、评价项目质量，为项目的顺利实施提供建设性意见。通过自评估和第三方评估相结合的方法，有效提高了项目质量。

整体来看，该项目实施顺利，在保护修复文物的同时，为山东博物馆和邹平市博物馆培养和锻炼了一批青年文物保护修复人才，这些年轻的专业技术人员将充实到山东省文物保护修复一线中去。但在项目开展过程中，项目组也切实感受到了文物保护修复人才的紧缺。文物保护修复是文理交叉十分严重的行业，需要文物保护学、化学、摄影学、材料学、考古学、美术学甚至管理学等多种专业背景的人才，但限于行业较小、从业人员偏少，很难组建多学科交叉的人才团队。该项目实施过程中，因为缺少考古、历史、科技史等方面专业人员的广泛参与，在文物价值认知和病害机理研究方面仍有进一步深入的空间，这也是项目组今后重点努力的方向。

二、保护修复工作展望

当前，在文物保护领域，由科技保护引发管理变革的趋势正在逐步形成，对科技保护修复工作的认识由模糊到逐步清晰，科技在文物保护修复中的优势已经初步凸显。基于珍贵文物，采用多种科学技术开展文物研究和保护修复，从宏观到微观、从表面到内部、从形貌到成分获取文物不同维度信息已经成为趋势，利用数字虚拟技术保护修复文物和传承创新传统修复技艺将逐渐普及。多单位、多技术联合开展文物保护修复科技研究已成为当前国内外文化遗产科技创新方面的流行趋势。利用元素分析技术、化合物结构鉴定技术、显微分析技术、内部结构成像技术、热分析技术、分离分析技术、联用分析技术等分析物质化学组成、状态以及鉴定物质化学结构的方法，将广泛应用于文化遗产保护与研究中。物联网、大数据、人工智能、虚拟现实、增强现实等计算机信息和工业控制技术将会把馆藏文物预防性保护和虚拟修复带到更高层级。放眼未来，可以展望：利用科技检测分析强化文物价值认知和现状评估将继续作为文物保护与修复事业发展的基础；学科交叉综合、技术集成联用、跨领域融合模式将成为文物科技保护研究常态，并不断引导创新性发展和创造性转化；以大数据、物联网、人工智能、区块链、虚拟现实等信息技术为代表的智慧博物馆建设，将逐渐变革当前馆藏文物保护修复工作方式；绿色博物馆倡导的可持续发展与低碳生活方式将深刻影响文物保护的理念、技术和方法；具备国际视野的复合型高层次科研人才将成为高校培养重点；国际合作更加普遍和开放，中国智慧将惠及世界遗产保护。总之，可以预见随着中国国际影响力的不断增强，新时代现代化文物保护修复与科技事业将更具中国特色、中国风格、中国气派。

·后　记

2017年初，在时任山东博物馆副馆长杨波研究馆员的牵头、带领下，山东博物馆与邹平市博物馆建立馆藏文物保护合作意向。2017年12月，邹平市博物馆藏文物保护修复方案通过专家评审，2018年1月该项目正式启动。项目总历时近2年，在山东博物馆文物保护科技人员、修复师、保管员、摄影师的精诚合作、辛勤付出下，在来自山东大学、山东省文物考古研究院、山东省文物保护修复中心、山东工艺美术学院、青岛博物馆等单位专家的指导、帮助下，在山东博物馆各级领导、同事的支持、关怀下，于2019年顺利完成，40件（套）馆藏文物得到有效保护。

作为博物馆馆藏文物的守护人，我们在履行职责、践行使命的过程中，每当看到件件文物因我们而得以“风华再现、益寿延年”之时，内心不自觉地充满了成就感和自豪感。“学而不思则罔”，本书是对该项目实施过程的系统回顾和反思，同时希望以此不断提升山东博物馆文物保护团队的业务水平，激发青年文博同志投身文化遗产保护事业的热情。

本书共分为五章，其中第一章项目概况、第二章青铜器保护与修复和第四章文物修复效果由马瑞文执笔；第三章保护修复与研究案例中案例一由马瑞文、张玉静、黄瀚东执笔，案例二由马瑞文执笔，案例三由马瑞文、王云鹏、张玉静执笔，案例四由胡杨、马瑞文执笔，案例五由马瑞文、张玉静、王云鹏、任伟执笔，案例六由任伟、马瑞文执笔；第五章结语由马瑞文、黄瀚东执笔。马瑞文负责本书统稿。书中分析检测由马瑞文、王云鹏、刘芳志负责完成，书中照片由周坤、曲泰广等负责拍摄完成，书中使用的文物病害图由任伟、李玲、曲泰广等绘制，书中图表由马瑞文、乔兴春绘制。

本书是过往的总结，也代表着一个崭新的开端。新时代下的中国文物保护与修复事业正在从世界追赶者变为领跑者。作为博物馆里的文物保护科技工作人员，在庆幸生于当世的同时，也不免深感压力巨大，如何在时代洪流中做到激流勇进而不被时代抛弃，如何在文物保护科技创新成果遍地开花的今天做到自我的有声有色，我想，始终保持一份对古代文化遗产的热爱与责任是目标实现的前提和动力的源泉。青衿之志，履践致远；行而不辍，未来可期。

希望以此书为契机，继续为文化遗产保护事业贡献绵薄之力。